道宣评传

王亚荣 著

宗教文化出版社

图书在版编目（CIP）数据

道宣评传 / 王亚荣著 . -- 北京：宗教文化出版社 ,2017.3

ISBN 978-7-5188-0349-1

Ⅰ.①道… Ⅱ.①王… Ⅲ.①道宣（596-667）—评传 Ⅳ.① B949.92

中国版本图书馆 CIP 数据核字（2017）第 044133 号

道宣评传

王亚荣 著

出版发行：	宗教文化出版社	
地　　址：	北京市西城区后海北沿 44 号　（100009）	
电　　话：	64095215（发行部）　64095358（编辑部）	
责任编辑：	袁　珂	
版式设计：	武俊东	
印　　刷：	北京信彩瑞禾印刷厂	

版权专有　不得翻印

版本记录：787×1092 毫米　16 开　19 印张　350 千字

　　　　　2017 年 3 月第 1 版　2017 年 3 月第 1 次印刷

书　　号：ISBN 978-7-5188-0349-1

定　　价：59.00 元

道宣的人生

（代序）

时势造思想，时势造大师。众所周知，从南北朝到隋唐，是中国佛教发展历史上的一个关键时期。由两晋的积累，南北朝各异其趣的研习，至隋代一统，佛教大兴，传自印度的佛教融入中国传统文化，终于发展为鼎盛的唐代佛教。由于在中国传播的成功，至此，佛教取得了世界性宗教的地位。也从此之后，佛教不再是"外来的宗教"，儒释道鼎足而三，成为中华传统文化的核心组成部分。道宣以及道宣的著作，就是这一历史时期的见证。

成为大师很难，道德、学问、业绩、贡献，等等，所以当时代的大师多，能被后人继续尊为大师的则很少。这就是历史的考验。道宣就是这样一位大师，经过了历史的考验。道宣起码有两点贡献，泽惠后人至今：一曰创立律宗，其法脉流衍天下，绵绵不断；另一曰皇皇巨著，不但留下了珍贵的史料，同时也留下了大量的文化信息。我们了解那个时代的人文风貌、社会风采，道宣的著作有不可替代的价值。

何谓大师？泛言之，有非凡成就的普通人。所以，大师是人，不是圣人。大师如何成长为大师？梅花香自苦寒来，诸法因缘生，需要从他的经历中寻找答案。

道宣没有为自己立传，同时代的《法苑珠林》记有一些道宣的事迹，但零星片断，主要关注于弘法。检索典籍，日本遣唐僧圆仁《入唐新求圣教目录》载有《唐故终南山灵感寺大律师道宣行记》一卷，而宋代元照的《资持记》记载，道宣曾有《行状》。从题目上来看，这些《行状》、《行记》可能篇幅都有限，而且都没有流传下来。所以迄今为止，无论是当代还是后世，比较早的有关道宣生平的记述除了《宋高僧传》之外，尚没有比较完整的资料。后人的著述以及辞典之类，大多依据的是《宋高僧传》中的《道宣传》。而该《传》作于道宣去世三百年之后，且不足两千字，有明显的缺失。

站在今天的角度为道宣写传，感觉上还有几点不容易把握。一是隋唐时代历史变迁复杂，而道宣正身处京城，甚至站在风口浪尖上，正所谓"京城米贵，白居不易"。二是道宣创立南山律，对律学的研究有极高深的造诣，梳理《南山五大部》不易，且按传统来说，白衣有诸多不便。三是道宣的著作多，又非常丰富，涉猎面极广，要写道宣的传记非得对道宣的著作进行全面的研究，在字里行间寻找线索。四是道宣有不少"感通"事迹，事涉古代，今人难以理解。所以尽管为道宣写传的念头很早，但一直旁敲侧击，踟蹰而行。

道宣的经历很复杂，有多重的社会身份。其人生经历大概可以分为五个阶段，即出家学法的阶段，思想成熟的阶段，游学著作的阶段，护法弘法的阶段和创立新法的阶段。这五个阶段或许也可以称为五个维度，基本与道宣的成长经历是吻合的。

道宣是南人的后裔，祖籍吴兴（今浙江湖州），贵族出身。隋代平陈后，强迫将南陈的衣冠贵族迁往关中的大兴城，其中就有道宣的父母。开皇十六年（596），道宣出生在北方。当时具体的生活情况不清楚，但亡国臣民的境遇可想而知。道宣十岁时，从日严寺的慧頵法师受业，从此步入佛门。当时的日严寺是京城名寺，以聚集了大量的南方义学僧而闻名，道宣在这样的环境中受到了良好的佛学熏陶。二十岁时，道宣从著名的律学大家智首受具足戒，从此迈入《四分律》的殿堂。期间，道宣为了了解其他学派的情况，四处游学，自云周游晋魏，顾步江淮，追千里如咫尺，唯法是务。同时，常在终南山静修，潜心研究，为"南山五大部"的问世打下了良好的基础。不久，其代表作《四分律删繁补缺行事钞》完成，成为这一阶段的标志。《行事钞》问世后，《羯磨疏》、《比丘含注戒本》、《拾毗尼义钞》、《比丘尼钞》也相继完成。从道宣的年龄和成果问世的时间来看，道宣的学术思想成熟的比较早，应由天赋、专注、名师诸因素和合而成。之后便是多年的游学著述，巡礼圣迹。道宣追踪四分律前贤的踪迹，不断出关参访。在游学期间，一方面求证自己的所学，坚定了信心；另一方面巡礼圣迹，更开拓了视野，增长了见识。

天命之年的时候，道宣奉诏入玄奘译场，开启了人生的另一个阶段。

道宣在译场任缀文大德，从此与玄奘建立了长期的友谊。此后，皇室寺院西明寺建成，道宣被敕令任为上座，担当起了护法弘法的责任。在第二次朝廷诏令奉迎法门寺佛指舍利的时候，道宣担任主持之责，很好地完成了任务。不久，高宗敕令僧人拜俗，道宣迎来了人生最大的一次考验。道宣率领京城僧众与皇命抗争，请愿于蓬莱宫，呈送启文予各皇亲国戚，终于使朝廷收回了成命，护法成功。在生命的最后两年，道宣生活在终南山净业寺，完成自己最后的一项人生使命，创立新法为天下僧众受戒。新法受戒的成功，是道宣人生经历的最完满结局。从此，南山律绵延后世，法脉不绝。直至今天，汉传佛教传戒受戒仪轨，仍以道宣所创为圭臬。

总的来看，道宣的一生是曲折坎坷的一生，也是丰富多彩的一生；是努力奋斗的一生，也是勇于担当的一生。从最直接、质朴的角度来理解道宣，终其一生，他的追求在于"大乘"两个字，其理论的支点则在于"行"。

汇总道宣的主张，以大乘思想为核心，可以概括出三点，即依佛所说，以行为本；两乘会通，大小不二；大乘法门，无教不摄。从受具学律之后，这三点次第相承，贯彻始终，也是道宣一生坚持的理想。如道宣所云：三藏佛法，"通曰大乘，无教不摄。"（《大唐内典录》卷六）"十方佛土，惟有一乘。"（《大唐内典录》卷七）

道宣律学理论的支点在"行"上，而自己生平经历的特点也在"行"上，践行信念，持行戒条，推行律法。道宣对当时的情况曾感叹曰："求知者多，求行者少"，所以写《行事钞》。正如他在《续高僧传》的开篇中所讲的那样："原夫至道无言，非言何以范世。言惟引行，即行而成立言。"（《续高僧传·序》）"戒之受也，但启虚愿之门。戒之随也，须遵实行之务。知受而不明随，修愿而无其行，可谓只轮无转于地，折翮有坠于空。"（《四分律比丘含注戒本·序》）道宣是这样说的，也是这样做的，一生遵"实行之务"。

追随道宣的人生，本书的写作也注重于道宣的"行"迹。写作的初衷是面面俱到，点到为止，为有兴趣者提供一个参考。

所谓面面俱到，是因为人们对道宣的了解仅限于涉及律宗者，而对他本人复杂的人生经历却知之甚少。天将降大任于斯人也云云，此类大师之经历都有共同之处，备尽曲折坎坷。这种艰难的人生历练才是成就他们一番事业的宝贵财富，才是启发他们深邃思想的动力。所以，凡是与道宣的经历有所涉及者，书中尽可能地予以展现。这就是面面俱到。为了达到这个目的，有的地方由于史料的欠缺，笔者作了可能性的推测，以供读者参考。

所谓点到为止，是虽然道宣的人生经历在书中都有所展现，予以点到，但都有待于继续深入展开。其一是为了保持写作逻辑的连贯，其二是限于作者的功力不够，尚待继续研究。其三是道宣丰富多彩的人生经历内容非这本小书所能承载。以道宣波澜壮阔的生涯和深邃的律学造诣，这本小书也只能是点到为止。有的地方可能还没有点到，或者点错，衷心希望高明者给予指教。

此书出版之时，正值道宣大师谢世一千三百五十周年之际，谨以此作聊表纪念之敬意。

是为序。

王亚荣

2017 年 2 月 25 日

目　录

第一章　道宣的家世——南陈钱氏

道宣（596—667）生活在一个大变革的时代。北朝末年，战乱频仍，隋代国家统一，但隋朝末年全国又四分五裂，一直到了李渊入关中建立大唐帝国，终于结束了连续多年的战乱，国家逐步走向稳定、繁荣。佛教自从传入中国以后，也迎来了旷古未有的鼎盛时代。在这样一个社会的剧烈变革中，道宣出家学法，立志弘扬大乘精神，成就卓著，成为这个时代的标志性人物。要了解道宣是如何取得这样的成就，不能不涉及他幼年的生活环境和社会环境，以及在这种环境中所形成的个人品格。

一、道宣身世

道宣俗家的身世不大清楚，资料欠缺，众说纷纭，给后世留下不少谜团。

道宣是僧人中不多见的著作大家，问世的作品很多，尤其长于文史，其中就有一部《续高僧传》，上接梁《高僧传》，内容写的就是他所见所闻高僧的传记。这部著作考察记录很仔细，成为我们了解古代高僧情况的权威性著作之一。但是，关于道宣自己，在他的著作中却很少提到，其他人的著作中也不多见。例如，道宣是哪里人？父亲以何为生？如何到长安来？道宣幼年的生活经历怎样？等等，都有待于研究。

所幸道宣的作品很多，还是可以从中找到一些线索。

（一）道宣的籍贯

道宣生活在一个比较复杂的环境中，要了解道宣，不能不研读他幼年的生活环境和社会环境的变化。道宣的祖籍何处？是首先要搞清楚的问题。

道宣作为一代大师，当年应该有类似于传记的资料，但都没有流传下来。同时代的《法苑珠林》记有较多道宣的事迹，但主要关注的是弘扬律法。日本遣唐僧圆仁在入华求法的过程中，开成五年在扬州曾见到《道宣行记》

一卷，《道宣律师赞》一卷，并将其请回国内。还有大中十一年，圆珍求回的《道宣律院碣》等，但这些作品此后都未见传世。① 所以迄今为止，无论是当代还是后世，比较早的有关道宣生平的记述除了《宋高僧传》之外，尚没有比较完整的史料。

《宋高僧传》为宋代右街副僧录赞宁（919—1001）奉敕编撰，始于太平兴国七年（982），书成于端拱元年（988）。之后还陆续有局部续补。赞宁身为律师，长于著述，明于掌故，书稿上奏后得到朝廷认可，敕令入《藏》。尽管《宋高僧传》是道宣身后三百年的著作，一则只有此《传》中的《道宣传》还比较详细。二则赞宁是南山律的门徒，熟悉道宣事迹，应当尽可能地搜罗备至。三则三百年之后，尘埃落定，对道宣的认识和历史定位比较准确。当然，《宋高僧传》中也有瑕疵之处，在没有其他完整资料的情况下，也只有以此《传》为研究道宣生平事迹的"底本"。

以下以《宋高僧传·道宣传》中的记载为主线，综合梳理一下其他各种史料，以便对道宣幼年的身世可以得出一个大概的了解。

《宋高僧传》卷十四《道宣传》云：

> 释道宣，姓钱氏，丹徒人也。一云长城人。其先出自广陵太守让之后。泊太史令乐之，撰《天文集占》一百卷。考讳申府君，陈吏部尚书。②

比《宋高僧传》较早的《开元释教录》记载道宣是"吴兴人"：

> 沙门释道宣，俗姓钱氏，吴兴人也，彭祖之后胤。③

据上所载，道宣祖籍南方，俗家姓钱，曾是江南的名门望族。《开元释教录》所云道宣为"彭祖之后胤"，乃暗指"钱"姓。彭祖者，传为上古长寿人，八百余岁，其道可祖。为帝颛顼氏之玄孙，尧封于彭城，故称"彭祖"。曾任周之钱府上士，故以钱为姓。

据《神仙传》云，彭祖为颛顼氏玄孙，尧帝封于彭城，人们又尊崇他

---

① 见圆仁：《日本国承和五年入唐求法目录》，圆珍：《日本比丘圆珍入唐求法目录》，大正藏 55 册，1075 页、1102 页。

② 《宋高僧传》卷十四《道宣传》，大正藏 50 册，790 页。

③ 《开元释教录》卷八，大正藏 55 册，562 页。

的养生术，其道可祖。彭祖不好名誉，喜欢研究修身养生之学，常自己研究一些药粉服食，不自称自己有道行，不搞诡惑之事，常独自坐在屋里，按摩眼睛、身体，行闭气导引之术。当政者听说后，下令派人向他学习。彭祖讲阴阳调理的道理和方法，并特别讲解了"上士别床，中士异被。服药百裹，不如独卧"的养生之道，劝人节欲，节思虑，适饮食，守其真。这样才可以延年益寿。彭祖的这些顺其自然的养生道理很有效果，后人把他的言论编为《彭祖经》传之后世，成为中华养生之术的一个重要流派。以道宣的博学，当然会知道先祖彭祖的故事。

但道宣俗家的原籍究竟是哪里？仍不清楚。

关于道宣的原籍，有三种说法，即吴兴、丹徒和长城三地。吴兴，就是今天浙江省湖州市；丹徒，今江苏丹徒县丹徒镇；长城，今浙江省长兴县。从地图上可以看到，吴兴和长城都位于太湖西南的岸边，两地相距非常近，只有几十里路程。丹徒在这两地的北方稍偏西，相距大约三百余里。三国时代，这些地方都属于吴。东晋时，这一地区经济和文化都比较发达，是江南的人文荟萃之地，出了不少人才。在这三种说法中，《开元释教录》早于《宋高僧传》，所载为"吴兴人"较为可信。

还有一条史料比较重要，即《释迦方志》的卷末题记，明确记载为"吴兴释道宣"：

> 大唐永徽元年岁维庚戌，终南太一山丰德寺沙门吴兴释道宣，往参译经，旁观别传，文广难寻，故略举其要，并润其色，同成其类，庶将来好事用禅精爽云。[①]

永徽元年即公元650年，"丰"通沣，"丰德寺"即"沣德寺"，"往参译经"，指的是太宗贞观十九年（645）道宣被推选入玄奘译场任缀文大德事。道宣在译场"旁观别传，文广难寻，故略举其要，并润其色，同成其类"，撰成《释迦方志》三卷。所以，根据唐代的《开元释教录》和《释迦方志》的这两条史料，道宣的俗家故里应为吴兴，即今天的浙江湖州。

查吴兴郡建制，该郡存在的时间不长。吴兴郡，三国孙吴宝鼎元年（266）分吴郡、丹阳郡置，当时的治所在乌程，即今浙江湖州市南，管辖的范围约为今浙江临安、余杭、德清及江苏宜兴等地。但吴兴郡存在的时间很短，入隋，

---

① 《释迦方志》卷下，大正藏51册，975页。

开皇九年（589）即废。

所以，综合各种记述，准确地说，道宣的原籍以吴兴为宜。长城在吴兴管辖之下，因而说道宣是吴兴人或长城人，似也无根本之矛盾。

另外还有一条线索，可以间接证明道宣的俗家钱氏与吴兴的关系，也可以间接地理解道宣的父亲是否任过南陈的吏部尚书。这一条线索就是南陈的统治者陈氏也是吴兴人，与钱氏有同乡之谊。

（二）道宣之父任吏部尚书事

《宋高僧传》称，道宣之父曾任过南陈吏部尚书。查诸史书，没有见到有关的记载，所以道宣的父亲是否任过此职尚有疑问。

检索《南史》、《陈书》等，关于南陈的政事官制，共五帝三十二年，总计任过吏部尚书者共十二人，先后为袁枢、徐陵、沈君理、王场、孔奂、袁宪、毛喜、江总、陆琼、谢伷、蔡征、姚察。① 其中未见有钱氏之人主吏部。因此，道宣之父是不是真正任过吏部尚书，尚缺乏直接的史料证据。《宋高僧传》言之凿凿，似非面壁虚造，但史载缺如，只能寻找其他线索。

线索之一，吴兴的钱氏和南陈帝王的关系。

南陈的开国皇帝是陈霸先，即陈武帝（503—559），公元557年即位。史书记载陈霸先是"吴兴长城下若里人"，而陈氏祖上为汉太丘长陈实，世居颍川。

《陈书》记载云：

> 高祖武皇帝，讳霸先，字兴国，小字法生，吴兴长城下若里人，汉太丘长陈实之后也。世居颍川。实玄孙准，晋太尉。准生匡，匡生达，永嘉南迁，为丞相掾，历太子洗马，出为长城令，悦其山水，遂家焉。②

"世居颍川"，即陈霸先祖上原是北方的中原人。至陈达时，永嘉南渡，任长城令，遂为吴人。也就是说道宣的俗家与陈武帝的故乡为同籍。

线索之二，吴兴的钱氏并非泛泛之辈。

钱氏的故里在吴兴，而吴兴钱氏也是一个很有名望的家族，出过不少

---

① 参见《南史》卷九、卷十，《陈书》卷三、卷四、卷五、卷六。

② 《陈书》卷一《高祖上》。

人才。如南陈的名臣钱道戢也是吴兴长城人，且与陈霸先交好，陈氏以从妹妻之。永定三年（559），随陈世祖镇于南皖口。天嘉元年（560），又领剡令，镇于县之南岩，寻为临海太守，镇岩如故。后帅军出松阳助讨留异，以功拜持节、通直散骑常侍、轻车将军、都督东西二衡州诸军事、衡州刺史，领始兴内史。光大元年（567），增邑并前七百户。太建二年（570），以功加散骑常侍、仁武将军，增邑并前九百户。其年，迁仁威将军、吴兴太守。未行，改授使持节、都督郢、巴、武三州诸军事、郢州刺史。之后，复以功加云麾将军，增邑并前一千五百户。卒时年六十三。赠本官，谥曰肃。此外，据《陈书·高宗柳皇后传》，高宗曾先娶吴兴钱氏之女，即位后拜为贵妃，甚有宠。[①] 于以上数位可见，钱氏在南陈绝非无名之辈。

线索之三，道宣父亲的"吏部尚书"可能是虚衔。

如前文所述，南陈三十二年，当过吏部尚书的共十二位，没有钱氏主过吏部。但有可能任虚衔的人选在史书中没有记载，道宣的父亲有可能就是这种情况。

南陈时代，腐败加剧，朝廷经济匮乏，吏制比较混乱，导致卖官鬻爵很普遍。因此也有可能道宣父亲的吏部尚书一职并非实职。如《陈书》中有云：

> 府库空虚，赏赐悬乏，白银难得，黄札易营，权以官阶，代于钱绢。义存抚接，无级多少。致令员外、常侍，路上比肩，咨议参军，市中无数。[②]

由于腐败加剧，治国无方，国库空虚，甚至"赏赐悬乏"，所以，"权以官阶，代以钱绢"。如此一来，国家吏制混乱不堪："员外、常侍，路上比肩，咨议参军，市中无数"，因此道宣的父亲很有可能在南陈曾任"吏部尚书"的虚职。

联系到吴兴钱氏与南陈帝王的同乡之谊，似乎陈、钱之间有通家之好，所以这种可能性无疑大为增强，给予道宣的父亲"吏部尚书"当在情理之中。

南朝的钱氏还有一位名人，即钱乐之。钱乐之与道宣俗家钱氏的关系目前还不清楚，各种可能性都有，所以也附记在这里。

---

① 见《陈书》卷七《高宗柳皇后传》。
② 《陈书》卷二十六《徐陵传》。

钱乐之是南朝刘宋的太史令，是著名的天文学家，写有《天文集占》一百卷。众所周知，后汉时天文家张衡以青铜铸有天文仪，非常有名。这座天文仪在东晋时被刘裕从长安运到了南方，视为重宝。刘宋时，时间久远，天文仪已经锈蚀破损，文帝元嘉十三年（436），令太史令钱乐之重新铸造了一座，"以水转仪"，"与天相应"。四年后，又铸造了一座小的浑天仪。据《宋书》记载，钱乐之所造的两座浑天仪的尺寸制度如下：

> 诏太史令钱乐之更铸浑仪，径六尺八分少，周一丈八尺二寸六分少，地在天内，立黄赤二道，南北二极规二十八宿，北斗极星，五分为一度，置日月五星于黄道之上，置立漏刻，以水转仪，昏明中星，与天相应。十七年，又作小浑天，径二尺二寸，周六尺六寸，以分为一度，安二十八宿中外宫，以白黑珠及黄三色为三家星，日月五星，悉居黄道。①

后来隋灭南陈，钱乐之铸造的天文仪又被隋人北运到了京城，为更广大的地区服务。

数百年间，中国天文史上著名的两尊仪器从长安一进一出，应该成为一段佳话。而钱乐之重铸浑天仪，也为钱氏一门争得了荣誉，光大了门风。

二、略说南陈佛教

南陈的佛教继承了东晋佛教以至宋、齐、梁佛教的传统，帝王和士大夫一般都崇信，所以佛教信仰和佛教的文化渗透到了社会的各个方面和阶层。吴兴钱氏是南陈的名门望族，南陈君臣士庶崇信佛教，钱氏家族应当也不会例外。

南陈的基本情况，可见道宣的以下记述：

> 有梁祚微，祸难自作。魏末大臣侯景统御河南，因隙奔梁帝独建议，纳之，封为河南王。乘宠乱阶，遂陷梁室。经于两载，乃称尊号。梁湘东王先在荆峡，使大将王僧辩、陈霸先等往平金陵。曾未旋踵，湘东为西魏所灭，僧辩为霸先所杀。拥兵称王，都于金陵，

---

① 《宋书》卷二十三《天文志》。

以姓为国。其先，吴兴长城人，代为甲族。形器异伦，长九尺二寸，须长三尺，垂手过膝。神明高放，众所推重。及临大宝，复故梁基。旧建业都七百余寺，侯景焚爇，余者无几。陈祖兴祚，皆备修补。翻译新经，讲通旧论，不谢前轨。①

南陈的建立者是陈霸先，陈氏本为南梁旧臣，后借机自立。南梁末，侯景作乱，梁湘东王派大将王僧辩、陈霸先率领兵马平乱。而陈霸先杀王僧辩，"拥兵称王，都于金陵，以姓为国。"建立南陈后，陈霸先修复被兵燹焚毁的京城。京城原有七百多座寺院，侯景作乱中大半焚毁，所剩无几，而陈霸先也一一修复。同时，"翻译新经，讲通旧论，不谢前轨。""不谢前轨"，即继承前代崇佛传统，与宋、齐、梁的风格并无二致。

佛教在南北朝时代，发展到一个比较高的程度。而南北相比，北朝有北魏太武帝和北周武帝的禁断佛教，所以南朝佛教相对来说却比较稳定。南朝宋、齐、梁、陈四代，虽国祚都不长，然文化传承并无大的波动，对佛教的信仰以崇奉为主流。其特点，则是以帝王和士人为引导。

南朝四代帝王对佛教的态度是比较一致的。他们认为，首先是佛教可以帮助治理社会，就是道宣在《广弘明集》中转载《高僧传》所记述的宋文帝的那段话：

> 若使率土之滨皆敦此化，则吾坐致太平，夫复何事！②

意思是假若全国上下都虔诚地信仰佛教，那么天下无事，皇帝就可以坐享太平了。士人和贵族则完全同意宋文帝的见解，并给予具体的解释：

> 百家之乡，十人持五戒，则十人淳谨矣。千室之邑，百人修十善，则百人和厚矣。传此风训，以遍寓内，编户千万则仁人百万矣。此举戒善之全具者耳。若持一戒一善，悉计为数者，抑将十有二三矣。夫能行一善，则去一恶。一恶既去，则息一刑。一刑息于家，则万刑息于国，四百之狱何足难措。雅颂之兴，理宜位速，即陛下所谓坐致太平者也。③

---

① 《大唐内典录》卷五，大正藏 55 册，273 页。
② 《广弘明集》卷一《宋文帝集朝宰论佛教》，大正藏 52 册，100 页。
③ 《弘明集》卷十一《何令尚之答宋文皇帝赞扬佛教事》，大正藏 52 册，69 页。

　　齐、梁、陈三代，次第相继。陈霸先代梁自立，在刚即位的时候，下令设无遮大会，供奉佛牙。第二年五月，陈霸先亲自到大庄严寺舍身归佛，在群臣的恳请下又回到了宫里。十月，又亲自到大庄严寺，首先题写《金光明经》的题目。十二月，在大庄严寺设立无碍大会，把御用的车辆法器等都舍给了寺里。陈文帝即位后，也在天嘉四年（563）四月，在太极前殿舍身，设立无碍大会。陈后主在刚开始当皇帝的时候，立即仿照前朝故事，在太极前殿舍身，设无碍会，也舍身、舍车辆法器。道宣在《广弘明集》中记录了文帝的《忏文》，其中有云：

　　　　奉为七庙圣灵，奉为皇太后圣御，奉为天龙、鬼神、幽冥空有三界、四生、五道、六趣，若色、若想、若怨、若亲、若非怨亲遍虚空满法界穷过去、尽未来无量名识一切种类平等大舍。舍弟子自身及乘舆法服、五服銮辂、六冕龙章、玉几玄裳、金轮绀马、珠交璎珞宝饰庄严，给用之所资待，生平之所玩好，并而檀那咸施三宝。今谨于前殿设无碍大会，奉行所愿，并诸功德具列于前。①

　　道宣总结曰：“江东佛法，弘重义门，至于禅法，盖蔑如也。”② 这是南方佛教的特点，与南朝的社会风尚和士人的习俗都有关系。南朝的士大夫们构成了社会崇奉佛教的一支中坚力量。西晋末，遭遇“八王之乱”，北方的草原民族南下，于是晋王室“永嘉南渡”，大批士人追随南下，带去了玄学风气，形成了南朝士人好义学的传统。士人们争相与义学僧交游，崇信佛教，热衷于探讨佛教义理，蔚然成社会风尚，因而构成了南朝佛教好谈玄论道的风格。

　　由于有慧远和佛陀跋陀罗等高僧弘法所打下的基础，自东晋以后，庐山和建康皆一直是中国南方佛教的译传中心，中外义学僧来往不止，译经著述，辩驳经义，毗昙、涅槃、成实、三论、摄论、俱舍、十诵，俱成就不俗。

　　南朝佛教的盛期在南梁，至南陈，国祚仅三十余年，佛教流传实际上是南梁的余绪。南陈境内的佛教寺院，据统计，有1232座，僧尼总数约32000余人。至于译经，道宣在《内典录》卷五中总结云：南陈传释道俗三

————————————

①　《广弘明集》卷二十八《陈文帝为皇太后大舍宝位》，大正藏52册，335页。
②　《续高僧传》卷十七《慧思传》，大正藏50册，563—564页。

人，所出经、传、论、疏等，总计五十部，合二百四十七卷。①

南陈佛教流传事实最重要者，莫过于真谛法师对瑜伽一系的译传，使得唯识学说广为流传，从而启发了此后道宣心法戒体说的构建。

真谛（499—569），印度人，原名俱那罗陀，是中国佛经翻译史上五大译师之一，与罗什、玄奘、义净、不空齐名。②真谛来华，遭逢乱世，但坚守信仰，译经传法不辍。南梁中大同元年（546）到广州，陈宣帝太建元年（569）去世，一直在南方活动，漂流各地，翻译经典，教授门徒。道宣的《内典录》记载真谛共翻译 48 部 242 卷经典，至《开元录》，登记为 38 部，118 卷。

真谛所译传，主要是印度无著、世亲一系的瑜伽之学，以传扬《俱舍论》、《摄大乘论》为旨归，蔚然成风，可以说中土瑜伽学系的传统由真谛开创。真谛门下弟子众多，得其法要者有慧恺、僧宗、法准、道尼、法泰、智敫等，俱造诣不凡，见蔚于一方。但当时南梁、南陈流行中观之学，真谛所传少有问者。慧恺得真谛真传，作有《摄大乘论释序》、《俱舍释序》和《唯识论后记》等，是了解真谛思想的珍贵资料。

道宣虽然晚生若干年，但对这些南陈义学并不陌生。隋代国家一统，南方义学僧大量北上，其中便有真谛一脉。如道尼，在九江弘传，以弘传《摄论》为业，"腾誉京师"。开皇十年（591），文帝下敕征请入京。道尼与弟子智光在京城讲扬真谛之学，独树一帜。道宣在《续高僧传》记载道：道尼"既达京辇，开悟弘多，自是南中无复讲主"。③还有"六大德"中的昙迁。昙迁本是北地齐僧，周武帝灭法，且攻灭北齐，昙迁乃南渡金陵，与江南义学名德慧晓、智璀交好，讨论唯识。后在桂州得真谛所译传的《摄大乘论》，以为至宝，遂研习不辍，并欲将此《论》传向北方。行至彭城，被大众挽留，于慕圣寺弘讲《摄论》及《楞伽》、《起信论》，开创了《摄论》在北方的传播。入隋，昙迁被征召入京后，一直在京城充当义学领袖，并受到重用。另杨广率兵平陈，效仿乃父崇奉佛教，在京城造日严寺，征召了大批义学僧

---

① 见《大唐内典录》卷五，大正藏 55 册，273 页。

② 按，传统习惯上有"四大译师"之称，但"四大译师"的入选者并不统一。除了罗什和玄奘之外，真谛、义净、不空三位各有落选者。笔者以为，不必拘泥于"四大"云云，论以实际的贡献与影响，缺一不可，所以应以"五大译师"称之为宜，即罗什、真谛、玄奘、义净、不空等五位。

③ 《续高僧传》卷一《法泰传》，大正藏 55 册，432 页。

北上入京，如法澄、道庄、法轮、慧颙、善权、昙瑎、辩义、明舜、法侃、法琰等等。至此，随同南北朝时代的结束，佛教上南北道统的分歧也结束，京城大兴城成为全国佛教的译传中心。

吴兴的钱氏家族浸润于这种崇佛的环境中，自然不能例外。南陈崇佛，继其之后的杨隋王朝更是大力推广佛教信仰的王朝。这些客观的社会历史背景造就了道宣幼年的生长环境。

三、江南钱氏的北迁

道宣的俗家是典型的江南人，但道宣却出生在长安。

关于这个问题，史书上记载不清楚，也有不少迷团。从历史的环境来分析，这牵扯到南北朝末年到隋代初期的社会大动荡，由于这些大动荡，道宣才出生在长安。

南北朝末年，中国社会发生了翻天覆地的变化。隋朝建立不久，发动了消灭南陈统一全国的战争。开皇八年（589）十月，蓄谋已久的隋文帝命晋王杨广、秦王杨俊和清河公杨素一起为行军大元帅，统领大军五十多万，兵分八路南下。战火的烟尘东接沧海，西连巴蜀，旌旗舟楫，横亘数千里。南陈腐败已久，仅抵挡了三个月，隋将韩擒虎就率兵攻入建邺，从皇宫的井里俘虏了陈后主，南陈灭亡。

开皇九年（590），南陈王室成员和尚书郎以上的百司官员被执送京师。陈后主和亡国大臣官员们拖家带口，被隋兵押解着走向遥远的北方，数百里路上络绎不绝。曾几何时，当年的六朝金粉之地已灰飞烟灭，使沿途看到的人都嗟叹不已。而道宣的父辈应该就在这些被执送京师的人群中。《宋高僧传》中的《道宣传》还说，道宣的家族"皆高矩令猷，周仁全行，盛德百代，君子万年"。[1] 当然有溢美之意，但也并非全然虚构。

南陈亡国之后君臣的命运，在《南史》中有记载：

> （开皇九年）三月己巳，后主与王公百司，同发自建邺，之长安。隋文帝权分京城人宅以俟，内外修整，遣使迎劳之，陈人讴咏，忘其亡焉。使还奏言："自后主以下，大小在路，五百里累累不绝。"

---

① 《宋高僧传》卷十四《道宣传》，大正藏50册，790页。

隋文帝嗟叹曰："一至于此。"及至京师，列陈之舆服器物于庭，引后主于前，及前后二太子、诸父诸弟众子之为王者，凡二十八人；司空司马消难、尚书令江总、仆射袁宪、骠骑萧摩诃、护军樊毅、中领军鲁广达、镇军将军任忠、吏部尚书姚察、侍中中书令蔡征、左卫将军樊猛，自尚书郎以上二百余人。文帝使纳言宣诏劳之。①

南陈亡国君臣被执送京师，有后主以下"为王者"二十八人，朝廷臣属"自尚书郎以上二百余人"。实际上不仅仅是南陈的君臣官僚，被执送北上京师的范围要广的多。《隋书》中有明确记述：

九年，平陈，江南士人，悉播迁入京师。②

"江南士人，悉播迁入京师"，这样才符合《南史》所云"大小在路，五百里累累不绝"的描述。史书中没有查出道宣之父任吏部尚书的记载，可能不在"南陈君臣"之列，应在"江南士人"之列，被裹挟北上。作为南陈贵族的一员，吴兴钱氏成了大隋的俘虏，和其他皇亲国戚一道被押送到了长安。钱氏一门为南陈的上层人士，有相当的身份地位。也正因为如此，在隋兵南下的时候才遭受池鱼之祸，遭到灭顶之灾。

还有一个问题，道宣的父亲钱士申在长安的命运怎样，也就是说道宣出生在一个什么样的家庭环境里。

钱士申情况未见其他史料记载，但隋文帝对南陈旧属的政策还是比较宽厚的。

从总的情势来看，钱氏的命运应不算太差，起码没有被囚禁判刑或者被流放边远之地。在灭掉了南陈之后，统一了全国，隋文帝志得意满，对俘虏采取了区别对待的比较宽大的政策。俘虏没来到京城之前，下令腾出不少老百姓的房子等待安置。举行过献俘仪式后，诏令予以安慰。对陈后主给三品的待遇，赏赐颇丰。陈氏的子弟，都分别安置在京外的各州县，并赐给衣服等。在南陈做官的，愿意服务新朝，照样给予官阶。但是对少数导致南陈灭亡的奸佞之臣如孔范、王仪、沈观等，则流放到边远之地。到隋炀帝大业二年（606）的时候，因为炀帝娶了陈后主的第六个女儿为贵人，非常宠爱，

---

① 《南史》卷十《陈本纪下》。
② 《隋书》卷二十一《天文志下》。

所以把当年安置在京外州县的陈氏子弟尽数招还，随才叙用，分别授予官爵。根据这些情况分析，道宣的父亲虽然不知道到了隋朝是否还做过官，但性命无忧，随着政令的逐渐宽松，应该还可以过常人的生活。

这样，由于改朝换代的社会大动荡，南陈君臣和士人被迁送京城，七年之后，开皇十六年（596），作为南陈名门之后的道宣便出生在了长安。

江南虽然少了一位官宦子弟，但此后的京城长安却多了一位佛门弟子，中国佛教史上多了一位义学高僧。

四、"三生转世"

道宣出生在长安，幼年的时候就在长安向佛门靠拢，最后出家为僧。据《宋高僧传》说，这是与前代高僧"三生转世"的缘分：

> 母娠而梦月贯其怀，复梦梵僧语曰：汝所妊者即梁朝僧祐律师，祐则南齐剡溪隐岳寺僧护也。宜从出家，崇树释教云。①

"三生转世"的典故颇被津津乐道。说的是道宣的母亲姚氏怀道宣的时候，曾梦见明月投怀而入，还梦见一位印度僧人对她说：你所怀的孩子前身是梁朝的僧祐律师，僧祐的前身是南齐的僧护法师，所以你的孩子应当出家，弘扬佛法云云。

僧护、僧祐、道宣是否真的是"三生转世"，不需要深究，然其中蕴含的宗教意义却需要辩明。这里有两个连接点，其一是僧护修造弥勒未竟，僧祐继承僧护遗志修造完工。其二是僧祐与道宣的律学关系。三位僧人的丰功伟业通过这两个点连接在一起，串并为美谈佳话传之后世，有其积极的文化意义。

僧祐和僧护实有其人，而且都很有名。僧护是今天的浙江嵊县人，发愿在石城山隐岳寺旁的山崖上造一尊十丈巨型弥勒佛，但仅完成石佛面像而僧护却患了重病。临终前，僧护发出来生再造的誓愿："吾之所造，本不期一生成办，第二身中其愿尅果。"僧护的誓愿引起了多方关注，建安王上奏了朝廷，于是敕令僧祐担当其任。僧祐多才多艺，擅长工造。从梁天

---

① 　《宋高僧传》卷十四《道宣传》，大正藏50册，790页。

监十二年（513）到十五年（516），完成了僧护未造成的弥勒佛像，并在佛龛前建造三层台阁。新像完成，信徒奔走相告，联系到僧护的临终叮嘱，便认为僧祐为僧护的再世转生。^①这座石弥勒佛像至今还存在，叫"新昌大佛"，位于今天浙江新昌县西南的南明山，人称"三生石佛"。

"三生转世"的第二个连接点是僧祐和道宣的关系。

僧祐的经历和道宣有许多相同的地方，两人都是律师，两人都笔耕不辍，著作累累传之后世。这是人们把他们互相联系起来的基本原因。

实际上，查僧护、僧祐和道宣"三生转世"的出处，还都有"根据"，并非赞宁面壁虚构：僧护与僧祐的"二生转世"来源于僧护的临终发愿，出自梁《高僧传》，而僧祐与道宣的"三生转世"则来源于道宣自己的著作。

道宣晚年作有《感通录》，记述与"天人"交通的情节，其中有一位苟姓"天人"，已得了第二果。《感通录》中记述了这位苟姓"天人"对道宣的问话：

> （天人）问余云：师本在梁朝，已为称首，大有著述。论名人皆闻之，建初、定林，咸其所住。^②

"天人"讲述了僧祐与道宣的再生转世，对道宣云："师本在梁朝，已为称首，大有著述。"意思是道宣的前生在南梁，已为法门龙象，著述颇盛。"建初、定林，咸其所住"，建初寺、定林寺，都是僧祐当年常住的寺院。这段话的总体意思是，僧祐与道宣的再生转世是由"天人"所认定，而道宣与僧祐的经历也颇有前后相继承之处。

僧祐（445—518），本姓俞氏，其先彭城下邳（今江苏邳县），生于建业（今南京）。僧祐幼年出家，师事当时著名的律师法颖，于是以律学为专业。法颖去世后，僧祐成长为江南律学大家。《高僧传》卷十一载：僧祐"竭思钻求，无懈昏晓，遂大精律部，有迈先哲。齐竟陵文宣王每请讲律，听众常七八百人。永明中，敕入吴试简五众，并宣讲《十诵》，更申受戒之法"。^③

道宣与前辈僧祐都是律师，不同的是道宣专弘昙无德部，而僧祐则擅长萨婆多部。两人还有共同点，都好文史编撰。僧祐对自己也有总结：

> 游目积心颇有微悟，遂缀其闻诚言法宝。仰禀群经，傍采记传，

---

① 参见《高僧传》卷十三《僧护传》，大正藏 50 册，412 页。
② 《道宣律师感通录》，大正藏 52 册，439 页。
③ 《高僧传》卷十一《僧祐传》，大正藏 50，402 页。

事以类合，义以例分。显明觉应，故序释迦之《谱》。区辩六趣，故述世界之《记》。订正经译，故编《三藏》之录。尊崇律本，故铨师资之传。弥纶福源，故撰《法苑》之篇。护持正化，故集《弘明》之论。且少受律学，刻意毗尼，旦夕讽持四十许载，春秋讲说七十余遍。既禀义先师，弗敢坠失，标括章条为《律记》十卷。并《杂碑记》撰为一帙。①

律学研习之外，僧祐的其他编撰入经录者有八种：即《释迦谱》五卷、《弘明集》十卷、《出三藏记集》十卷、《世界记》五卷、《萨婆多部相承传》五卷、《法苑集》十卷、《十诵义记》十卷以及《法集杂记撰铭》十卷。②

与僧祐相比，道宣是后辈，僧祐是道宣学习的楷模，效仿的前辈，且都有江南文化的血脉。僧祐作《弘明集》，道宣评价甚高，认为僧祐"学统九流，义包十谛，情敦慈救，志存住法。详括梁晋，列辟群英，留心佛理，构叙篇什，撰《弘明集》一部一十四卷。讨颜、谢之风规，总周、张之门律，辩驳通议，极情理之幽求。穷较性灵，诚智者之高致"。③因此，道宣作《广弘明集》以续僧祐的《弘明集》。僧祐作有《释迦谱》，道宣又作《释迦氏谱》以补充。但从律学角度来说，僧祐传扬的是《十诵律》，而道宣弘宣的是《四分律》，这是他们不一样的地方。由于僧祐等律师的努力，江表多行《十诵律》，但是，正是在道宣的弘传下，经其弟子道岸之手，在江南推行《四分律》，终于代替了《十诵律》。这是后话。

总的来说，"三生转世"可以当做是一段故事，也可以当做一段佳话，寄托着人们对僧护、僧祐和道宣的业绩的肯定与褒扬，也寄托着人们对"三生"践行佛陀慈悲精神的神往，自然有着积极的文化意义。

五、读书少年

道宣天资聪颖，爱好读书，但却并没有应试科举，走上仕途之路，反而特别爱读神鬼志怪小说，其成长经历显然有独特之处。

---

① 《出三藏记集》卷十二，大正藏 55 册，87 页。
② 按，僧祐作品现存《释迦谱》、《弘明集》、《出三藏记集》，余不传。
③ 《广弘明集》卷一，大正藏 52 册，97 页。

众所周知，隋代创立了开科取士的制度，天下学子可以通过读书考试来步入仕途，但道宣没有走这条路。如前所述，道宣的家世是江南贵族。由于传统的影响，江南士人的文化水平比较高，道宣也不例外。道宣的父亲当过"吏部尚书"，在文化知识上应有相当的修养和造诣，可以肯定的是，父亲在教导道宣上下了很大的功夫，如传统四书五经的蒙学教育等等。《宋高僧传》说道宣"九岁能赋"，无疑，这种水平是家庭教育的结果。但没有走上仕途之路，恐怕与钱氏亡国臣民的身份有关。虽然文帝对南陈君臣采取了比较宽大的政策，但毕竟仍然有诸多限制。再说，钱氏家族经此巨变，参与社会事务的积极性自然也大受打击。然而这种心态却为今后道宣步入佛门埋下了伏笔。

道宣出生的时候，已经是隋文帝开皇十六（596）年。这时，佛教已经成为全社会的主流信仰和主流文化，而等到道宣十岁出家的时候，正是全国一百一十余州普建舍利塔刚结束。所以，道宣出生在一个佛教盛行的时代，成长在一个神异文化盛行的时代。更何况隋文帝自己也不好儒学，一力提倡佛教，上有所好，下必甚焉。

道宣曾自云：

> 余少乐多闻希世拔俗之典籍，故《搜神》、《研神》、《冥祥》、《冥报》、《旌异》、《述异》、《志怪》、《录幽》，曾经阅之非疑虑。况佛布天人之说，心进勇锐之文，护助形神，守持城塔，事出前闻，非为徒说。①

查诸《隋书》、《旧唐书》的《经籍志》，除了《录幽》之外，道宣少年时期爱读的书基本上都都能找到，确实是传世的"经籍"，不过是归在杂传的"鬼神"类：

《搜神》，即《搜神记》，三十卷，干宝撰。

《研神》，即《研神记》，十卷，梁元帝撰。

《冥祥》，即《冥祥记》，十卷，王琰撰。

《冥报》，即《冥报记》，二卷，唐临撰。

《旌异》，即《旌异记》，十五卷，侯君素撰。

《述异》，即《述异记》，十卷，祖冲之撰。

---

① 《律相感通传》，大正藏 45 册，874 页。

《志怪》，四卷，祖台之撰。

显然，这些"希世拔俗之典籍"，并非正统的三教经典，但在社会上却非常流行，而且大多流传后世。按鬼神志怪小说的大量出现，是在两晋时期，如干宝的《搜神记序》所说，是为了"发明神道之不诬"。这些书问世与佛教的传入有关，大大地拓展了人们的想象力，而且其内容受佛教影响很深，有不少是倡导因果报应的轮回之说，在社会上流传很广。

虽然隋代开创了科举制度，但隋文帝自己不悦诗书，不崇儒教，反而身体力行，大力提倡佛教信仰，以至于"天下之人，从风而靡，竞相景慕，民间佛经，多于六经数十百倍"。① 可以想见，当时的社会信仰是比较多元的，也是宽松的。

道宣读这些"希世拔俗之""鬼神"典籍的时候，是在出家之前，明显地表明没有走仕途之路的想法。出家之后，则专心于佛典了。但在道宣说这些话的时候，已经是他的晚年，可见少年所读之书对其影响之深。实际上，终其一生，道宣都非常重视这些著作，这对他晚年写作感通类的著作应该有显著的影响。

在道宣临去世前所作的《祇洹寺图经序》中有云：

> 余以祇洹本寺主久所居二十五年，一期化迹，七处八会之鸿业形不从于此园，五部四含之玄藉法多从于斯寺。由是搜采群篇，特事通叙，但以出没不同怀铅未即。忽于觉悟感此幽灵，积年沈郁需然顿写，然夫冥隐微显，备闻前绝，干宝《搜神》之录，刘庆《幽明》之篇，祖台《志怪》之书，王琰《冥祥》之记，广张往往未若指掌，流俗仳璪之傅或生果论，未达通方之臣昌斯传不足以闻。又有《雄异》、《述异》之作，《冥报》、《显报》之书，额叙烦摄光问古今。余即所列事等文宣天王之录，亦同建安石佛之作。②

于以上所述，可见幼年所读之书对道宣影响之深。

隋灭南陈，使得道宣家门不幸，流离失所，成为亡国子弟。但值得庆幸的是南陈的君臣和大隋的朝廷上下都对佛教崇敬有加。佛教信仰成为人们

---

① 《隋书》卷三十五《经籍志》。
② 《中舍卫天竺国祇洹寺图经序》，大正藏45册，882页。

心灵的寄寓之所，而且随着隋朝的统一全国，结束了数百年的战乱，厉行新政，崇尚节俭，又大兴佛教，凝聚人心，使得社会风气为之一变，开辟了一个新的时代。从社会、家庭和本人的兴趣培养来看，道宣的步入佛门有客观的必然性，乃顺理成章之事。

第二章　出家日严寺

两晋和南北朝时代，有不少统治者崇奉佛教，如苻秦、姚秦、萧梁，也有坚决反对佛教者，如北魏太武帝、北周武帝。这些影响都是局部的，远远比不上隋代的影响大。隋文帝杨坚承北周武帝残酷的禁佛之后，大崇惠政，复兴佛教，揭开了隋唐佛教步入鼎盛阶段的序幕。道宣幼年的生活经历，正是隋文帝大兴佛教的时代。而道宣幼年生活的地方，也正是新朝大兴佛教的策源地——新京大兴城。在隋代佛教发展到鼎盛的时候，道宣皈依慧頵法师，在京城的日严寺出家。

一、隋文帝大兴佛教

隋朝结束了数百年的战乱割据，重新统一了全国，其功劳是很值得称道的。

从两晋南北朝以来，国家四分五裂，战乱不息。至北周，武帝独尊儒术，禁灭佛、道，穷兵黩武，刑政苛酷，人人自危。继其位的宣帝，好声色，荒诞不经，唯自尊崇，穷极骄奢，特别对身边的臣属苛刻异常，动辄诛戮黜免，以至于"内外恐惧，人不自安，皆求苟免，莫有固志"[1]。所以人心思安定，慈悲温和、普度众生的佛教理念便成为新统治者的首选。另一方面，新的统治者杨坚本人崇信佛教，这也是隋代佛教兴盛的一个重要原因。

隋文帝杨坚（541—604），弘农华阴人，关陇贵族后裔。父杨忠，鲜卑贵族独孤信部下，后继魏孝武帝元修入关，辅佐宇文泰建立西魏政权和继西魏之后的北周宇文氏政权，受封十二大将军之一，晋升柱国，赐姓普六茹氏，封隋国公，官至泾洲总管。杨坚出生在同州（今陕西大荔）的般若寺，从小父母把他交给一位名叫智仙的比丘尼抚育，生活了十三年，与佛门结下

---

[1]　《周书》卷七《宣帝纪》。

了不解之缘。在道宣的《续高僧传》中记载，杨坚当了皇帝后还对大臣们说："我兴由佛法。而好食麻豆，前身似从道人里来。由小时在寺，至今乐闻钟声。"①幼年时期寺院生活对他的影响，可见一斑。

代周自立后，杨坚便下令在旧长安之南营建新都，以本封"大兴"命名。这就是隋唐新京城的来历。同时，诏令天下，大兴佛教。隋文帝兴佛事迹，举其重要者，大略有以下数端：

其一，废除北周武帝的禁佛政策，修复禁佛时被废弃的寺院。

其二，在新京招揽人才设立翻经馆翻译佛经，开创隋唐佛经翻译的高潮。

其三，朝堂外悬挂一百二十块寺额，有愿在新京建造寺院者任听取之。

其四，天下百姓可以随意出家，无所限制。

而隋文帝自己，更是身体力行，不遗余力，据闻处理国政时也在龙椅旁安置高僧诵经，"乐闻佛言"，"耳聆声教"，且十多年如一日。道宣记载道：

> 自始登极终于大行，每日临朝，于御床前置列高座二所：一置经师，令转大乘；二置大德三人通三藏者。帝目览万机耳聆声教，才有喜怒，经师潜默。帝曰：师何默耶？僧曰：见陛下责人，不敢转读。帝曰：但读。此临御亿兆，喜怒寻常，不足致怪。乃是俗事，何关佛法？乐闻佛言，不敢违背，意愿常闻耳。②

这种对佛教崇信的程度，前所未有。到唐代初期，法琳法师对隋文帝的崇佛功德作了总结：

> 自开皇之初终于仁寿之末，所度僧尼二十三万人。海内诸寺三千七百九十二所。凡写经论四十六藏、一十三万二千八十六卷，修治故经三千八百五十三部。造金、铜、檀香、夹纻、牙、石像等，大小一十万六千五百八十躯，修治故像一百五十万八千九百四十许躯。宫内常造刺绣织成像及画像、五色珠幡、五彩画幡等，不可称计。③

---

① 《续高僧传》卷二十六《道密传》，大正藏50册，667页。
② 《大唐内典录》卷五，大正藏55册，279页。
③ 《辨证论》卷三《十代奉佛篇》，大正藏52册，509页。

经过了朝廷的大力推动，全国的佛教英才尽聚京城。先有北周末期杨坚收揽的一百二十位"菩萨僧"，隋朝建立后又敕令从全国征集"六大德"洛阳慧远、魏郡慧藏、清河僧休、济阳宝镇、汲郡洪遵、太原昙迁，各带门人十名入京。置国立翻经馆，以天竺高僧那连提黎耶舍、阇那崛多和达摩笈多为译主，以僧休、法璨、法经、慧藏、洪遵、慧远、法纂、僧晖、明穆、昙迁为"十大德"。献皇后去世，京城建禅定寺，招一百二十位大德入住。为教导僧众，规范与普及佛学义理，立"五众""二十五众"，各有擅长者担任"众主"，如洪遵担任"讲律众主"，童真、善胄任"涅槃众主"，宝袭、智隐任"大论众主"，等等。

在人才聚集的同时，京城修了大量的佛寺，为各路僧众的居住和研习集会提供了广阔的空间。如西城区的崇贤、隆政、金城、醴泉、居德、群贤等坊，每坊都有4座以上寺院。其中崇贤坊竟有8座：缘觉寺、融觉寺、贤觉寺、海觉寺、大觉寺、慈仁寺、法明寺。其中5座僧寺，3座尼寺。至于这些寺院的经济来源，也十分充裕，因为大多由皇室、官员领头建造。如文帝靖善坊建大兴善寺，为献皇后于和平、永阳两坊造东禅定寺，为昙延法师于广恩坊造延兴寺，为慧远法师于敦化坊立净影寺，为法经法师于怀远坊立光明寺。独孤皇后于常乐坊立宏善寺（后改名赵景公寺），为外祖崔彦珍于青龙坊立普耀寺，为母亲纪国夫人于延福坊立纪国寺，为比丘尼华晖、令容于丰乐坊立法界寺。炀帝在文帝去世后，于和平、永阳两坊的东禅定寺旁另立西禅定寺，晋王时为安置平陈后北上的南僧在青龙坊立日严寺。元德太子为比丘尼于休祥坊立慈和寺，兰陵公主舍安业坊宅为资善寺，亲王杨雄于敦义坊立灵觉寺。还有前北周细腰公主于安定坊立功德寺，平原公主于醴泉坊立妙胜寺，等等。

京城的佛寺如雨后春笋般拔地而起，除了皇宫之外，寺宇殿堂恐怕是最为显赫的建筑。当时有人作了如下的记载来描述：

> 伽蓝郁峙，兼绮错于城隍；幡盖腾飞，更庄严于国界。法堂佛殿，既等天宫；震旦神州，还同净土……鼓腹黄齿，争买祇陀之园，击壤青衿，竞聚育王之土。浮图于焉间发，宝刹阗而星罗。①

"鼓腹黄齿，争买祇陀之园，击壤之衿，竞聚育王之土。"不光皇亲

---

① 《历代三宝记》卷十二，大正藏49册，102页。

国戚竞修佛寺，就连平民百姓也争做功德。这应该是当时大兴城佛寺林立的真实写照。

道宣生于开皇十六年（596），正是隋代度过了最初立国时期的动乱、走上正轨的时候，也是崇奉佛教日益隆盛的时期。尤其是后来仁寿年间三次在全国普建舍利塔，奉送舍利的朝廷使团和一路同行的高僧护法团纷纷从京城出发，浩浩荡荡，相望于途，一时之间，地无分南北，人无分贵贱，佛教成为全国最普遍也是最主流的信仰，确如上述记载中所描述的那样："法堂佛殿，既等天宫；震旦神州，还同净土。"

二、日严寺

道宣出家的寺院是日严寺。这座寺院也是隋代大兴城的一座著名的佛寺，且于佛教史上有特殊的意义。

日严寺位于大兴城东南隅的青龙坊，是隋代后期极负盛名的佛寺。但昙花一现，存留时间很短，从建造到废弃仅约三十年。日严寺存留的时间虽然很短，但在隋唐佛教发展史上，日严寺南僧群集，发挥了特殊的作用，于京城的百余座佛寺中独树一帜。从政治上来说，南陈平定之后，即宣告中土大地结束了数百年的战乱分裂，重新统一。从中国佛教的发展史上来看，日严寺南僧的聚集才意味着南北佛教的统一。众所周知，在此之前的中国佛教呈现出南北旨趣各异的局面，南方重义理，北方重修持，直到杨广将南方的名僧、高僧征集到京城，入住日严寺，这才标志着佛教史上的南北统一。

日严寺是平定南陈之后晋王杨广建造，废弃于唐代的武德七年（624）。[①]杨广为什么要建造日严寺？鉴于这座寺院的特殊性，这里略作介绍。

杨广（596—618），隋文帝杨坚第二子，开皇元年（581）立为晋王，授并州总管。开皇八年（588）攻打南陈，命杨广为行军元帅。陈灭，进位太尉，授扬州总管，镇江都，每岁一朝。受文帝的影响，杨广对佛教也很熟悉。据《国清百录》卷二所载，在平定南陈之后，杨广下令搜集佛教典籍十万轴，立"宝台经藏"，庄严修葺，其旧惟新。开皇十一年（591）十一月二十三日，杨广请著名的天台大师智顗到扬州，设千僧斋，亲受菩萨戒。文帝祠泰山后，

---

① 按，《长安志》卷八云日严寺仁寿元年造，贞观六年废，误。后人不察，至《城坊考》亦沿袭此说。

杨广归藩。估计日严寺的建造就在杨广临归藩之前，在京城营建王府的同时，在青龙坊用建造府邸的材料建造了日严寺。此后，日严寺的供给也同样出自晋王府。道宣在这里出家，对日严寺很了解，他在《续高僧传·智炬传》中有如下记载：

> 开皇十九年，（智炬）更移关壤，敕住京都之日严寺。供由晋国，教问隆繁，置以华房，朋以名德。一期俊杰，并是四海搜扬。①

"一期俊杰"没有错，"四海搜扬"恐为笔误。日严寺所住僧众确实不乏俊杰之士，但是是以南僧为主，其他为少部分北方名僧。从杨广的本意来看，日严寺的建造是为了安置和容纳平陈之后北上的南方名僧。这也是仿照乃父当年从全国征请高僧入京的做法，事实上随同这些南方僧人一同入京的门下弟子也不少。

道宣对日严寺的情况非常熟悉，在他的著作中有多处记述。仁寿二年（602）献皇后去世时，"召日严英达五十许人，承明内殿连时行道"。②又载："召日严大德四十余人，皆四海宗师，一时翘楚"，"时有沙门智炬、吉藏、慧乘等三十余人，并炀帝所钦，日严同止。"③隋文帝征请"六大德"入京时，敕令可各带弟子十名同行。炀帝亦当如是。再加上其他普通僧人，所以，日严寺常住僧人的数量当在二百人以上，其中大部分是江南北上的僧人。值得注意的是，这些人并非泛泛之辈。盛极一时的江南佛教，由于平陈时下令数外伽蓝屏除，僧众散逃，不少高僧被征北上入京，以至于有"南中无复讲主"④，"金陵讲席，扫土具尽"⑤之说。因之，作为江南人的后裔，同气相求，道宣亲近聚集着大量南僧的日严寺便非偶然。

公元581年，杨隋代北周自立，中国进入第二个大统一时代，至灭南陈，

---

① 《续高僧传》卷十一《智炬传》，大正藏50册，509页。
② 见《续高僧传》卷九《智脱传》，大正藏50册，450页。
③ 见《续高僧传》卷十一《辩义传》，大正藏50册，510页。案，引文中智炬、吉藏俱为住日严寺的南僧，而"慧乘"事迹，见《续高僧传》卷二十四，也是江南北上的义学僧。慧乘之父为南陈兵部郎中，叔祖少出家，法名智强，善《成实》、《大涅槃》，为南陈广陵大僧正。慧乘以智强为师，后预智㸌法席，习《成实》，以善讲论崭露头角。陈亡，随晋王入京，后又为东都四方馆大讲主。
④ 《续高僧传》卷一《法泰传》，大正藏50册，432页。
⑤ 《续高僧传》卷十四《慧頠传》，大正藏50册，535页。

大功告成。虽然已经改朝换代,但佛教发展之余绪仍不绝如缕。正如汤锡予先生所云:

> 盖政治制度之变迁,与学术思想之发展,虽有形影声响之关系,
> 但断代为史,记朝代之兴废,固可明政治史之段落,而与宗教时
> 期之划分,不必即能契合。①

所以,至日严寺的建立,南北风格各异的义学僧在京城聚集,互相交流学习,融会贯通,佛教在中国的流传揭开了新的一页。至此,中国佛教史上的"南北朝"时期才宣告结束了。全国一统,拉开了隋唐佛教的序幕。

三、慧頵法师

道宣十岁时赴日严寺,拜慧頵法师为师,此后于师尊膝下侍奉达二十年。师徒朝夕相处,无论生活和学习,慧頵对道宣关怀备至,师徒两人的感情非常深厚。慧頵法师不但在生活上百般照顾,道宣持律严谨的修养,树立研习律学的志向等,也都是在慧頵法师的指导下形成的。

(一)慧頵法师

慧頵法师是日严寺的僧人,也是南方人,不但有学问,持守戒律很严,且与道宣大有缘分,在教育道宣身上倾注了很多心血。道宣对这位引领自己入佛门的人非常敬重,一起生活,同甘苦,共患难,共同经历了隋末的大变乱和唐初的动荡。在慧頵去世多年以后,道宣还将慧頵的遗骨迁葬在自己的住所旁,朝夕相伴,晨昏供养。

慧頵法师,后世曾有误为"智頵"者,如《宋高僧传》之《道宣传》所记:

> (道宣)九岁能赋。十五厌俗,诵习诸经,依智頵律师受业。②

《宋高僧传》之误有二。其一,道宣之师名"慧頵",有道宣亲自为其师所作传记为证。其二,慧頵本业为成实师,善诵《法华》,并非以律学为专业。察赞宁之意,这里也可能误"智首"为"智頵"。智首仁寿二年(602)

---

① 汤用彤:《隋唐佛教史稿·绪言》。
② 《宋高僧传》卷十四《道宣传》,大正藏50册,790页。

入京，在洪遵之后为声望最高的律师。后道宣投智首门下研习律学，从其受具，并继承了智首一系的《四分律》学统。

至于慧頵法师（564—637），出身与道宣相反。道宣是南方人，出生在北方的京城；而慧頵法师却是北方人，出生在南方。慧頵也是杨广平陈后从南方征请入京的，但其家族本为北方人。

据道宣的《续高僧传》记载，慧頵法师俗家姓王，原籍北方的清河（今山东临清）。西晋末期，因为"永嘉之乱"，法师的先辈避难到了建邺（今江苏南京），南陈天嘉五年（564），慧頵出生。所以慧頵就成了南方人。慧頵的父亲是一位儒生，从幼年开始，对慧頵进行正统的儒家教育。晋末之后，社会秩序呈现出分崩离析的状态，价值失范，贪腐横行，儒学已难以维系传统的纲常名教，于是佛教便得到了广阔的发展空间。慧頵长大之后回顾所学，目睹社会现状，对儒学的经世致用失去了信心，转而学习佛教。但其父站在儒教的立场上反对儿子学佛。父子相持不下，于是采取了折中之策，允许慧頵先入道门学习道学。但时间不长，慧頵已经对道教的学说了然于胸中，仍然没有解决心中的疑惑。于是，私下研习佛学，诵读《妙法莲华经》。陈太建年中（569—582），适逢朝廷下令考试经文剃度僧人，慧頵就去参加了考试。一试便中，正式剃度为僧，隶属于著名的同泰寺。这时候，慧頵才去禀告双亲，说他已经奉令入了佛门。父母见到既然是朝廷敕令剃度，也就只好作罢。

慧頵法师好学，皈依佛门是自己广泛探究之后的理性选择，因此他的知识结构比较广，儒、释、道三家的学问都有非凡的造诣，是好学的道宣的好老师。南陈平定之后，南方最有影响的数十位僧人被征请入京，慧頵也在其列，入京后就安置在日严寺。

慧頵法师是在开皇末年被召入长安，时间约在公元600年。五年之后，道宣入日严寺，拜慧頵为师。但日严寺兴盛的时间很短，改朝换代之后，慧頵师徒被重新安置到崇义寺。隋代末年，战乱纷起，京城也遭受到了很大的劫难，寺院衰败，僧人为了躲避战乱而纷纷逃向其他地方。而慧頵和道宣师徒却没有离开长安，相濡以沫，默默静修。

迁到崇义寺时间不长，四年后，即唐太宗贞观十一年（637），慧頵法师染病去世，终年七十四岁。门下的弟子将慧頵安葬在长安高阳原之西。道宣事业有成之后，又将师父的遗骨迁葬到沣德寺，在自己经常静修和写作的地方，凿石为龛安葬，并为师父刻石立铭以彰扬功德。

值得注意的是，在慧頵入京城和道宣拜慧頵为师的这五年间，恰巧是慧頵的专业兴趣向大乘转变的五年，无疑这对道宣应该有深刻的影响。

道宣在为慧頵法师作的《传》中专门介绍道：

> 开皇末年，被召京寺。于时晋王开信，盛延大德同至日严。并海内招梓，递互相师。每日讲乘，五轮方驾，遂得通观异部，遍览众传，鬎讨旧闻，考定新轨，陶津玄奥，慧悟弥新。深鉴诃黎漏文小道，乃归宗龙树，弘扬大乘。故得《中》、《百》、《般若》、《唯识》等论，皆饮沐神化，披阅文言，讲导相仍，用为己任。时闲屏退，成虑研思。所诵《法华》，通持犹昔，并讲文义以为来习。①

慧頵原来在南陈时奉持《成实论》，为有名的成实师。《成实论》为诃黎跋摩所作，内容是针对毗昙我空法有的不满而对四谛法作新的解释。姚秦时鸠摩罗什翻译为汉文后，盛行于江南，出现了大量的成实师。但本《论》于性空之旨上并不彻底，所以慧頵到京城后，与各义学僧相互探讨，慧悟弥新，"深鉴诃黎漏文小道，乃归宗龙树，弘扬大乘。"隋文帝大兴佛教，以京城为弘法中心，因而群贤毕至，人才济济，慧頵在这里眼界大开，与在江南一隅不可同日而语，故而"归宗龙树"，对中观之旨进行了仔细的研究。至于持诵《法华》，仍一如其旧，慧祥在编《弘赞法华传》时，将慧頵收入，可见到长安以后慧頵已经完全转向大乘空宗了。

依常理推之，慧頵将自己的转变过程一定会告诉道宣，这对道宣的影响是很大的。道宣以后孜孜不倦地研究大乘教理，以大乘的教理会通小乘的戒法，其事业理想的萌芽无疑与慧頵法师的浇灌有直接关系。

慧頵对道宣另一方面的影响是他的性格和为人处世的态度。

物以类聚，人以群分，慧頵"贞悫守正，不妄参迎"，所结交者都是智首、道岳、玄琬等义学高僧，而且关系非常融洽。如道宣在《传》中所云："叙言友敬，而谦虚成治"，"饮德钦风，留连信宿。详议法律，删定宪章，欢笑而旋寻复造展。"道宣跟随慧頵长达二十年，耳濡目染，不但增长了学问，而且在待人接物上也受了颇多影响。

当然，慧頵对道宣影响最深的是戒律学的研习。

---

① 《续高僧传》卷十四《慧頵传》，大正藏 50 册，534 页。

（二）学律与持律

道宣追随慧頵法师，有两点影响伴随道宣终生。这两点都和戒律有关，即学律和持律。

慧頵法师是道宣的第一位老师，不但教授佛门知识，而且对道宣心性的养成和兴趣的培养影响很大。道宣从入佛门之后，跟随慧頵法师的时间也最长。法师持戒精严，即使在生命的最后一刻，也是如此。道宣对他的老师临终时的情况记述道：

> 贞观十一年夏末，风疾屡增，召门人曰：形势不久将毕大辞，宜各敦自爱，不宜后悔。恨福业未就，以为虑耳。乃割其冬服，并用成之。又曰：若识神自课，可有常规。恐脱昏昧，非时索食，一无与法。后将大渐，时过索粥。答曰：斋时过矣。便默然不言。其临终奉正为如此也。①

慧頵在临终的时候，教导弟子们不要以永别为念，但以"福业未就"为遗憾。同时又说，如果自己意识清楚，即按常规办理，但担心自己在临终昏迷时不知道时间而向弟子索要食物，再三叮咛，千万不要给自己，以免犯"非时食"的戒。果然，慧頵在病危昏迷中似乎感到口渴，向弟子要稀粥。弟子遵照师父的嘱咐，大声对他说道："吃饭的时间已经过去了！"慧頵似乎又有了意识，于是默默不语了。慧頵持守过午不食的戒律如此之严，这种言传身教印象深刻。《宋高僧传》中记载道宣云："三衣皆纻，一食唯菽。行则杖策，坐不倚床。蚤虱从游，居然除受。土木自得，固己亡身。"②持律严谨，也与慧頵法师早年的言传身教有直接的关系。

道宣走上研习律学的道路也是在慧頵的指导下形成的。慧頵法师自己不是律师，但对律学研习的重要性有深刻的认识。前文所述慧頵法师的好朋友智首、玄琬等，就是当时最著名的律学大家。

道宣入佛门后，本来对定学最有兴趣，是在慧頵法师的指示下，改习律学。道宣在回忆自己的师父时写道：

> 初受具后，性爱定门。启陈所请，乃曰：戒净定明，道之次矣。

---

① 《续高僧传》卷十四《慧頵传》，大正藏 50 册，534 页。
② 《宋高僧传》卷十四《道宣传》，大正藏 50 册，790 页。

宜先学律，持犯照融，然后可也。一听律筵，十有余载，因循章句，遂欣祖习。①

道宣受具足戒后，"性爱定门"，即选择禅定法门作为自己修法的基点和方向。向慧頵法师禀告了自己的兴趣后，法师作了修正，叮嘱道宣曰："戒净定明，道之次矣"，即持戒严净，自然就定性坚明了。"戒净定明，道之次矣"，这也正是三学戒定慧的次第，以"戒"为基础，戒中生定，定中生慧，"持犯照融，然后可也"。遵师之嘱，道宣便开始学律。在慧頵法师的督促下，道宣研习律学的兴趣越来越浓，"一听律筵，十有余载，因循章句，遂欣祖习。"

三学以戒律为基础，重在"持犯"，而从事戒律之学却并非容易之事，因为"持犯之相"极其复杂。道宣学成之后，深有体会：

律宗其唯持犯。持犯之相实深，非夫积学洞微穷幽尽理者，则斯义难见也。②

从跟随智首学律开始，经过了十多年的潜心"积学"，道宣终于学有所成，洞微穷幽，不但最终走上了研习律学的道路，而且毕生贡献给了律学事业。

万事万物，没有捷径可走，必须按照发展规律进行。而英才的成长，也需明师的指引，慧頵与道宣正是这样的关系。

四、南陈文物

南陈灭亡之后，不独高僧播迁北方，南陈的许多文物典籍也被运送京城。与日严寺有关的，有金陵长干塔下的佛舍利，传为梁武帝的头发、指甲，以及庐山西林寺的天竺石影像。道宣与这些佛教圣物朝夕相伴，作为南陈人的后裔，道宣对这些圣物非常有感情，不但参与了这些圣物的保护，而且作了仔细的记录。根据这些记录，可以了解当年佛教文物的流传情况，更重要的是，这些记录为后人留下了珍贵的线索，也许有一天这些文物会重见天日。

长干塔即金陵长干寺之舍利塔。寺、塔久废，古址在朱雀门东南古越城之东。相传该塔为印度阿育王所建的八万四千塔之一，颇有名气。南梁大

---

① 《续高僧传》卷十四《慧頵传》，大正藏50册，534页。
② 《行事钞》卷中四，大正藏40册，91页。

同四年（538）八月，梁武帝诏令重修长干塔，并取出佛舍利供养，设大无碍法会。《诏书》中有云："改造长干寺阿育王塔，出佛舍利、发、爪。阿育，铁轮王也，王阎浮一天下。一日夜役使鬼神造八万四千塔，此其一焉。……凡天下罪无轻重，皆赦除之。"① "发、爪"者，即头发、手指甲。当时舍利的数量、形状以及发、爪，据载："铁银金三函相重，于金函内有三舍利，光明映彻，及爪甲一。又有一发，伸可数尺，旋则成螺，光彩照耀。咸以为育王之所藏也。"② 但后人对这些头发和指甲有疑问，认为可能在修塔时供养完舍利后，梁武帝将自己的头发和指甲一同埋于塔下。南陈灭亡后，这些文物都下令北上运送京师，藏在日严寺。

道宣亲历其事，在《集神州三宝感通录》载之甚详：

> （隋炀）昔在晋藩，作镇淮海。京（日严）寺有塔未安舍利。乃发长干塔下取之入京，埋于日严塔下，施铭于上。于时江南大德五十余人咸言：京师塔下舍利非育王者，育王者乃（在）长干本寺。而不则其是非也。至武德七年日严寺废……余师徒十人配住崇义，乃发掘塔下，得舍利三枚。白色光明，大如黍米。并爪一枚，少有黄色。并白发数十余。有杂宝琉璃古器等，总以大铜函盛之。检无螺发，又疑爪黄而小如人者。寻佛倍人爪，赤铜色，今则不尔。乃将至崇义寺佛堂西南塔下，依旧以大石函盛之，本铭覆上，埋于地府。余问隋初南僧，咸曰：爪、发，梁武帝者，舍利则有疑焉。埋之本铭，置于其上。据事以量，则长干佛骨颇移于帝里。③

据上所述，道宣也对其事有疑问，认为只有可能佛舍利是真的。道宣亲自参与了圣物从日严寺到崇义寺的迁奉，与慧頵师父等共同发掘了日严寺塔，所见头发和指甲与所载佛发与佛指甲相状有异，有"白发数十余"，而"爪黄而小如人者"。入日严寺的南僧告诉道宣，这些头发和指甲乃是梁武帝的，不是佛舍利。

日严寺还有一尊石佛像，也是从南陈运来的，源自天竺，本是庐山西

---

① 《广弘明集》卷十五梁高祖《出古育王塔下佛舍利诏》，大正藏52册，203页。
② 《集神州三宝感通录》卷上，大正藏52册，405页。
③ 《集神州三宝感通录》卷上，大正藏52册，405—406页。

林寺旧藏，非常珍贵。这尊像叫庐山西林寺天竺石影像，即印度所雕的石佛像，本为梁武帝供养，传自天竺。这座像也被晋王杨广搜得，运至京城后藏在日严寺。

这尊像道宣在日严寺常所侍奉，在《续高僧传·僧明传》中也有具体的记述：

> 京师崇义寺石影像者，形高一尺，径六寸许，八楞，紫色，内外映彻。其源梁武太清中，有天竺僧赍来谒帝。会侯景作乱，便置江州庐山西林寺大像顶上。至开皇十年，炀帝作镇江海，广搜英异。文艺书记并委雠括，乃于杂传得《影像记》，即遣中使王延寿往山推得。王自虔奉，在内供养。在藩历任，每有行往，函盛导前。（影像）初无宁舍，及（杨广）登储贰，乃送于曲池日严寺，不令外人瞻睹。武德七年，（日严寺）废入崇义，像随僧来，京邑道俗备得观睹。其中变现，斯量难准，或佛塔形象，或贤圣天人。……贞观六年，下敕入内，外遂绝也。①

以上只是与日严寺有关的部分南陈佛教文物，晋王杨广令取之运入大兴城。与其他寺院有关的，以及隋文帝下令运走的当更多，此不赘述。

隋代灭亡之后，到了唐代初期武德七年（624），日严寺被废弃，"僧徒配散，房宇官收"②，慧頵率道宣等师徒十人，配住长寿坊崇义寺。

日严寺为什么被废弃？史无明载，估计与以下几方面因素有关。

其一，经过隋朝末年的战乱，到唐初，京城民众的社会生活受到极大破坏，各寺的经济来源不能保证，许多寺院僧众缺额，寺宇破败。

其二，晋王杨广当年从江南征请的高僧在三十年后多已凋零，难以为继。

其三，杨广后期常住洛阳，日严寺已不复昔日之盛况。

其四，唐高祖李渊攀附老子道教，又受傅奕上疏斥佛的影响，对儒释道三教的政策已发生了变化，有抑制佛教之意。

其五，李氏占据京城后，隋杨氏宗族的财产房屋多被没收。日严寺为隋朝的皇室佛寺，自然难以得到新朝的支持。

总之，成住坏空，一代义学名刹结束了它的历史使命。

---

① 《续高僧传》卷二十九《僧明传》，大正藏 50 册，692 页。
② 《集神州三宝感通录》卷上，大正藏 52 册，405 页。

第三章　求法与学法

道宣出家之后，在几乎长达二十年的时间里，大多数时间一直隶名于日严寺。从隋末的变乱，到李唐的初期，道宣没有离开京城，求法学法，专心致志，心无旁骛。在这期间，拜智首律师为师，投入四分门下。完成学业之后，开始潜心研习，以终南山为静修之地，撰写著作。学业初成后便出关参访，一面寻觅前代律学之遗迹，求证所得；一面广开视野，巡礼圣迹。究其初始，日严寺这座义学之窟对道宣帮助最大，也影响最大。

一、日严寺的义学僧

道宣听学、落发和受戒都是在日严寺进行，而当时的日严寺义学高僧群集，尤其是汇聚了南方佛学的精英人物。所以在长达二十年的时间里，道宣在日严寺中受到的熏陶是不同一般的，近水楼台，耳濡目染，贯通了南北义学。这与他以后的成长大有关系。尽管入唐以后日严寺被废弃，但当年在日严寺所受的影响和熏陶成为此后道宣成长的有益资粮。

数十年以后，道宣编纂《续高僧传》，对当年的日严寺义学僧人有详细的介绍，留下了珍贵的资料。从其中不独可以见到道宣所受到的学业熏陶，而且还可以看见南北朝结束后南北义学的汇总和融汇，很有意义。

在日严寺中，来自北方最著名的是彦琮（557—610）。彦琮法师，赵郡柏仁（今河北隆尧）人，曾受北齐和北周皇室的钦重，屡升高座。后来杨广在藩时任总河北，承风请谒并延入内堂，讲《金光明》、《般若》等。文帝召彦琮入京，命掌翻译之事，杨广请其入居日严寺。彦琮博闻强记，内外贯通，精研梵文，长于著述，有多种著作行世。又如慧常，生卒年不详，京兆长安（今陕西西安）人，以善于唱诵梵呗见长，可唇口不动，声发喉中，而又长引滔滔，清音不竭。还有法显，亦生卒年不详，雍州扶风（今陕西扶风）人。在日严寺行止与他人不同，完全是北方的学风。专事禅寂，沉默寡欲，不涉文字纸笔，而戒行卓荦，常为受具者开发戒缘等等。

与北方来的僧人相比，日严寺更多的是来自南方的义学僧，其中有不少是声名早已成就的义学大家，且各有专长，如成实、三论等学派，均有其中的佼佼者为代表，道宣在《续高僧传》中作了精要的介绍。

法澄，生卒年不详，吴郡（今江苏苏州）人。初从兴皇朗公讲释三《论》，使教旨乖竞者皆条理而畅通。后在江都开善寺聚徒开讲，常听者有二百余僧，化洽吴、楚，传誉淮海。晋王杨广南下，置四道场延揽名德，法澄被召入。仁寿三年（603），奉晋王之命入关，住日严寺。法澄在日严寺披讲《智论》，声望弥重，京师硕学咸来拜谒请教。杨广即位后，法澄从驾东都洛阳，因疾而终，时年七十余岁。

道庄，生卒年不详，扬州建业（今江苏南京）人。初听彭城琼法师讲席，秉受《成实》。后以大乘为专业，跟随兴皇朗公听受四《论》。年德既富，深受僧众敬重。晋王杨广闻其名，至书礼向，又追请入京师，住日严寺，频频召见。道庄常奉命在内宫宣讲，以佛说为主，玄儒总萃，听者皆叹其博要。道庄晚年离开日严寺，宣讲《法华经》，并著疏三卷，炀帝赐帛五百段，毡四十领。大业初，随驾东都洛阳，因疾而卒，时年八十一岁。有文集数十卷，多流传于淮南。

智脱（541—607），其先济阳考城（今河南兰考）人，后因流宦复为江都（今江苏扬州）人。七岁出家，为邺下颖法师弟子，学《华严》、《十地》。后听江都强法师讲《成实》、《毗昙》，深受金陵爒法师欣赏，称为"重器"，陈至德中（583—586），帝请入内讲说。晋王南下，建慧日道场，搜扬硕德沙门，智脱预其一。后随晋王入京，住日严寺。曾奉命入内讲说，与吉藏法师往复驳难，举座钦然。作有《成实记疏》四十卷、《释二乘名教》四卷、《净名疏》十卷。大业元年（605）随驾洛阳，两年后病卒，终年六十七岁。

法论，生卒年不详，南郡（今湖北江陵）人，初住荆州天皇寺，后隐青溪之覆舟山。博通内外，研重《成实》，梁明帝曾厚礼征召。晋王杨广南下后，闻法论之声名，召入行在，时相咨询。入京后，奉命住日严寺。隋文帝美其清悟不俗，深加叹赏。大业元年（605），赐"千秋树皮袈裟十领，帛五百段，毡四十领。皇后赐狐腋皮座及法服等物"。① 随驾洛邑，不久因疾而终，时年七十八。法论崇尚文府，内弘佛教，兼涉道儒，有别集八卷行世。

---

① 《续高僧传》卷九《法论传》，大正藏50册，500页。

智炬（534—606），吴郡（今江苏苏州）人。善草隶，好文章。初听兴皇朗公讲授，与吉藏为同学，容止端隆，威仪庠序。后聚徒开讲四《论》、《大品》，望重金陵，蒋州刺史郭演诚心归敬。晋王镇扬越，征请智炬入慧日道场。开皇十九年（599）入京，敕住日严寺。大业二年（606）正月卒于寺房，年七十二岁。门人有慧威、慧颐等，后行化于江南。

辩义（541—606），贝州清河（今河北清河）人。初归猷论师，学《杂心》，贯通文义，誉传两河。北周灭法时，辩义南奔建业，传弘小《论》。晋王杨广南下，搜选名德，辩义以义学之功显著，遂入关住日严寺。京师名僧昙恭、道抚、慧颐、慧净等，皆执文咨义。汉王杨谅推举志念法师升座讲论，辩义与之辩论三日。道岳法师专宗《俱舍》，亦随辩义请析疑义，赞曰："余之广扬对法，非义孰振其纲哉！"① 大业二年（606）卒于住寺，年六十六岁。东宫舍人郑颋为之碑颂。

明舜（547—606），青州（今山东益都）人，以善《智度论》驰名，誉传海滨。北周灭法时，南投建业。栖止无定，周流于各寺讲席。后为晋王杨广召入京辇，住日严寺。大业二年（606）卒于住寺，春秋六十。门人慧相继其学业，弘化于江都。

法侃（551—623），荥阳（今河南郑州）人，曾跟随渊法师学《十地》、《地持》。北周灭法，南投建业，从居士曹毗学《摄论》。后被晋王杨广召入京城日严寺，栖心于止观，"开道《唯识》，味德礼忏"②。入唐，为管理僧尼事务的"十大德"之一。武德六年（623）卒于大兴善寺，时年七十三岁。

昙瑎，生卒年不详，江都（今江苏扬州）人。少学《成实》，以及《涅槃》、《大品》，以慧解驰名。后晋王征居京师日严寺，内史令萧琮合门礼敬，奉为家僧。唐武德初卒，年八十三岁。

善权，生卒年不详，杨都（今江苏扬州？）人。研学《成实》，颇有造诣。尤善唱导，能悟发时极，随言连贯。晋王杨广召请入京，住日严寺。献后去世，召日严寺大德五十余人内宫行道。善权梵呗礼导，闻者皆赞叹不已。大业初，卒于日严寺，年五十三。有门人法网，传善权之唱导法。

吉藏（549—623），本西域安息人，祖世避仇，移居南海，后迁金陵而生吉藏。初从兴皇朗公剃度，研学三《论》。后至会稽嘉祥寺开讲，从

---

① 《续高僧传》卷十一《辩义传》，大正藏50册，510页。
② 《续高僧传》卷十一《法侃传》，大正藏50册，513页。

智顗弟子灌顶听受天台要旨。开皇末，晋王杨广置四道场，召而居之，后又奉命入京住日严寺。吉藏周流京师各讲席，声誉鹊起，被赞为"论主"。曾与僧璨法师辩论数日，四座皆惊，传为美谈。又将所得巨额财施充无尽藏，助修京城曲池大像。隋末，写《法华》两千部，造像二十五尊。入唐，高祖李渊召对，敕为"十大德"之一，统摄僧尼，任实际、定水两寺上座。武德六年（623）卒，年七十五岁。平生讲三《论》一百余遍，《大品》、《智论》、《华严》、《维摩》等各数十遍，并有多种文疏行世。弟子慧远、慧灌、智顗等，均以才学著名。

以上有传可查的共十一位，加上道宣的师父慧頵，共十二位。这些义学僧都是晋王杨广征请入京的江南义学名僧。这十二位僧人虽然不是日严寺南僧的全部，也只是晋王平陈后由江南北上的义学僧的很少一部分，但都有义学专长，久负盛名，所以很有代表性。从道宣的记载来看，他对这些义学僧都比较熟悉。

二、南僧的学派与宗风

在当时京城的一百多座佛寺中，日严寺是比较特殊的一座，一是它是由晋王杨广所建造。二是只有日严寺所住的僧人大部分是从南方而来。三是日严寺学派宗风之丰富多彩是京城其他寺院所无法比拟的。

日严寺的学派应首先介绍成实学派，主要的有智脱、法论、慧頵、昙瑎、善权等法师。

成实派以《成实论》立派，又被称为"成实师"。《成实论》由鸠摩罗什在北方译出，其传承和弘扬却盛行于江南。尤其齐梁时代，人才济济。入陈，诸家竞起，成实与三论沟通，学风稍有少歇，以智爕师为领袖，阐扬"新成实学"。智脱法师是智爕的入门弟子，继承师说，恢弘门风，入日严寺前就撰有四十卷《成实论疏》，深得同侪敬仰。智脱是智爕之后成实师中最有影响者。其他法论、慧頵、昙瑎、善权等，在入日严寺前也都是南方有名的成实师。

三论之学的研习和三论宗的建立是日严寺佛教义学最主要的特色，代表人物有吉藏、法澄、道庄、智炬等大家。三论指《中论》、《百论》和《十二门论》，也是由鸠摩罗什于北方长安地区译出，是大乘空宗阐释般若思想最重要的典籍，三传之后便盛行于江南，僧诠法师在摄山创立了摄岭三论学派。

僧诠门下弟子众多，最出色的是法朗（507—581）。从陈永定二年（558）起，法朗奉敕主持兴皇寺讲席长达二十五年，被尊为"兴皇朗公"。法朗是江南佛教义学之巨擘，"《华严》、《大品》、四《论》文言，往哲所未谈，后进或损略，朗皆指摘义理，征发词致，故能言气挺畅，清穆易晓。常众千余，福慧弥广。"① 法朗门下特出者二十五位，以吉藏、智炬、慧哲和明法师为最。晋王杨广平陈时，法朗已去世。吉藏继其大业，在会稽（今浙江绍兴）嘉祥寺盛开讲席。学者辐辏，见蔚于一方。四大弟子中的吉藏、智炬被请入京城，另两位道庄、法澄也是兴皇朗公的门徒。这四位三论学大家的入京，无异于将摄岭三论之学的研习中心直接移植到了日严寺。在同门和众多南僧的共同努力下，吉藏不负众望，完成了罗什之后数百年三论学派立宗的大业，在日严寺短短的历史画卷上抹上了浓墨重彩的一笔。

除了成实和三论，辩义法师的毗昙、明舜法师的智论、法侃法师的摄论等，也都各擅胜场，独树一帜。专业特长之外，这些义学大德们对《大品》、《华严》、《法华》、《涅槃》，也罕有不通者。

日严寺的北上南僧不但保持了江南的学风，在行事作风上也保持了江南的传统，思想活跃，擅长于讲论，热衷于学术争鸣。辩义法师是毗昙师，开讲时，各派大师同来听受，其他寺的僧人也来请谒。法侃法师传江南真谛一系的摄论，在京城受到其他义学僧的重视。也有的到日严寺后专业发生了变化，如道宣的师父慧頵法师，本来是成实师，后广听众说，反复比较和思考，"深鉴诃黎漏文小道，乃归宗龙树，弘扬大乘。"②

辩论，是促进南方佛教义学发达的一种最重要、最直接的方式。日严寺内"每日讲乘，五轮方驾"，而且不分年德门派，各展所长，互相为师。③晋王杨广召日严寺大德入内行道，讲《净名经》。该经为大乘要籍。吉藏为三论宗主，"三论所斥，略辨四宗"，其中就有"排成实"④，因而开讲时自然有所抑扬。成实学派的领袖智脱不以为然，在"三解脱门"问题上反复

①　《续高僧传》卷七《法朗传》，大正藏50册，477页。
②　《续高僧传》卷十四《慧頵传》，大正藏50册，534页。
③　见《续高僧传》卷十四《慧頵传》，大正藏50册，534页。
④　吉藏《三论玄义》卷上云："三论所斥，略辨四宗：一、摧外道，二、折毗昙，三、排成实，四、呵大执。"（北京，中华书局《中国佛教思想资料选编》卷2，册1，1983年1月版，272页）。

驳难，辩论之后又专门写了《释二乘名教》和《净名疏》。^①在寺外的辩论活动中，日严寺僧也积极参与。齐王杨暕集京师英彦论士六十余人在府内集会，辩论佛法要义，以日严寺吉藏为"论主"。当时京师有一著名论士僧粲，自号"三国论师"。吉藏与僧粲辩论，各引经据典，滔滔不绝，时经三日，往复酬难七十余遍，京城为之轰动。汉王从北方并州请来志念法师，在京城禅林寺创建辩论法会。志念以《智论》沟通《杂心》，并非专业毗昙。日严寺辩义法师与之交锋，前后三日，志念难以为继，最后答曰："向所问者乃同疑焉。"^②后来志念回到并州，专门精研《杂心》，成为北方最有名的毗昙师。

在隋代大兴城一百多座寺院中，不乏以义学著称的名刹，如大兴善寺的译传，真寂等五寺的三阶教法，禅定寺的禅学研习，等等，日严寺则以自己的江南义学特色厕身其间。特别是该寺的三论和成实，在京城众刹中独树一帜。道宣耳濡目染，熏习其间，眼界大开，获得了多方面的知识，特别是了解到了南方义学的精髓，为自己今后的律学研究打下了很好的基础。

三、智首导师

隋大业十一年（615），道宣二十岁，在律学大德智首座下受具足戒，正式投入四分门下。智首是道洪门下的高足弟子，入京后又得到洪遵的大力帮助，迅速成为律学领袖。在智首教诲下，包括道宣在内，成长起了一大批律学人才，互相砥砺，学习琢磨，使得长安也成为了全国的律学研究学习中心。在中国佛教律学的传承上，道宣继承了智首律师的衣钵，发扬光大，继往开来，而且创立了南山一宗，可谓青出于蓝而胜于蓝。

智首（567—635），俗姓皇甫，安定（今甘肃泾川）人。祖上出来作官，随官流寓，就定居在漳滨，也就是今天的河北西南部。智首幼年出家于相州（今河南安阳）云门寺，跟随前代高僧僧稠禅师的高足弟子智旻学习。虽然

---

① 《续高僧传》卷九《智脱传》载："寻又下令讲《净名经》，储后亲临，时为盛集。沙门吉藏命章元座，词锋奋发掩盖玄儒，道俗翕然莫不倾首。脱以同法相让，未得尽言。藏乃显德自矜，微相指斥。文至三解脱门，脱问曰：三解脱门以何箭射？藏曰：未解弯弓，何得放箭？脱即引据征勘，超拔新奇，遂使投解莫从，处座缄默。"

② 《续高僧传》卷十一《辩义传》，大正藏50册，520页。

因年幼，所学有限，但很早就认识到戒律之学的重要性。智首的母亲也是一位虔诚的佛教信徒。在智首出家不久，智首的母亲也出家，法名法施。法施尼深修八敬，尊重五仪，很快便威服尼流，声高魏土。曾请智旻早日授智首具足戒，智旻初未许。后经严格的观察，知其风骨坚深，终于在智首二十二岁时，受了具足大戒。如同罗什之母教诲罗什一样，智首能成就律学事业，也是在其母亲的教育和熏陶下终有所成。据说智首受了大戒之后，为了验证是否得戒，曾在古佛塔前请祈，有验之后方知感戒有实，从而坚定了信念。

隋文帝仁寿二年（602），智首的命运发生了变化。这年的八月，献皇后独孤氏崩于永安宫。文帝崇信佛教，在京城建造了一座巨大的寺院禅定寺，为献皇后追福，同时下令在全国范围内召名德禅师百二十人并各二侍者入住。这其中就有智首和他的师父智旻禅师。

入京之时，智首三十五岁，《四分律》的研习已经小有所成。入京之后，智首眼界大开。当时的大隋帝国正当兴盛的时期，全国一统，在朝廷的倡导下，京城集中了全国佛教信徒的精英，校勘旧经，翻译新经，分送舍利，数百年来形成的南北佛学的异同正在迅速消解，义学研习蔚然成风。在这样的环境中，智首的律学造诣迅速提高，在同门前辈洪遵律师的扶持下，很快成长为京城地区四分律研习的领军人物。

唐代初期，由于新朝刚建立，国家尚未完全平定，特别是社会经受多年战乱，需要有一段时间来恢复。佛教也一样。到了唐太宗执政后，偃武修文，开始重视文治事业，诏令以波颇为译主，创立了大唐第一个佛经翻译译场。凡是佛经翻译，少不了需要有精通律学的高僧参加。经过推选，一致推举智首律师担当此任。在译经的过程中，凡是有关戒律之学的地方，一律征求智首的意见，以智首的意见为准。贞观八年（634），唐太宗李世民为太穆皇后祈祷冥福，下令在长安宫城之西建造了一座皇家大寺，即弘福寺。寺造成之后，僧众都想到这座寺里来，以入居弘福寺为荣。太宗担心有名不副实者，因智首素来以严肃公正著名，就诏令请智首担任弘福寺的上座，负责入住弘福寺人员的挑选工作。由这些事情可以想见智首律师在长安的地位与影响，跟着这样的老师，道宣自然获益匪浅，正所谓向阳花木易逢春。

智首深得京城四众弟子敬仰，同时也得到李唐皇室的敬重。这在当时来说，非常不容易。

继李渊之后的太宗李世民继续奉行抑制佛教的政策，管束甚严，挑剔颇多。智首久孚人望，而且"道素严正，不滥邀延"，从而得到新朝的认可，殊属不易。另一方面，也恐怕与智首的律师身份有关，言行举止，皆有法度，堪为僧众楷模。其门下弟子也整整齐齐，持戒精严，洁身自好，如此方得到各界的信任。

贞观九年（635），智首律师去世，朝廷敕令百司供给葬事，创开了隋唐"国葬"先例。道宣记载道：

> 贞观九年四月二十二日，（智首）宿疹再加，卒于所住，春秋六十有九。皇上哀悼，下敕令百司供给，丧事所须务令周备。自隋至唐，僧无国葬，创开摸揩，时共重之。仆射房玄龄，詹事杜正伦，并诸公卿，并亲尽哀诉，崇戒范也。至二十九日，装办方具。时惟炎夏而尸不腐臭，众共嗟之，斯持戒力也。诸寺门学，竞引素幢，充诸街衢。官给地十亩，于京城西郊之龙首原，县夫三百筑土坟之。种柏千株，于今茂矣。慕义门学，共立高碑，勒于弘福寺门。许敬宗为文。[1]

智首律师去世，太宗李世民哀悼，下敕令百司供给，于龙首塬给地十亩，丧事所须务令周备。而且有朝廷重臣仆射房玄龄及詹事杜正伦并诸公卿，亲临致祭，以示崇敬。"自隋至唐，僧无国葬，创开摸揩，时共重之。"这样的"国葬"大典，在那个时代确实很罕见。隋代大兴佛教，文帝崇佛甚笃，也没有对去世的僧人举行"国葬"。唐代初期，崇道抑佛，沙汰僧尼，而对智首却有如此高的待遇，"创开摸揩"，"崇戒范也"，说明智首不但得到了佛教信徒的一致推崇，而且他的道德学问也超越了宗教信仰的范围，征服了很挑剔的李唐朝廷，得到了全社会的认可。道宣跟随这样的导师学习，言传身教，获益良多，持戒精严的风格同样也受到了各界的赞扬，得到了后世的褒奖。

四、迁居崇义寺

道宣出家后的经历也颇多坎坷，尤其是隋唐之交的变乱和两朝帝王对佛教态度的变化。公元618年，改朝换代，李唐王朝建立，慧頵、道宣师

---

① 《续高僧传》卷二十二《智首传》，大正藏50册，614–615页。

徒的命运也开始发生变化，被迫从日严寺迁居崇义寺。李唐王朝建立的初期，由于朝代更迭时期的战乱，长安城的状况仍然没有恢复，各个寺院一片萧条。当时食物来源艰难，还有生命危险，慧頵法师领着弟子门闭门修行，清高自守，共同度过了最困难的时期。

（一）高祖李渊的宗教态度

唐朝刚建立，内部矛盾不断，武德年间全国仍动荡不安。突厥频频犯边，中西佛教文化所依赖的丝绸之路经常被阻断。隋末以来，连年战乱不息，寺庙破败，僧众散逃，连衣食也不保。特别是统治者的宗教态度也发生了变化，从放任佛教的发展到抑制佛教。改朝换代对佛教在中土的发展带来多方面的不确定因素。

李渊初即帝位时，三教儒、释、道并重。道宣记道：

> 皇唐启运，诸教并兴，然于佛法弥隆信重。舍京旧第置兴圣寺，自余会昌、胜业、慈悲、证果、集仙等寺，架筑相寻，至于道观无间于俗。武德四年，有太史令傅奕者，先是黄巾，深忌缁服，既见国家别敬，弥用疾心，乃上废佛法事十有一条。云佛经讹诞，言妖事隐，损国破家，未闻益世。请胡佛邪教退还天竺，凡是沙门放归桑梓，则家国昌大，李、孔之教行焉。①

李渊在杨隋时代循例事佛，"诸教并兴"，初即位时不但三教并重，而且对佛教特别信重，舍京城旧宅建造为兴圣寺，其他会昌寺、胜业寺、慈悲尼寺、证果尼寺、集仙尼寺等，都是在李渊支持下建造起来的。同一时期，李渊对道教则没有多大扶持。武德四年（621），这个政策开始发生变化，直接的触因是太史令傅奕上表请废佛法。

太史令傅奕，相州邺人，通晓天文历数。杨隋时，以仪曹事汉王谅，后得遇于李渊。李渊即位后，召拜太史丞、太史令。傅奕请废除佛教，据《旧唐书》所载，其理由可归纳为以下三个方面：

其一，佛教不忠不孝，削发而揖君亲；游手游食，易服以逃租赋。

其二，追既往之罪，虚规将来之福。布施一钱，希万倍之报；持斋一日，

① 《集古今佛道论衡》卷丙，大正藏52册，379—380页。按，《旧唐书·傅奕传》云："（武德）七年，奕上疏请除去释教"，"又上疏十一首，词甚切直。"

冀百日之粮。遂使愚迷，妄求功德，不惮科禁，轻犯宪章。窃人主之权，擅造化之力，

其三，降自羲、农，至于汉、魏，皆无佛法，君明臣忠，祚长年久。苻、石，羌胡乱华，主庸臣佞，政虐祚短，皆由佛教致灾也。梁武、齐襄，足为明镜。

这三条可以概括为不忠不孝，逃避租赋，窃人主之权，危害政制。傅奕同时还建议"今之僧尼，请令匹配，即成十万余户。产育男女，十年长养，一纪教训，自然益国，可以足兵"。①

这样偏激尖锐的建议自然很快引起了朝野的纷争。道宣亲自经历了这段困难时期，在他为总持寺僧人普应作的传记中有详细的记述：

> （普应）以傅奕上事群僧蒙然无敢谏者，应乃入秘书太史局公集，郎监命奕对论。无言酬赏，但云：秃丁妖语，不劳叙接。应曰：妖孽之作，有国同诛。如何贤圣俱崇，卿独侮慢？奕不答。应退，造《破邪论》两卷，皆负篷篠径诣朝堂，以陈所述。时执事者以圣上开治通谏，刍荛虽纳，奕表未将，理当不为呈达。应乃多写论本，日往朝省。卿相郎署鼓言奕表，牵挽奕手与谈正理。素本浅学，假词于人，杜口不对。斯亦彭亨强悍，僧杰不可抑也。

普应赴太史局寻傅奕辩论，傅云："秃丁妖语，不劳叙接。"普应回曰："妖孽之作，有国同诛。"不果。针对傅奕的言论，普应写《破邪论》反驳，甚至"负篷篠径诣朝堂，以陈所述"。又不果，普应乃"多写论本，日往朝省"散发。"篷篠"者，苇草所编织的席子，裹尸体之用，决绝之意，与舆棺上殿者意思相同。由上文可见当时争论之激烈。

当时的困难还不尽于此，还有寺院经济的窘迫。道宣在《普应传》中继续写道：

> 武德之始，犹未有年，诸寺饥馁，烟火不续。总持名胜，普应为先结会僧伦，誓开粮路。人料一勺，主客咸然。时来投者，日恒仅百，夙少欣欣曾不告倦。②

"总持"者，大总持寺。"诸寺饥馁，烟火不续"，连总持寺也如此，

---

① 《旧唐书》卷七十九《傅奕传》。
② 《续高僧传》卷二十四《智实传》附《普应传》，大正藏 50 册，636 页。

可见没有粮食是京城各寺院的普遍现象。普应是总持寺僧，想办法筹措粮食。"人料一勺，主客咸然"，不断有闻风前来求食的僧人。当时道宣跟随慧頵师父在日严寺，窘迫之态，情况应该和总持寺差不多。

实际上还有一个重要原因，就是新朝为了提高自己的地位，攀附老子李聃为先祖，提高道教地位，同时抑制隋代以来势力高涨的佛教，下令三教的地位以道教为首，其次为儒教，最后才是佛教。[①] 由于以上种种原因，武德七年（624），朝廷下令整顿京城的各个寺院，下令废止日严寺。而日严寺的僧人，酌情分散到予以保留的寺院。这样，慧頵法师领着道宣等师徒十人便奉命迁到了崇义寺，同行的还有原来从南陈搬来的文物。尤其是从长干塔下迁来的那三枚舍利和发、爪，师徒门从日严寺塔下挖出，在崇义寺佛堂旁建造佛塔，重新安置供养。在崇义寺旁边还有一座佛寺，即延兴寺，是当年隋文帝下令建造，曾住过昙延、吉藏、玄琬等高僧。另外还有宏法寺，也是一方名刹。

（二）玄琬对律宗的提携

除了智首律师之外，还有一位对这一时期律学研习有重要贡献的律师，而且这位律师也是道宣的前辈，当时的声名甚至在智首之上。这就是"图象厥相犹令人畏"的玄琬律师，道宣在僧传中对其评价非常高：

> 像季浇漓，多轻戒律，（玄琬）乃以身轨物，引诸法属。亲执经文，依时附听，乃经十遍，远嗣先尘。智首律师，德光荣问于帝京者，实资成赞。能扇芳风，自见令达，罕能推挹如此人矣。故使唐运搜举，岁拔贤良，多是律宗，实由琬之笃课也。而容范端肃，声气朗峻，预瞻敬者莫不懔然。故图象厥相，犹令人畏者。[②]

玄琬持戒谨严，远嗣先尘，出名较早，不但是智首律师的推荐人，而且"唐运搜举，岁拔贤良，多是律宗，实由琬之笃课也"。可见玄琬对当时研习戒律的风气确实起到了引领作用，这无疑有利于《四分律》的弘扬。

玄琬，俗姓扬，弘农华州（今陕西华县）人，是昙延法师的入室弟子。进具后跟随《四分》大家洪遵学习，三年后便开座敷演。同时又在昙迁禅师

---

① 参见《集古今佛道论衡》卷丙。
② 《续高僧传》卷二十二《玄琬传》，大正藏50册，617页。

座下秉学《摄论》，其余《法华》、《大集》、《楞伽》、《胜鬘》、《地论》、《中论》、《百论》等，并资承茂实。造经四藏备尽庄严，诸有缮写皆有本据。玄琬戒定慧三学皆精，尤其重视菩萨戒法，道宣称之为"护法菩萨"：

> 又以二月八日大圣诞沐之晨，追惟旧绪，敬崇浴具。每年此旦，建讲设斋，通召四众，供含悲敬，办罗七物普及僧俦。又常慨运岠象末，有亏归禁，至于授受，遮难滋彰，乃鋈饰道场寻诸忏法。每春于受戒之首，依二十五佛及千转神咒洁斋行道。使彼毁禁之流，澄源返净，登坛纳法，明白无疑。并传嗣于今，住持不绝。从此而求，可谓护法菩萨也。①

朝廷对玄琬非常信任。唐太宗即位后，以玄琬戒德清高，朝野具瞻，有敕召为皇太子及诸王等受菩萨戒。所以储宫以下，对玄琬以师礼崇敬。之后朝廷敕令在长安造普光寺，召玄琬居之，供事丰华。又别敕延玄琬入皇宫大内，为皇后六宫并妃主等受戒。诸有所施，悉营功德。贞观九年（635），玄琬以戒劝之义上书请戒杀生，太宗下诏三月至五月断杀。玄琬又上书请延续断杀时间，诏许至岁末。

玄琬在整理佛教经典上也颇有贡献。先是朝廷敕令于苑内德业寺为皇后写现存《藏经》。要写《藏经》，先需要整理编辑，于是下令在延兴寺编辑整理，并委玄琬监护其事。从北周武帝禁佛以来，到隋朝再兴佛教，传度法本但存卷秩，至于寻检文理，取会多乖。玄琬乃选请义学沙门，雠勘正则，其有词旨不通者并咨而取决。使得法宝无滥于疑伪，迷悟有分于本末。道宣叹曰："纲领贞明，自琬始也。昔育王再集于周时，今琬定宗于唐世。"

玄琬的本业仍为律师。除了为内宫受戒外，各国僧尼从玄琬受具足戒者三千余人，王公僚佐以及皂隶差役，从受归戒者二十余万。左仆射萧瑀兄弟，右仆射杜如晦等，均对玄琬敬重异常，京辅士庶继踵烟随，礼供相寻，日盈厨库。

贞观十年（636），玄琬病笃，在临终时仍关心的是戒律的问题，《遗表》中有曰：

> 伏以僧尼等不依戒律，致犯刑章，闻彻阙庭，尘劳听览。琬

---

① 《续高僧传》卷二十二《玄琬传》，大正藏50册，616页。

等僧徒，无任惭惧，但恐余年昏朽疾苦相仍，弱命不存洪恩未答，遂于经中撰《佛教后代国王赏罚三宝法》及《安养苍生论》并《三德论》各一一卷。伏愿圣躬，亲降披览。

十二月七日，玄琬卒于延兴寺，终年七十五岁。太宗对玄琬的去世也深表恻悼，诏书中有云"玄琬律师戒行贞固，学业清通。方寄弘宣正法，利益群品，不幸没世，情深恻悼"。下令斋殡所须均由官供。安葬之时，春宫、懿戚、卿相、重臣，纷纷赗赠重金，营助追福，而特进萧瑀、太府萧璟、宗正李百药、詹事杜正伦等，并亲奉戒约躬尽哀礼。弟子五百余人，尊奉遗旨，护送至南山。幢盖相映，香花乱空，从者如云，前者达于终南，后尘犹继于长安城阙。

道宣的记述非常详细，很可能是亲自参加了玄琬律师的安葬仪典。对于玄琬的谢世，道宣记述道："皆云：我师斯亡，戒业谁保？故为时宗如此也。"①"戒业谁保？"道出了玄琬在四分"戒业"弘传上的地位以及贡献上之卓著，也道出了智首、玄琬两位律学大家相继去世，促使道宣作出如此深层次的思考。

（三）崇义寺

道宣随师尊移住崇义寺的时候，不到三十岁。这时候的道宣学业已经完成，开始将自己多年的学习积累见诸文字，写《四分律删繁补缺行事钞》等，南山律学体系逐渐显现。尽管这个时候经历了隋代末年的变乱，京城佛教还没有走出困境，但崇义寺由于有特殊的背景，尚没有受到太大的冲击。这也为道宣的著书立说提供了比较安定的条件。

崇义寺，在京城也有名气，也算是唐朝的皇家寺院。但与弘福寺、慈恩寺等不同，不是朝廷敕令建造，崇义寺另有背景。

崇义寺在长安城内的长寿坊，原址是隋代延陵公于诠的宅第，入唐，没收入官，成为桂阳公主与驸马赵慈景的府邸。

桂阳公主为高祖李渊的女儿，长大后下嫁赵慈景。这时的李氏尚没有发迹。赵慈景本为陇西人，有才干，因而得到李渊的赏识，于是以女儿妻之，成为自己的亲信。李渊起兵占领长安后，非常看重赵慈景，拜为开化郡公，又进兵部侍郎、华州刺史。武德元年（618）十一月，以赵慈景为行军总管，

① 以上见《续高僧传》卷二十二《玄琬传》，大正藏 50 册，617 页。

率大军攻打杨隋残余势力盘踞的蒲州（今山西永济）。杨隋的蒲州刺史尧君素率军抵抗。结果，赵慈景力战不敌，兵败被杀。李渊痛惜之余，诏赠赵慈景秦州刺史，谥号为"忠"。赵慈景亡故后，武德二年（619），桂阳公主将宅邸舍为佛寺，为已亡故的驸马追荐冥福，朝廷下令以"崇义"为名。至于桂阳公主，后来又下嫁杨思道。而杨思道为关陇名门之后，是杨恭仁之弟，杨雄之孙。娶了桂阳公主后，杨思道也得到当朝青睐，超拜礼部侍郎。至太宗时，杨思道曾任侍中，从征高丽时摄中书令，显赫一时。

由于以上的缘故，崇义寺虽然不是长安城最显赫的佛寺，但以公主的背景，以及关陇杨氏的影响，自然得到朝廷有关方面的保护。① 迁居崇义寺后，在道宣的记述中没有发现遭遇其他波折，尽管遇到一些一般的困难，但没有类似于总持寺"人料一勺"的情况，这些都应该与崇义寺的特殊背景有直接的关系，能经常得到显贵的关照。

道宣在《行事钞》完成后的卷末附记中写道：

> 余于唐武德九年六月内。尔时搜扬僧伍，无伤俗誉，且闭户依所学撰次。但意在行用，直笔书通。不事蚪文故。言多寒陋，想有识通士知余记志焉。②

武德九年（626）高祖曾下诏沙汰僧尼，简省寺院，甚至下令京城留寺三所，观二所。其余天下诸州，各留一所。"尔时搜扬僧伍"，指的就是这些事。但旋即"宣武门事变"发生，"事竟不行"③。李世民即位之后，为大唐王朝开辟了一个新的时代，政治清明，社会稳定。尽管还有道先释后的余绪，但倡导偃武修文，稳定社会，不但没有简省佛寺，而且开波颇译场，创开大唐的佛经翻译。道宣的导师智首律师荣膺入选，专门负责有关戒律经文的译传。有了这些比较稳定的社会氛围，道宣才可以"闭户依所学撰次"，完成南山律的开宗之作《行事钞》。

从迁居崇义寺以后，道宣开始撰述，开启了此后四十年的写作生涯，笔耕不辍。所以从这个时候开始，道宣的生平经历也进入了一个新的时期。

隶名于崇义寺期间，道宣也经常到南山静居写作，如白泉寺等地，整

① 参见《两京新记》。又，《唐会要》卷四十八云崇义寺建于武德三年（620）。
② 《四分律删繁补阙行事钞》卷下，大正藏40册，156页。
③ 《旧唐书》卷一《高祖》。

理思考多年的律学研习心得。经过多年的学习和参访，思想与学业都已成熟，道宣关于律学的著作便开始问世，奠定南山律基础的三大部中的《四分律删繁补缺行事钞》、《四分律删补随机羯磨》和《四分律拾毗尼义钞》便是在这个时期逐渐定型并完成的。

道宣在接受智首律师的指导之外，也常参学访问。贞观四年（630），在完成自己律学思想的创建之后，道宣出关参访，开阔视野，增长见识。五年之后，智首导师去世。再两年，慧頵法师去世，即贞观十一年（637）。师尊们相继离开，悲痛之余，也使得道宣少了许多牵挂。此后，常在终南山白泉寺、沣德寺一带一面静修，一面撰述。

道宣离开崇义寺的时间，估计在慧頵法师去世以后。道宣喜欢静修，这在初入佛门便表现出来，对在山林禅居有浓厚的兴趣。只是在慧頵法师的指引下，没有选择定学而以律学为业，但这并不妨碍道宣去终南山静居，何况与京城相比，近在咫尺的南山少了许多干扰，写作环境更好。

五、终南研修

终南山毗邻京城长安，也是佛教入华的首传地区。尤其两晋以来，经过无数僧人信众的经营，佛寺林立，招提兰若无数，遍布北麓地区。期间虽然经过了两次禁佛事件的打击，但禁佛的时间比较短，正所谓"野火烧不尽，春风吹又生"，佛教信仰很快又恢复。这里山高林密，环境幽静，有很多寺舍，也有不少前贤的遗迹，而且交通方便，最近的地方离长安仅三十多里。

诗人李频写道：

> 满阁终南色，清宵独倚栏。
> 风高斜汉动，叶下曲江寒。
> 帝里求名老，空门见性难。
> 吾师无一事，不似在长安。①

"帝里求名老，空门见性难"，道出了京城人对京城生活的无奈，反衬出对清净环境的向往。俗人如此，如道宣者则更喜欢终南山的清幽脱俗。

---

① 《全唐诗》卷五八八，李频：《秋宿慈恩寺遂上人院》。

道宣常来终南山静居，自云："余以贞观末历，摈景山林，终于显庆二年，十有二载。"① 期间除了入玄奘译场之外，多数时间都在南山。其行止，首先是"白泉寺"，然后是苎麻兰若，沣德寺，最后是净业寺。这几处地方都是道宣隐居研习的精舍，但白泉寺和苎麻兰若的地点史籍记载不清楚，零星片断，需要作一番探索。

（一）"白泉寺"献疑

关于道宣在"白泉寺"静修的有关情况，考诸史籍，仅见于《宋高僧传》中的《道宣传》记载，说这里是道宣早期学律之暇"行定慧"之处：

> 武德中，依（智）首习律。才听一遍，方议修禅。额师呵曰：夫适遽自迳，因微知章，修舍有时功愿须满，未宜即去律也。抑令听二十遍。已乃坐山林行定慧，晦迹于终南仿掌之谷。所居乏水，神人指之穿地尺余，其泉迸涌，时号为白泉寺。猛兽驯伏，每有所依，名华芬芳，奇草蔓延。②

大业十一年（615），道宣在大禅定寺随智首律师受具足戒，之后，又跟随智首学《四分律》。才听一遍，方议修禅，得到恩师慧额法师的批评，"令听二十遍"，之后方可赴山林行定慧，所以道宣到"白泉寺"的时间应是二十岁之后。在目前已知的道宣终南山行迹中也可以了解到，从方位来判断，都在终南山的北麓，而且基本都集中在长安京城的正南方向。按照时间的顺序，应该是"白泉寺"、苎麻兰若、沣德寺和净业寺四处，"白泉寺"是道宣最早来的地方。但是，《宋高僧传》中的"仿掌谷"和"白泉寺"，查诸史籍，均无载。道宣的著作很多，在署名落款中也没有发现"白泉寺"，所以"白泉寺"是否存在？如果存在，位置究竟在何处？尚有待考察。

这里试作揣测，根据就是"白泉寺""白泉"名字的来源，可能"白泉寺"位于锡谷，即净业寺东面大约二十里处，与著名的护法高僧静蔼法师有关。

首先，"白泉寺"即使存在，应该不是一所正规的佛寺，应该属于僧人在山林中修行的简易之处，即后世所说的"茅蓬"，否则，除了三百年之后的《宋高僧传》之外不会没有任何记载。

---

① 《释门章服仪·序》，大正藏 45 册，834 页。
② 《宋高僧传》卷十四《道宣传》，大正藏 50 册，790 页。

其次，《宋高僧传》言之凿凿，恐"白泉寺"的名称有误会，将静蔼的"避世堡虎掊泉"误会为"白泉寺"。

静蔼初行化于河北山东，闻听有西方高僧入关，欣然杖锡西来求法。但是到长安之后谒见梵僧，却不得要领。道宣在《续高僧传》中记载道，静蔼在关中周流讲肆，掩抑十年，留恋这里的氛围，"遂附节终南有终焉之志"：

> 烟霞风月，用祛亡反，峰名"避世"，依而味静。惟一绳床，廓无庵屋。露火调食，绝诸所营。召彼疠徒，诲示至理，令其致供，日就啖之。虽属脓溃横流，对位而无厌恶。由是息心之众，往结林中，授以义方，郁为学市。山本无水，须便饮涧。尝于昏夕学人侍立，忽降虎来前，掊地而去。及明观之，渐见润湿，乃使挑掘，飞泉通注。从是遂省下涧，须便把酌。今锡谷避世堡虎掊泉是也。①

静蔼熟悉南山，选择长安正南稍偏东的锡谷为栖息之所。峰名"避世"，是静蔼对自己所住地方的称呼，以明心志。居所非常简陋，"惟一绳床，廓无庵屋。露火调食，绝诸所营。"追随者越来越多，"郁为学市"，于是便发生了"猛虎掊泉"的故事。按，"掊"，亦为"刨"。静蔼所住的地方因为不是正规的佛寺，不仅简陋，而且人员不固定，在人们的记忆中对"虎刨泉"的印象会存留较长时间。这样在三百年后赞宁编写《僧传》，可能将"虎刨泉"演绎成了"白泉寺"。

道宣熟悉终南山，熟悉前辈静蔼的故事，而且从对静蔼所写的《传》来看，道宣对静蔼的护法高行非常敬佩，所以经常来这些地方，一面缅怀前贤，一面潜心著述。静蔼在时，这个地方"郁为学市"，静蔼去世后便逐渐湮没。道宣去时，虽然简陋，但可以满足禅修和著述的要求。道宣离开后，便湮没无闻了。

（二）智藏与沣德寺

"白泉寺"之外，道宣经常去的另一个地方是终南山沣德寺。沣德寺是一座官府登记注册的佛寺，道宣也曾长期隶名于此，有不少作品出自这里。

从位置上来看，沣德寺与净业寺是近邻，都在终南山沣峪的东侧。不同的是两寺一北一南，隔山相对：沣德寺在沣峪口外的山脚下，而净业寺在

---

① 《续高僧传》卷二十三《静蔼传》，大正藏 50 册，626 页。

沣峪口内五里余的山腰。"沣"字，自然来源于沣水了。沣德寺最初是由隋代智藏禅师所创建，至于"沣德寺"三个字，则是隋文帝杨坚所赐。入唐以后，道宣曾长期在这里静修。

智藏禅师（540—625），道宣的《续高僧传》卷十九有传。禅师俗姓魏，华州郑县（今陕西华县）人，生于西魏大统六年（540）。十三岁，出家拜静蔼法师为师。① 静蔼法师是终南名僧，以弘扬四《论》为业，倡导大乘佛法，不但弘扬佛法颇有影响，而且为保护终南山佛教作出了突出贡献，在终南山佛教的发展史上占有一席之地。在北周武帝禁佛的时候，静蔼法师不惧权贵与武帝抗辩，在抗辩不果时候率领弟子门人数十人退回终南山，修建了"二十七寺"，供禁灭佛教中逃难僧众栖身，为保护在禁佛中遭遇打击的终南山佛教作出了巨大的贡献。而且，为抗议武帝的暴政，宣政元年（578）七月静蔼法师在终南山毅然舍身，可谓为法捐躯。静蔼法师的行为无疑给弟子们留下了深刻的印象。这些弟子包括智藏，也包括道宣在内的后来者。

道宣非常熟悉静蔼、智藏师徒的事迹，在《续高僧传》中介绍，智藏初出家的时候，随师父静蔼住在长安陟岵寺。"北周武帝禁佛"时，下令僧人还俗，还归编户，但智藏没有遵从敕令，权处俗中，藏匿在民间。六年来，在信徒的帮助下，仍旧剃头发，穿法服，暗自弘扬佛教。隋朝建立之后，文帝大兴佛教，于京城造大兴善寺，招揽天下名僧。开皇二年（582），智藏奉召入住。大兴善寺乃是隋朝的"国寺"，入住者都不是泛泛之辈，可见当时的智藏在京城有一定的影响。智藏虽隶名于大兴善寺，但仍向往山居生活。于是，智藏仍回到当年禁佛时的藏匿故地。后在终南山沣峪口的东阜，修造寺宇，追随静蔼的遗风，山居静修，以为终世之所。在这里，山水交映，邑野相望，智藏弘传师说，化范日隆。

这里位置稍高，背依南山，面对邑野，山上林木茂密，山下郁郁葱葱。北面远处是长安城郭，隐约可见，而左手则沣水潺潺，流水不断。附近还有官宦人家的别业，唐代诗人祖咏有一首《苏氏别业》，诗中别业的位置也在

① 按，《续高僧传·静蔼传》中载有另一位同名智藏者云："有沙门智藏者，身相雄勇，智达有名，负粮二石，造山问道。因见横枝格树，戏自称身，遇为蔼见。初不呵止，三日已后方召责云：腹中他食何得辄戏？如此自养，名为两足狗也！藏衔泣谢过，终不再纳，遂遣出山。"沣德寺智藏十三岁随静蔼出家，而此智藏"状形超挺，唐量八尺二分。质貌魁梧，峙然峰嶝之相"。虽同时、同名、且同与静蔼有缘，但似非一人。

沣水边：

> 别业居幽处，到来生隐心。
> 南山当户牖，沣水映园林。
> 屋覆经冬雪，庭昏未夕阴。
> 寥寥人境外，闲坐听春禽。①

这首诗虽然咏叹的是苏某人的别业，其境界若改为咏叹沣德寺，则更为传神，只要把诗中开头的"别业"改为"寺宇"即可。南山下，沣水边，"寥寥人境外，闲坐听春禽"，完全能表现出当年沣德寺的风貌，其境界则更胜一筹。

智藏毕竟是隶名于大兴善寺的大德僧，还应承担许多朝廷的任务。当时隋代的国立翻经馆就设立在大兴善寺，隋代管理全国僧尼事务的昭玄寺也设立在大兴善寺。文帝后期在全国普建舍利塔，其筹划和人员的集中都在大兴善寺，所以入住该寺的僧人都各有专长，也都各有所司，智藏虽隶名于大兴善寺，但长期经营沣德寺，引起了有关方面的注意，甚至惊动了朝廷：

> 后文帝敕左卫大将军晋王广，就山引见。藏曰：山世乃异，适道不殊。贫道居山日积，意未移想。陛下国主之体，不夺物情为宗。王具闻帝，帝叹讶久之，乃遣内史舍人虞世基宣敕慰问，并施香油、熏炉及三衣什物等，仍诏所住为丰德寺焉。②

文帝派遣晋王杨广亲自赴南山找寻智藏，智藏认为自己在山上和在山下虽然有差别，但对弘扬佛法来说，并无异趣。同时自己习惯于住在山上，以陛下国主之尊贵身份，想必以道法自然，不夺物情为宗了。杨广返回奏闻文帝，文帝嗟叹久之，尊重智藏的选择，派遣内史舍人虞世基来沣德寺宣敕慰问，并布施香油、熏香炉和衣服等，同时，赐名智藏所住之寺为"沣德寺"。

隋文帝"仍诏所住为丰德寺"，这就是"沣德寺"寺名的来历。

在这段时间，沣德寺在智藏的经营下，寺院的建设有了显著的发展。智藏在沣德寺仍然坚持乃师静蔼的传统，山居禅修，常住后山的"南岫"。在学识上，智藏以弘扬中观般若之学为专业，从理事两个方面解说，名传京

---

① 《全唐诗》卷一三一。
② 《续高僧传》卷十九《智藏传》，大正藏 50 册，586 页。

城，信众皆向风问道，络绎不绝。智藏持戒精严，常头陀乞食。某次，智藏在坟墓场头陀自静，恰遇隋文帝出游，见此情景，深为赞叹，与随行官员各舍所着衣服百余件给智藏。智藏请村人用车拉回沣德寺，用充建设寺院费用。所以，当时的沣德寺"福殿轮奂，回拔林端，灵塔架峰，迢然云表，致有京郊立望得传遥敬矣。"① 意思是殿堂巍峨，佛塔高耸，在京城郊区就可以望得见，"得传遥敬"。

李唐建立，改天换地，初期对佛教的态度没有大的改变。高祖李渊即位之初，设置僧官以管理僧尼事务，智藏以名望所归，当然入选。虽然担任了僧职，但智藏仍严持戒律，常乞食自养，仍然多居沣德寺静修。

武德八年（625），四月十五，智藏终于沣德寺住所，终年八十五岁。②

（三）"苎麻兰若"与沣德寺

道宣在著作中还提到自己常住的一处地方，称为"苎麻兰若"，也需要明确一下。所谓的"苎麻兰若"，所指应该就是沣德寺。

唐玄宗时，诗人刘𬤇虚的朋友阎防在沣德寺寄住读书，刘有五言一首致阎防：

> 青冥南山口，君与缁锡邻。
> 深路入古寺，乱花随暮春。
> 纷纷对寂寞，往往落衣巾。
> 松色空照水，经声时有人。
> 晚心复南望，山远情独亲。
> 应以修往业，亦惟立此身。
> 深林度空夜，烟月资清真。
> 莫叹文明日，弥年徒隐沦。③

"青冥南山口"，正是沣德寺地理位置的外观印象，古今位置没有变化。沣德寺距离京城非常近，修行者和静居者不必翻山越岭即可觅得佳地。"深路入古寺"，透露的是一百多年之后沣德寺在人们心目中的印象。"深

① 《续高僧传》卷十九《智藏传》，大正藏50册，587页。
② 按，据《智藏塔铭》，智藏于武德七年去世，八年建灵塔。
③ 《全唐诗》卷二五六："刘𬤇虚，江东人。天宝时，官夏县令。诗一卷。"

林度空夜，烟月资清真。"表明了沣德寺清幽脱俗的内涵，正是适合于读书、写作的好地方。

但吸引道宣来沣德寺的恐怕不仅是环境的幽静，不仅是经过智藏经营之后比较完备的设施，更重要的是静蔼、智藏等前辈的身影。道宣好读书，熟悉掌故，生在长安，长在长安，对北周武帝在长安禁断佛教的事情经过很清楚，对静蔼法师护法舍身的壮举则更是耳熟能详。所以，在道宣隶名沣德寺之前，这一带就是道宣经常来的地方。

道宣在著作中没有写自己具体来沣德寺的时间，估计应该在智藏法师去世之后，即武德八年（625）之后，与迁居崇义寺的时间是一致的。但何时将自己的僧籍从崇义寺迁到沣德寺，即何时隶名于沣德寺？史籍无载，估计应该在慧頵法师去世以后。道宣在《续高僧传·慧頵传》中记述法师于贞观十一年（637）七月二十六卒于崇义寺，初葬高阳原之西，凿穴处之。"后又迁南山丰德寺东岩，斲石为龛就铭表德。"所以，依常情推之，迁葬慧頵一事，应该在道宣隶名于沣德寺之后。

这里还存在一个问题，就是"苎麻兰若"究竟在何处？

道宣在著作中提到自己在南山的处所有"苎麻兰若"。"苎麻兰若"应该就是沣德寺。

"苎麻兰若"不见于古今其他史籍记载，是道宣对自己居所的方便之称，一如俗人的斋号、堂号。道宣身为律师，持戒精严，"三衣唯苎，一食唯菽"，"苎麻兰若"也与道宣的身份与风格相符。查道宣在终南山的行迹，基本上集中在长安正南方向，距离比较近，所以此兰若也不会超出这个地理范围。再次，检索道宣的生平经历，主要精力花费在律学的研修上，而不在兴建寺宇上。所以其选择的居所都原有一定的生活设施，能满足基本的生活需求。此外，也有学者认为"苎麻兰若"与沣德寺为同一处所者。如日本智海法师在《资行钞》卷下注曰："终南苎麻兰若（云云）形状，唐武德七年徒崇义寺，至九年移终南山丰德寺（文），准此丰德寺、苎麻同所也。"

当然，道宣常居沣德寺，并不是不出行，相反，道宣经常追踪律学前辈遗踪，游访天下。与前代创业者相比，道宣对沣德寺的贡献属于中兴了。

六、参访游学

巡礼圣迹，参访游学，是僧人的传统，也是义务，与"读万卷书，行万里路"

有相通之处。古来大德，莫不如此，寒冬炎暑不能阻挡，山川险阻不能隔断。道宣出关的参访并非随心漫游，有自己明确的目的，即追寻四分前贤的踪迹，求证、验证所得，同时为自己的律学研习寻找新的灵感。另一方面，则是顺便巡礼圣迹。

（一）参访游学

道宣在慧頵的鼓励和智首的教诲下，律学渐渐窥得门径，此后便得到师父们的指点，云游天下，到处参学访问，对当时律学的各家流派都进行了仔细的研究并萌发了自己的思想观点。在三十岁之前，道宣有广泛阅读的经历，同时为了学问的长进，去过很多地方参访游学。三十岁之后，开始寻觅静地思考著述。

道宣从求学开始，在慧頵法师座下二十年，师徒的感情非常好。道宣发愿出关参学时，得到了慧頵法师的鼓励。法师依依不舍，但仍鼓励徒弟出外参学，再三叮嘱道："出家为道，任从观化，必事世善，不可离吾。"① "不可离吾"，意思是虽然鼓励弟子"任从观化"，但希望道宣能常回来看望自己。道宣答应了师父的要求，贞观元年（627）之后，开始出关参学，回来后便立即看望师父。从时间上计算，道宣基本上就是在三十岁之后，在《行事钞》、《拾毗尼义钞》完成之后，道宣更频繁出关。

关于道宣的参访游学，道宣自己记叙道：

> 余以闇昧，少参学府。优柔教义，资质贤明，问道绝于儒文，钦德承于道立。故居无常师，追千里如咫尺。唯法是务，跨关河如一苇。周流晋、魏，披阅累于初闻。顾步江淮，缘构彰于道听。②

中国的传统有游学的习惯，而佛教中又有参访的要求，加上道宣对知识的渴望和当时道宣个人环境的宽松，参访游学便成了这一时期道宣经常进行的功课："居无常师，追千里如咫尺。唯法是务，跨关河如一苇。"至于游访的范围，"周流晋、魏"，"顾步江淮"，则黄河上下，大江南北，只要需要，无所不及。贞观四年（630）是道宣出游的第二个阶段，即明确地持自己的作品外出求证和验证，并"广评律宗"，从而更增强了对自己著

---

① 《续高僧传》卷十四《慧頵传》，大正藏 50 册，534 页。
② 《关中创立戒坛图经·序》，大正藏 45 册，807 页。

作的信心：

> 余少仰玄风，志隆清范。昔在帝京周流讲肆，伏膺请业载纪相寻，何尝不执卷临文，慨斯壅结。遂以贞观四年庚寅之岁，薄游岳渎广评律宗。①

　　道宣的出关参访主要内容是游学、撰述，其次是参访圣迹。具体时间不定，有的来去匆匆，有的地方住的时间较长，静修撰述。如曾在沁部棉上（今山西沁源县绵上镇）周历三年之久，在山中撰写修改《随机羯磨》和《疏》，在隰州（今山西隰县）益词谷撰《量处轻重仪》等等。道宣所说的这些晋、魏、江淮，都是律学前辈法聪、道覆、慧光等的弘法地，道宣是带着自己的研究成果奔赴各地，搜集资料，修改完善。

　　至于巡礼圣迹，道宣自然有很高的兴趣。一方面所谓虔诚的佛教徒，参访灵迹是本分事情，另一方面，道宣习惯于记录写作，凡属所见所闻，无不详细加以梳理，付之以文字。

　　例如，据道宣所著《集神州三宝感通录》卷上，全国共有十九处阿育王灵迹，其中许多道宣亲自作过考察，有益州成都郭下福感寺塔、晋州北部霍山南面的大土堆、并州子城东育王寺等地，道宣都曾亲临其地，实地勘察，访问乡老，据实记载。说明道宣不仅去过晋、魏、江淮，还去过蜀地。

　　还有，《广清凉传》中转引《华严灵记》记述，称道宣曾至五台山巡礼，而且与巡山"天人"交谈，询问文殊菩萨事：

> 按《华严灵记》云：律师常至中台顶上，见一童子形貌异常。律师问其所由，童子曰：弟子，天也。帝释遣令巡守圣境。律师又问：道宣尝览《华严经·菩萨住处品》，文殊师利住清凉山。宣自到山，未尝得见，其理如何？童子曰：师何致疑。世界初成，此大地踞金轮之上，又于金轮上撮骨狼牙，生一小金轮。其轮至北台半腹，文殊菩萨七宝宫殿之所在焉。园林果树，咸悉充满，一万菩萨之所围绕。北台上面有一水池，名曰金井。大圣文殊与诸圣众，于中出没，与金刚窟正相通矣。大圣所都非凡境界，师可知之。言终乃隐。律

---

① 《四分律比丘含注戒本·序》，大正藏40册，429页。

师下山，向众亲说其事云。①

五台山亦属晋地，灵应圣迹颇多。道宣在该地时间比较长，乃是依《华严经》所载寻访圣迹。文中所记"律师下山，向众亲说其事"，联系道宣感通类著作，如《感通录》、《图经》等，所记与"天人"交通事，可能《华严灵记》所载并非杜撰，而是来源于道宣本人所述，被记录在《广清凉传》中。

（二）法砺律师

在道宣跟随智首律师学习《四分律》的时候，还有一位律学名家，就是法砺律师。从学派的传承上，法砺与道宣是同辈，但年龄比道宣大得多，只比智首小两岁。贞观四年（630），道宣三十五岁，频频出关，四出求异，曾专程前往魏郡拜访法砺律师。

法砺（569—635）律师，俗姓李，翼州赵郡（今河北赵县）人，祖上做官于相州，于是便在这里安家落户。法砺初出家时拜灵裕大和尚为师，受具之后才随静洪律师学习《四分》。而静洪与洪遵同门，都是道云的弟子。之后法砺又随洪遵的弟子洪渊两年，继续深造，听集大义。精通《四分》之后，法砺开讲律要，颇有心得。与道宣不同的是，法砺不仅擅长《四分》，还熟悉《十诵》，曾专门南下江南，听受研究。之后，法砺以《成实论》为根据，在邺城一面研究著述，一面设帐授徒。

入唐，法砺名声渐显，得到临漳令裴师远的欣赏，请法砺在该地宣讲律法，开悟极多，声闻全国，被称为"相部法砺"。在道宣拜访过不久，贞观九年（635）十月，法砺卒于邺城日光寺，春秋六十有七。总计法砺的律学研究，前后讲律四十余遍，制《四分疏》十卷，《羯磨疏》三卷，以及《舍忏仪轻重叙》等，见重于时。法砺的弟子有怀素、满意等，另外还有"卫州道烁，律学所崇，业驾于砺，为时所重矣"。②

道宣出关参访，实际上是为了印证自己的所知所学，结果增长见识，也增长了信心。他的导师智首，本为当时国内第一律匠，学识高深，无处其右者。道宣天资聪颖，尽得智首法要，加之身处京城，讯息通达，了解各地情况。所以经多年潜心研究，虽然年龄不大，资历尚浅，但《行事钞》、《拾毗尼义钞》已经问世，已经跻身国内一流水平行列。也许是法砺固守邺城，

---

① 《广清凉传》卷下，大正藏51册，1118页。
② 《续高僧传》卷二十二《法砺传》，大正藏50册，615页。

与全国交流不够。与法砺交流后，道宣认为法砺的著作"前后乱繁，事义淆紊。乃是一隅之慧，犹未通方共行"。① 道宣在为师父智首所作的《传》中也记载道："余尝处末座，向经十载。观盛化，不觉谓之生常初未之钦遇也。乃发愤关表，具睹异徒，溢目者希。"为何道宣出关后"具睹异徒，溢目者希"，一者道宣当时水平较高，京城大师荟萃，有近水楼台之便。二者经洪遵、智首等大德的努力，北方《四分》已经成为主流，引领风潮，流衍全国。三者，当时全国研习四分者多在理上用功，只有道宣已经越过理事，在行事上登堂入室，豁然贯通，且已有大作问世。

当时研习律学者不少，蔚然成风，据汤用彤先生所考，有长安的觉朗、海藏、智保、惠珸、玄琬、惠满、道成、道世，京城之外有始州惠主、益州智诜、道兴，箕山惠进、并州道亮、蒲州慧萧、洛阳明导、昙光，苏州惠旻，等等，其中绝大部分弘扬的是《四分律》。②

（三）与孙思邈的"林下之交"

道宣资质贤明，好学覃思，还传闻有一段与孙思邈交往的佳话。《宋高僧传》有以下记载，云道宣与孙思邈关系融洽，"结林下之交"，还有救龙王得龙宫仙方的情节。这里也作介绍。

事见于《宋高僧传》卷十四《道宣传》：

> 有处士孙思邈，尝隐终南山，与宣相接，结林下之交。每一往来，议论终夕。时天旱，有西域僧于昆明池结坛祈雨，诏有司备香灯供具。凡七日，池水日涨数尺。有老人夜诣宣求救，颇形仓卒之状，曰：弟子即昆明池龙也，时之无雨乃天意也，非由弟子。今胡僧取利于弟子，而欺天子言祈雨。命在旦夕，乞和尚法力加护。宣曰：吾无能救尔，尔可急求孙先生。老人至思邈石室，冤诉再三，云宣律师示我，故敢相投也。邈曰：我知昆明池龙宫有仙方三十首，能示余，余乃救尔。老人曰：此方上界不许辄传，今事急矣，固何所吝。少选捧方而至。邈曰：尔速还，无惧胡僧也。自是池水大涨，数日溢岸。胡僧术将尽矣，无能为也。③

---

① 《量处轻重仪·序》，大正藏45册，840页。
② 参见汤用彤《隋唐佛教史稿·戒律》。
③ 《宋高僧传》卷十四《道宣传》，大正藏50册，790页。

这段记载颇神奇，见于道宣之后三百年的《宋高僧传》。考诸史籍，这段记载赞宁确实有所本，乃采自唐人的《酉阳杂俎》、《宣室志》等，个别地方作了少许改动：

> （孙思邈）尝隐终南山，与宣律和尚相接，每来往互参宗旨。时大旱，西域僧请于昆明池结坛祈雨，诏有司备香灯，凡七日，缩水数尺。忽有老人夜诣宣律和尚求救，曰："弟子昆明池龙也。无雨久，匪由弟子。胡僧利弟子脑，将为药，欺天子言祈雨。命在旦夕，乞和尚法力加护。"宣公辞曰："贫道持律而已，可求孙先生。"老人因至思邈石室求救。孙谓曰："我知昆明龙宫有仙方三千首，尔传与予，予将救汝。"老人曰："此方上帝不许妄传，今急矣，固无所吝。"有顷，捧方而至。孙曰："尔第还，无虑胡僧也。"自是池水忽涨，数日溢岸，胡僧羞恚而死。孙复著《千金方》三千卷，每卷入一方，人不得晓。及卒后，时有人见之。①

两段记述基本内容一样，都是叙述道宣与孙思邈关系融洽，不但常相往来，而且"互参宗旨"，"议论终夕"。之后有天旱胡僧奉诏祈雨，昆明池龙王求救道宣，道宣介绍至孙思邈，后孙思邈得龙宫仙方而救龙王脱困。不同处在于，《宋高僧传》改"缩水"为"涨水"，"仙方三千首"改为"三十首"，并删去"胡僧羞恚而死"云云。

昆明池在长安城东南，汉代所建。祈雨之事查唐代史籍，所在多多，尤其密僧入华后，经常举行各种祈祷法会。所以这段记述还是有所本的，只是在道宣身后才追述其事。问题是当年道宣与孙思邈的关系究竟如何？有何交集？

孙思邈，后世尊为医王，奇闻异事极多，常被纳入道教门下。查《唐书》所载，孙思邈并非正宗的道士，他"善谈庄、老及百家之说，兼好释典"。唐人评价孙思邈曰："道合古今，学殚数术。高谈正一，则古之蒙庄子；深入不二，则今之维摩诘。其推步甲乙，度量乾坤，则洛下闳、安期先生之俦也。"孙思邈深得养生长寿之道，"自云开皇辛酉岁生"，"话周、齐间事，历历如眼见"，仅知永淳元年（682）卒。而且孙思邈之长寿，史书中言之凿凿，甚至帮助魏徵修史："初，魏徵等受诏修齐、梁、陈、周、隋五代史，

---

① 《酉阳杂俎》卷二《孙思邈》。

恐有遗漏，屡访之，思邈口以传授，有如目睹。"①孙思邈好著述，自注《老子》、《庄子》，撰《千金方》三十卷，行于代。又撰《福禄论》三卷，《摄生真录》及《枕中素书》、《会三教论》各一卷。

是否有祈雨之事不得而知，但道宣与孙思邈交好是完全有可能的，试分析如下。

其一，道宣与孙思邈两人不仅是同时代人，而且也都是京城人。孙思邈是长安人，道宣祖籍南方但生在长安，长在长安，也可以算作"长安人"。两人的交识在时间上有可能性。

其二，两人最常去的地方都是南山，是南山的常客，互相认识并不奇怪。

其三，两人有共同的兴趣，也都博学，都属于济度众生为怀的"方外之人"，都喜欢隐居，一采药炼丹，一研修著述。以成就而观之，两人都没有虚度一生，都是宗师级人物，可谓境界类似，气味相投。

其四，孙思邈"兼好释典"，道宣也懂医。道宣精通内典，自然了解医方明，久处山林，应知道一些医药疗疾之法。

相传今世之名药"天王补心丹"即源自道宣，而此药乃是"天人"所授。如宋代《佛祖统纪》所载：

> 永徽元年，复居苎麻。心劳疾发，忽毗沙门天王授以补心之方（今和剂局方，有天王补心丹）②

至元代，记述略详细，谓天王之子所授：

> （道宣）暮年以戒坛未合律，躬自负土准律新之。律师行道中夜，临砌蹶且仆，有少年介胄拥卫之。律师问汝为谁，曰弟子博叉天王子张琼也，以师戒德故来给卫耳。律师问以世尊在世及灭度时事，琼一一为言之。及别，授律师以佛牙、饵药修合之方。今市场肆天王补心圆是也。③

究竟如何？不得而知。但道宣与孙思邈两位大师成就斐然，嘉惠后人多多。所以，道宣与孙思邈结为好友，有"林下之交"，从时间、地点以及两人的兴趣爱好上来看，当在情理之中。

---

① 以上见《旧唐书》卷一九一《方伎》。
② 《佛祖统纪》卷二十九，大正藏 49 册，297 页。
③ 《释氏稽古略》卷三，大正藏 49 册，818 页。

第四章　律学研习

　　道宣在二十岁随智首律师受具，开始从事律学的研习。在此后的五十多年里，以《四分律》的研习弘扬为业，圆融空有，会通两乘，奠定了中国式律学的基础，从而将中土的律学事业推向了最高峰。至宋代，在戒律的践行上，南山律已经成为天下的"司南"，而道宣则被尊为"一代之伟人"①。今天，中国佛教尤其是汉传佛教，仍以道宣大师的思想和著作为指导。

一、戒律经典

　　佛教初传的时候，中国人需要了解"是什么"的问题。当知道了这是一条新的解脱苦难之路的时候，就需要了解"为什么"的问题。知道了"为什么"的问题，自然而然地就想了解"如何作"，即怎样作才能成为一名"如法"的佛教徒从而解脱苦难。佛教的经典有经、律、论"三藏"之称，大概来说，经回答的是"是什么"的问题，论则回答的是"为什么"的问题。而"如何作"，即怎样实践，则是律所要解决的问题。佛祖在临去世前告诫弟子们说，我在世的时候可以以我为师，我去世后就以戒律为师。不过，佛陀嘱咐的"以戒为师"是很久以后中国人才认识到其深刻含义的。

（一）戒律略说

　　戒律两个字是两个概念，中国人把它们合在一起。在印度，戒叫做"尸罗"，律叫做"毗尼"，包含有两层含义，就是不应当做和应当做，佛教叫做"止持"和"作持"。戒本来的意思是防非止恶，就是调整好身心状态，养成好的习惯，不做与自己理想相违背的事情；律的意思是哪些是应当做的，是符合自己的理想的事相。戒主要是针对个人，而律的持守对象是僧团大众。

---

① 　《宋高僧传》卷十六，大正藏50册，812页。

戒的内涵只是应该禁止的内容，而律的内涵除了必须做的内容之外，也有应该做的内容，所以律的内涵比戒范围广。但是，二者在精神上是一致的，在佛教的理论上属于一个整体，所以将戒和律的概念一起连起来使用。

佛教的全部理论也可以按照三藏分为三类。经和律是以佛祖的名义制定，所以有至高无上的神圣性和权威性。律是佛祖根据当时具体发生的事情而制定的。发生的事情多了，制定的戒律也就多了。显然，这是随着人数的不断增多和流传地域的扩大，发生的事情多了，制定的戒律也就不断增多。

需要注意的是，佛教的一切戒律都是佛陀所制定的，也只有佛陀才有资格制定戒律，修订戒律，所以，佛陀去世后就没有新的戒律出现。各部派、宗派可以有自己的规矩和约束，但这些不是"戒律"。同样的道理，佛陀在世的时候，在戒律制定的过程中有不断的修改、增删，但在佛陀去世后，这些戒律将永远保持原样，"不增不减"。

凡是佛教信徒，都是受过戒的，凡是想信仰佛教的，首先先要受戒。受戒，必须由受过戒的人来进行传戒，没有受过戒不可能给别人传授，更不可能自己给自己传授。但佛教入华两百多年后，在三国时代中国人才知道这些。以后又经过了漫长的翻译、研究、实践和传授，到唐代道宣南山律的创立，中国有关佛教的理论与实践相结合的戒律体系才告完成。

佛教徒都必须受戒，全世界都一样，中国也不例外。根据受戒的不同，所有的信徒分为七类，叫"七众"，即比丘、比丘尼、沙弥、沙弥尼、式叉摩尼（学法女）、优婆塞（男居士）和优婆夷（女居士）。前五众是出家信徒，其戒律有五类：沙弥、沙弥尼戒，式叉摩那戒，比丘戒，比丘尼戒和菩萨戒。这五类中，比丘和比丘尼的戒律是最多的了。按照《四分律》的规定，比丘戒二百五十条，比丘尼戒三百八十四条。七众的后两众是在家信徒，戒律有四类：即三皈依戒、五戒、八关斋戒和菩萨戒。三皈依戒是皈依佛、法、僧三宝，五戒是禁杀、盗、淫、妄、酒。八关斋戒内容比较多，前五条和五戒相同，第六条是不着香花鬘，不香油涂身，不歌舞倡伎，不故往观听。第七条是不坐高广大床，第八条是不非时食。所谓不非时食，是斋戒的意思，过午不食叫持斋，过午食就叫非时食。八关斋戒的"八关"，意思是这八条是"关口"，若过得此"关"，即步入信佛的解脱之道。

信仰佛教与受戒是同步进行的，有深浅程度的差别。从最初与佛教的信仰产生关系开始，大约有五个层次。最初入佛门，先受三皈依戒，再进一步便是接受五戒，在六斋日受持八关斋戒。以上这三个层次是在家信众。

要出家，首先是沙弥、沙弥尼的十戒，再进一步便是比丘、比丘尼的大戒，也叫具足戒。所谓具足戒，意思是接受了全部的比丘戒或比丘尼戒，不像五戒、八戒和十戒，只是戒的一部分。

与其他国家和地区相比，中国人特别重视菩萨戒，使菩萨戒成为中国佛教戒律制度的一个特色。菩萨戒是七众戒之外的别解脱戒，受了七众戒的可增受菩萨戒，没有受七众戒的，乃至不够资格受持七众戒的，也能受持菩萨戒。据《梵网经》所云，此戒是一切诸佛成佛的根本原因，甚至卷下四十八轻的第四十一中称菩萨戒为"千佛大戒"①。意思是过去未来现在的所有的佛都是或必须都受菩萨戒才能成佛。

那么，这些戒律制度怎样运行呢？既属内律，当然在内部运行，即在僧团内部通过公开的会议来实施。这个会议制度叫羯磨法。

羯磨作法：僧团的会议制度。例如见到别人犯戒，有两种选择，或当面劝告；或在羯磨会议上提请大众。但是不可以随便说，见人就说，不分场合，不拘时间，也不管对方听者的身份。为什么呢？因为假如你说的与事实不符，你就犯了"妄语戒"。即你说的是事实，但场合地点和对象不对，你就犯了"说四众过戒"。如果你说的是僧人，就犯了"毁谤三宝戒"。所以，一个持戒谨严的人是不会轻易说他人犯戒的，以免自己先犯了戒。

若出现了犯戒的情况，首先是发露忏悔，就是在大众会议上讲出来忏悔。在大众会议上讲出来叫"举过"，是检举过失的意思。这个举过有严格的身份规定，按受戒的多少，只能是受戒多的检举受戒少的人的过失。同时规定，比丘可以检举比丘尼的过失，而比丘尼不能检举比丘的过失。因为佛祖规定，只有比丘才可以研究一切戒律条文，其他人则不可以。所以比丘尼不能研究比丘的戒律条文，也无法知道比丘的一切行为是否合法。当然，在家和出家的关系也是这样，只有出家众才可以举发在家众的过失，而在家众是不能举发出家众的，因为在家众不懂出家众的戒律，而且出家众也有自己的僧团制度，有了事情由僧团制裁决断。

（二）戒律经典的形成

戒律对佛教的生存和发展非常重要，《四分律》的序言中讲得很清楚，"超世之道，非戒不弘"，但群生迷茫，不能自觉，于是如来才"开戒德之妙门，

---

① 《梵网经》卷下，大正藏 24 册，1009 页。

示涅槃之正路",制定了戒律:

> 夫戒之兴,所以防邪检失,禁止四魔。超世之道,非戒不弘。斯乃三乘之津要,万善之窟宅者也。然群生愚惑,安寝冥室,宛转四流,甘履八苦,开恶趣之原,杜归真之路,游游长夜,莫能自觉。时有出家庶几玄微者,徒怀远趣,迷于发足。是以如来悼群瞽之无目,睹八难以增哀,开戒德之妙门,示涅槃之正路。①

按,"四魔"者,五蕴积聚之身魔、烦恼魔、死魔和天魔,可坏人之身心。在最初的佛教僧团中,没有成文的戒律条文,即所谓无犯不制。佛陀从来都不是主动地制定戒律,都是由于有人犯了过失,弟子们禀告了佛祖后,佛祖才制戒,有具体的时间地点,人物和量罪的轻重。其中有的戒条根据具体情况的变化和影响范围,佛陀也作过适当的调整、修改。

在各部律中,《僧祇律》具体记载了佛祖制定戒律的时间,是在佛祖成道后的第五年。随着僧团人数的增加,成员素质参差不齐发生了问题,所以迅速制定了禁杀、盗、淫、妄语四大戒。此后到佛祖去世前,制定戒律一直没有停止过,而且是在不断地完善中。像这样完全本着当时当地的实际情况的需要而制定的戒律,自然也不能将此戒律条文完全适用于各个不同的时代以及不同地域的比丘生活了。

例如,佛陀在制定有关饮食的戒律时,明确地说:

> 虽是我所制,而于余方不以为清净者,皆不应用;虽非我所制,而于余方必应行者,皆不得不行。②

可见佛祖所制定的戒律最根本的是精神方面的约束,同时也是对各地良好的风俗习惯的尊重,所以在具体的应用范围和程度上并非一成不变。

佛祖去世后,弟子们把他说教整理到一起,形成权威性的文字,这就是"经典",而这种整理的形式被称作"结集"。随着时间的推移,经典越来越多,浩如烟海。但最初确定的"经典"就是律藏的典籍。

第一次结集是在佛祖去世后的第一个结夏期,其结集的目的和成果就是律藏。据记载,当时由迦叶召集五百弟子,被大家称为"持律第一"的优

---

① 《四分律·序》,大正藏22册,567页。
② 《五分律》卷二十二,大正藏22册,153页。

波离来诵说佛祖所制定的戒律。具体的经过是这样：

> 时大迦叶即问言：第一波罗夷，本起何处？谁先犯？优波离答言：在毗舍离须提那迦兰陀子初犯。第二复本起何处？答言：在王舍城陀尼伽比丘陶师子初犯。复问：第三本起何处？答言：在毗舍离婆裘河边比丘初犯。复问：第四本起何处？答言：在毗舍离婆裘河边比丘初犯。复问：第一僧残本起何处？答言：在舍卫国迦留陀夷初犯。如是展转随所起处，如初分说。

> 复问：第一不定法本起何处？答言：在舍卫国迦留陀夷初犯。第二亦尔。

> 复问：尼萨耆本起何处？答言：在舍卫国六群比丘初犯。如是展转，亦如初分说。

> 复问：初波逸提本起何处？答言：在释翅瘦象力释子比丘初犯。如是展转，如初分说。

> 复问：波罗提提舍尼本起何处？答言：在舍卫国因莲花色比丘尼起。第二、第三、第四，如初分说。

> 复问：第一众学法本起何处？答言：在舍卫国六群比丘初犯。如是展转，如初分说。比丘尼别戒，如律所说。

> 复问：最初听受大戒本起何处？答言：在波罗奈五比丘。复问：最初听说戒在何处？答言：在王舍城为诸少年比丘。复问：初听安居本起何处？答言：在舍卫国因六群比丘起。复问：初自恣本起何处？答言：在舍卫国因六群比丘起。如是展转问，乃至毗尼增一。

> 时彼即集比丘一切事并在一处，为比丘律。比丘尼事并在一处，为比丘尼律。一切受戒法集一处，为受戒犍度。一切布萨法集一处，为布萨犍度。一切安居法集一处，为安居犍度。一切自恣法集一处，为自恣犍度。一切皮革法集一处，为皮革犍度。一切衣法集一处，为衣犍度。一切药法集一处，为药犍度。一切迦絺那衣法集一处，为迦絺那衣犍度。二律并一切犍度、调部毗尼、增一，都集为毗尼藏。①

---

① 《四分律》卷五十四《集法毗尼五百人》，大正藏 22 册，968 页。

以上就是结集的参与者、经过、方法、内容，以及形成最后的成果毗尼藏。不过这次结集的成果都是背诵的范本，并没有形成文本形式。

在这次结集上，由阿难提议，通过了"不增不减"的原则。所谓"不增不减"，就是佛祖没有制定的戒律不再增加，佛祖已经制定的戒律不许删减，确立了戒律佛说的至高无上的地位和神圣性。

虽然如此，但一次结集不能解决所有的问题，在个别行事的持守上、开遮轻重上并不统一，有的还有争议，特别是与具体饮食生活有关的"十事"①上争论比较大。在佛去世后百年的时候，举行了第二次结集。这次结集有七百僧众参与，史称"七百结集"。之后还经过了几次结集，逐渐地完善，就形成了我们今天所看到的律藏经典。

在佛祖去世大约二百年后，佛教信仰的流传越来越广泛，各地对戒律的理解和践行产生了许多不同的见解，因此分为二十多个学派。大的学派编有自己的律藏经典体系，昙无德派尊奉《四分律》，萨婆多派流行《十诵律》，弥沙塞派有《五分律》，大众部派有《摩诃僧祇律》，而说一切有部则有《根本说一切有部律》，等等。这些各部派的毗尼藏被称为广律。南传上座部《律藏》现仍存，属于另一个流传系统，没有汉译的全译本。

佛陀随根制戒，乃有万千差别。正如道宣所云：

> 何者？良由众生根器不同，乐闻有异，故令圣制轻重不等，缓急有殊。诸部轻重，乃有无量，虽复不同，各称根性，皆有奉行之益。②

在佛陀灭度后僧团为什么会分为这么多的派别？大部分与对戒律的解释有关，而戒律上的不同见解又与各地的风土人情和生活习惯有关，与社会发展新生事物的出现有关，但佛教的基本的主张在各部派中没有任何改变，"皆有奉行之益"，而律藏典籍的结构和绝大部分的规定也没有改变。

---

① 《四分律》卷五十四《集法毗尼七百人》云："尔时世尊般涅槃后百岁，毗舍离跋阇子比丘，行十事，言是法清净：佛所听应两指抄食、得聚落间、得寺内、后听可、得常法、得和、得与盐共宿、得饮阇楼罗酒、得畜不截坐具、得受金银。"《五分律》卷三十《七百集法》云："佛泥洹后百岁，毗舍离诸跋耆比丘始起十非法：一盐姜合共宿净。二两指抄食食净。三复坐食净。四越聚落食净。五酥油蜜石蜜和酪净。六饮阇楼伽酒净。七作坐具随意大小净。八习先所习净。九求听净。十受畜金银钱净。"

② 《拾毗尼义钞》卷上之一，卍续藏71册，62页。

关于律藏经典的内容，道宣认为大体上可以分为两类，即"止持戒"和"作持戒"，前者的意思是哪些是被禁止的，不应该做；后者的意思是哪些是应该做的，应该遵守的要求，这就形成了许多戒条。《四分律》规定，止持戒戒条的数量是比丘的二百五十戒条和比丘尼的三百八十四戒条。有的部派认为多一些，有的部派认为少一些，但总的精神是一致的，而根据这些戒条所整理出来的比较简略的戒本，其内容也都基本相同。戒律之外，在具体的实施上还有羯磨制度，即通过大众会议的形式按照戒律的规定来处理僧伽事务。其内容也是非常丰富，各项规定都非常具体。

在这些典籍的指导和规定下，佛教僧团在实践上形成了一整套细致而具体的戒律制度，可以称之为"内法"。在这些"内法"的约束下，不但维护了僧团的纯洁和团结，也保证了佛法僧三宝的神圣性，从而使得弘法事业不会偏离佛陀所指引的方向。

二、戒律经典的东传

佛教形成于古印度，沿着丝绸之路向中国传播，戒律典籍也逐渐向中土翻译介绍。长安正当丝绸之路西向的起点和东向的终点，是佛教入华传播路线的首传之地，也是佛典汉译的重镇。戒律经典的翻译大多与长安有关，尤其是广律的翻译。形成律宗的《四分律》也是翻译于长安，出自后秦时代的鸠摩罗什译场。

（一）早期戒律经典的译传

按照经律论三藏经典在中国译传的顺序，经和论传入的时间要早一些，即所谓"先经而后律"[1]。但是，由于戒律类典籍的总量较少，所以汉译工作的结束却较早。翻译戒律典籍的地方有长安、建康等地，长安所出较多。流行天下、传承至今的《四分律》即翻译于长安。从三国时代昙柯迦罗启其端，到东晋，出现了一大批精通律学的传法僧和翻译大师，先戒本，后广律，最后到唐代根有律的译传，印度律藏的主体经典译传华夏，从而奠定了中土戒律之学的基础。[2]

---

[1] 《出三藏记集》卷三，大正藏 55 册，20 页。
[2] 按，迦叶遗部仅译出戒经，婆粗富罗部未传。

佛教在西汉从西域传入中国，二百多年后，三国时期的曹魏嘉平二年（250），印度高僧昙柯迦罗到中国的洛阳，翻译出了戒本，建立了羯摩受戒法。至此，三藏经典才开始全面地译传入华，而昙柯迦罗便被后世尊为译传戒律的第一人。

昙柯迦罗是中天竺人，二十五岁以前，遍学天下各种学问。后入一僧坊，看见佛教论部的毗昙典籍，茫然不知，向僧人请教之后，始知佛教法门宏大，非世俗学问可比，于是乃舍弃世俗的荣华富贵，出家佛门，四处请益，研习大小乘经及诸部毗尼。后来与华夏的因缘，《高僧传》中有所载：

> （昙柯迦罗）以魏嘉平中来至洛阳。于时魏境虽有佛法，而道风讹替。亦有众僧未禀归戒，正以剪落殊俗耳。设复斋忏，事法祠祀。迦罗既至，大行佛法。时有诸僧，共请迦罗译出戒律。迦罗以律部曲制文言繁广，佛教未昌必不承用，乃译出《僧祇戒心》，止备朝夕。更请梵僧立羯磨法受戒。中夏戒律，始自于此。迦罗后不知所终。
>
> 又有安息国沙门昙帝，亦善律学。以魏正元之中，来游洛阳，出昙无德羯磨。①

之后是西晋"敦煌菩萨"竺法护所译《比丘尼戒经》。其他还有晋简文帝时《十诵比丘戒本》，西域昙摩持和竺佛念依"胡本"译出；《比丘尼大戒一卷》，"沙门释僧纯于西域拘夷国得胡本，到关中令竺佛念、昙摩持、慧常共译出。"②但总的来说，在法显求法之前的情况仍然是"经法虽传，律藏未闻"③，即摘译、略译有之，整部的律藏没有翻译。这种情况，成为当时中国僧众普遍最为关心的大问题。

早期僧制之整理和戒律之译传不能不涉及道安法师。安法师以弘兴大业为己任，于戒律之译传、行持多所用心，怏怏之情，溢于言表：

> 大法东流，其日未远，我之诸师，始秦受戒。又之译人，考校者鲜，先人所传，相承谓是。至澄和尚多所正焉。余昔在邺，少习其事，未及检戒，遂遇世乱，每以怏怏，不尽于此。至岁在

---

① 以上见《高僧传》卷一《昙柯迦罗传》，大正藏 50 册，324—325 页。

② 《出三藏记集》卷二，大正藏 55 册，10 页。

③ 《高僧传》卷二《弗若多罗传》，大正藏 55 册，333 页。

鹈火，自襄阳至关右，见外国道人昙摩侍讽阿毗昙，于律特善，遂令凉州沙门佛念写其梵文，道贤为译，慧常笔受。经夏渐冬，其文乃讫。考前常行世戒，其谬多矣。或殊文旨，或粗举意。昔从武遂法潜得一部戒，其言烦直意常恨之，而今侍戒规矩与同，犹如合符出门应辙也。①

另有一篇《鼻奈耶序》，更能说明道安对翻译戒律的重视。虽然这篇序文文字传抄舛讹不少，但可看出戒律译传与秦地之关系：

> 道安常恨三藏不具，以为缺然。岁在壬午，鸠摩罗佛提赍《阿毗昙抄》、《四阿含抄》来至长安……又其伴罽宾鼻奈，厥名耶舍，讽鼻奈耶甚利。即令出之。佛提梵书，佛念为译，昙景笔受。自正月十二日出，至三月二十五日乃了，凡为四卷。与往年昙摩寺出戒典相似，如合符焉。……二年之中，此秦邦三藏具焉……人可使由之，不可使知之，其言切至乃自是也，而今以后，秦土有此一部律矣。唯愿同我之人，尤慎所授焉，未满五岁，非持律人，幸勿予之也。②

由以上所述可得出的结论是，领风气之先的关中僧众最需要的是律藏的译传，也是当时中土佛法弘扬上最紧迫的事。"未满五岁，非持律人，幸勿予之"，"未满五岁"者，出家不满五年者。道安的劝告一方面说明戒律经典的神圣性，另一方面也说明中土僧众有自觉意识地对戒律进行全面的研习才刚开始，因而仅局限在少部分僧人中间。可以想见，大部分出家众对戒律的内涵仍属茫然，只是遵师之教行持而已。

在道安的倡导下，华夏各地都对戒律典籍的译传高度重视。于是，群策群力，纷纷响应，尤其鸠摩罗什入关之后，大部头广律的翻译活动纷纷展开。

（二）《四分律》的翻译

查经录记载，中土最初翻译的广律是《十诵律》。但《十诵律》虽然是最早开始翻译的广律，但却不是最早翻译完的，最早翻译完的广律是《四

---

① 《出三藏记集》卷十一《比丘大戒序》，大正藏 55 册，80 页。
② 《鼻奈耶·序》，大正藏 24 册，851 页。

分律》。也就是说，《四分律》是中土第一部问世的汉译广律。这部广律是由鸠摩罗什参与翻译的，署名的译主是罗什的老师佛陀耶舍。

这里须首先介绍鸠摩罗什。鸠摩罗什是中国汉译佛典的第一位大家，五大师之首①。他的父亲是印度人，母亲是西域龟兹人。七岁时，罗什和母亲一起出家，两年后到罽宾学法，之后游学各地，先后跟随著名的佛学大师佛图舌弥、盘头达多、佛陀耶舍、须利耶苏摩、卑摩罗叉等学习，成长为西域非常著名的佛学大师。当时正是前秦时代，道安在长安听说罗什的事迹，向苻坚建议迎请。建元十八年（382），苻坚派遣吕光西征西域，搜讨罗什。吕光得手后，前秦却因苻坚不听道安意见，遭淝水败绩而灭，罗什遂淹留西域十多年。至后秦弘始三年（401）冬，罗什终于被请入长安。秦主姚兴极其尊崇，待以国师之礼。天时、地利、人和，因缘具足，罗什僧团成立，四方义学僧人，不远万里，纷纷入关。长安佛教，盛极一时。《晋书》记载了当时的盛况：

> （姚）兴既托意于佛道，公卿以下莫不钦附，沙门自远而至者五千余人。起浮图于永贵里，立波若台于中宫，沙门坐禅者恒有千数。②

其次需要介绍的是罗什的老师佛陀耶舍大师。佛陀耶舍为罽宾人，十三岁出家。耶舍天性聪敏，十九岁时已可诵经二百余万言，熟识内学、外学。但美仪止，善谈笑，性格简傲，所以二十七岁才受具足戒。罗什在西域求学的时候，耶舍正在沙勒国受太子达摩弗多供养，于是在耶舍门下，罗什学习毗昙、萨婆多律，师徒关系非常好。罗什随母东归后，耶舍则继续在沙勒弘法。罗什被吕光扣留河西时，耶舍则弘法于龟兹，教化颇胜。苻坚遣吕光攻龟兹，龟兹王急求救于沙勒王。王率兵救之，使耶舍留辅太子，委以重任。但救军未至而龟兹已败。王归沙勒，告诉罗什已为吕光所掳。耶舍叹道："我与罗什相遇虽久，未尽怀抱。其忽羁虏，相见何期！"十余年后，沙勒王薨，

---

① 按，佛教向中国传播，对翻译的依赖可想而知。迄今为止，在世界各地宗教与文化的活动中，翻译活动持续时间最长、参与人数最多、成果最丰富的就是佛典的汉译。持续时间长达一千年以上。在这一千年中，无数翻译家孜孜矻矻，前仆后继，其中有五位大师贡献最大，即鸠摩罗什、真谛、玄奘、义净和不空。
② 《晋书》卷一一七《载纪·姚兴上》。

耶舍乃至龟兹，法化复盛。当时罗什在姑臧，致信耶舍。耶舍打算离开龟兹，前往姑臧，但姑臧人留恋不许。一年多之后，耶舍才设法到达姑臧，但罗什已离开姑臧到了长安。

罗什在长安深受秦主姚兴尊重，受请翻译佛经。罗什极力推荐佛陀耶舍，认为自己"虽通其文，未善其理，唯佛陀耶舍深达经致"。乃建议秦主下诏征请，姚兴从之。这样，经过重重障碍，耶舍与罗什师徒分别数十年后才在数千里之外的东土长安重逢。

由于是罗什的老师，耶舍入长安后受到各方年敬重，尊称曰"大毗婆沙"。秦主姚兴优礼待之，为耶舍别立新省于逍遥园，请其居住弘法。当时罗什正在翻译《十住经》，"一月余日，疑难犹豫，尚未操笔。耶舍既至，共相征决，辞理方定。"[1] 罗什善秦语，耶舍熟悉梵经，师徒珠联璧合，使长安译场实力大增。罗什未来长安以前，长安僧众已经翘首盼望多年，而罗什的老师莅临，长安也向这位高僧表示了衷心的尊敬。四众弟子向佛陀耶舍供养了许多衣钵器具，堆满三间房子，而耶舍了不关心。于是，秦主姚兴乃代替佛陀耶舍将这许多供养品度价出卖，在长安城南造了一座佛寺。

具体情况和翻译昙无德律的经过，祐录记载甚详：

> （姚）兴自出候问，（为耶舍）别立新省，于逍遥园四事供养。并不受，至时分卫一食而已。于时罗什出《十住经》，一月余日，疑难犹豫，尚未操笔。耶舍既至，共相征决，辞理方定。道俗三千余人，皆叹其赏要。为人髭赤，善解毗婆沙，故时人号曰赤髭毗婆沙。既为罗什之师，亦称大毗婆沙。四辈供养，衣钵供具满三间屋，不以关心。兴为货之，于城南造僧伽蓝。耶舍先诵昙无德律，伪司隶校尉姚爽请令出之。姚兴疑其遗谬，乃试耶舍，令诵民籍药方各四十余纸。三日乃执文覆之，不误一字，众服其强记。即以弘始十二年译出，为四十卷。并出《长阿含经》，减百万言。凉州沙门竺佛念译为秦言，道含执笔。至十五年解坐，兴嚫耶舍布绢万疋，不受。佛念、道含布绢各千疋，名德沙门五百人，皆重嚫施。耶舍后还外国，至罽宾寻得《虚空藏经》一卷，寄贾

---

① 　《出三藏记集》卷十四《佛陀耶舍》，大正藏 55 册，102 页。

客传与凉州诸僧。后不知所终。①

关于《四分律》的翻译，僧肇法师在《长阿含序》中也有介绍：

> 秦弘始十二年，岁上章掩茂，右将军司隶校尉姚爽，于长安中寺集名德沙门五百人，请罽宾三藏佛陀耶舍出律藏《四分》四十卷，十四年讫。

这里提供了《四分律》准确的翻译时间，即秦弘始十二年（410）起始，十四年（412）毕功。又据《四分律序》，支法领曾求经西域，拜见耶舍，将梵本《四分律》抄写回秦土。在佛陀耶舍于关中大开译场时，支法领的弟子也参加了翻译。

关于罗什是否参与《四分律》的翻译，僧肇又在《答江东隐士刘遗民书》中有"法师于大寺出新至诸经"，"三藏法师于中寺出律"②。所以，考虑到佛陀耶舍与鸠摩罗什之师生关系，以及共同之译经传法事业，两人必然经常相聚，商讨译经之事，而佛陀耶舍曾经住过的"新省"和"中寺"，鸠摩罗什也必然是常来这些地方的座上客。

这样，在萨婆多律尚未定本的时候，昙无德律首先问世，是为中土汉译毕功的第一部广律。

应该强调的是，这部律的翻译者虽然署名佛陀耶舍，以及竺佛念、道含等，但实际上依常情推之，鸠摩罗什也参与了译事。例如，卑摩罗叉从西域入关见到罗什后，问及罗什之受法弟子，罗什有这样回答：

> 汉境经律未备，新经及律多是什所传出，三千徒众，皆从什受法。但什累业障深，故不受师教（敬）耳。③

"新经及律多是（罗）什所传出，三千徒众，皆从（罗）什受法。"清楚地记述了罗什对律法初传中土的贡献。后面"累业障深，不受师教（敬）"，也清楚地说明了罗什不愿领衔与不能领衔之顾虑所在。

在翻译《四分律》之前，罗什还参加了《十诵律》的翻译。到了唐代，

---

① 《出三藏记集》卷十四《佛陀耶舍》，大正藏55册，102页。

② 以上转引自《出三藏记集》卷三《新集律来汉地四部序录第七·昙无德四分律》，大正藏55册，20页。按，此之"中寺"，应是秦主为耶舍于城南所造新寺。

③ 《出三藏记集》卷十四《鸠摩罗什传》，大正藏55册，102页。

智升在《开元录》中提出异议，将《十诵律》从罗什名下剔除：

> 《僧祐录》云是什译出。今以前五十八卷是什度语，非什正翻。
> 后之三卷卑摩罗刹续出，置之于后。已备余录，此不存之。①

智升此言，恐有失公允。二秦译师精通梵汉，具备"两面锦绣"者甚少，罗什为其中佼佼者。《十诵》之翻译，各家均记载由弗若多罗"诵"出，而由罗什"度"为秦语。"诵"者，背诵也；"度"者，翻梵为秦也。另外，萨婆多之外，昙无德律之翻译，罗什也出力不少，功绩不可磨灭。可能考虑到这些，《宋高僧传》卷十四的《昙一》传中明确地说，《四分律》是佛陀耶舍和鸠摩罗什两人"共为翻译"，② 应该是符合历史事实的。

（三）《四分律》内容概要

《四分律》为律宗宗奉的根本典籍，也是印度佛教传入中国以后迄今为止影响最大的一部律法，翻译于长安，又于长安形成南山律宗一脉，传扬海内外。

《四分律》原属小乘律，是印度部派佛教时期昙无德部（或译昙摩崛多，另意译为法藏部、法护部、法密部、法正部、法藏部等）所集的戒律。传来东土之后，慧光律师将其判入大乘，而道宣则明确云"《四分》宗义当大乘"③。

关于昙无德部的形成，有几种说法，有的认为是从化地部分出；有的认为由说一切有部分出；有的认为从分别说部分出；有的则认为直接源于上座部。总之，不管从哪一部分出，该律属于上座部系统，形成的时间在释迦去世后 300 年左右。昙无德部的经典有"五藏"之说，即经、律、论、明咒、菩萨藏，《四分律》就是该部的律藏。与其他部派相比，其思想有两个特点，第一个特点是特别重视明咒，被认为是开后来大乘密教之先河。第二个特点是"五藏"典籍多与大众部相通。由此而言之，这应该是汉传佛教判《四分》为大乘的一个潜在的因素。还有一个特点，在广律中，昙无德部不但出现较早，而且流行比较广泛。例如《大唐西域记》卷三记载，玄奘在乌仗那国巡

---

① 《开元释教录》卷四《十诵律》，大正藏 55 册，515 页。
② 《宋高僧传》卷十四《昙一传》，大正藏 50 册，798 页。
③ 见《行事钞》卷上三，大正藏 40 册，26 页。

礼时，当地五部广律并行，但以昙无德部为首。

《四分律》的名称，源于其内容结构分为四部分。道宣认为这四部分是结集时分四次诵出，义净则认为该律的梵本卷子分为四箧。从现存的经本看①，共分为四部分。

第一部分的初分从卷一到卷二十一，内容是二百五十条比丘戒，在偈诵之后是四波罗夷、十三僧伽婆尸沙、二不定、三十尼萨耆波逸提、九十波逸提、四波罗提提舍尼、一百众学和七灭净法。每一戒先说明缘起，然后由佛判明是非，根据所犯性质建立戒条。二百五十条戒律从重到轻、从内外矛盾到内部矛盾，分为波罗夷至灭净八法。所犯轻者，悔过即可，最重的则为"波罗夷"，即逐出僧团。

第二部分，从卷二十二到三十七。首先是比丘尼戒，由八波罗夷、十七僧伽婆尸沙、三十尼萨耆波逸提、一百七十八波逸提、八波罗提提舍尼、一百众学和七灭净构成，共三百四十八戒。在比丘戒中四波罗夷最重，也即淫、盗、杀、妄语四根本大戒，比丘尼增加四条，基本精神与前相同，是对四根本大戒的进一步补充。针对女性的生理和心理特点，与比丘相比，对思想和行为的规定要多。另外增加较多者是波逸提，犯者须采取某种形式忏悔。戒法之后是二十犍度中的前四度犍度，即受戒、说戒、安居和自恣。

第三部分从卷三十八到卷四十九，是二十犍度的自恣犍度后半分至法犍度。

第四部分从卷五十到卷六十，内容是二十犍度之余的房舍犍度、杂犍度，以及记述第一次结集的五百集法、第二次结集的七百集法、优婆离问佛诸事的调部毗尼、佛说律学法数的毗尼增一。

以上是按"四分"来叙述《四分律》的内容，如把全律的戒法归纳起来，则有三十七法，即比丘戒的八法，比丘尼戒的六法，二十度为二十法，五百结集和七百结集为一法，调部毗尼为一法，毗尼增一为一法。

《四分律》汉译至今，中土学问僧研究不断，除道宣的"南山五大部"外，现存的仅隋唐时代的就有法砺的《四分律疏》十卷、怀素的《四分律开宗记》十卷、定宾《四分律戒本疏》二卷和《四分律疏饰宗义记》。另外还有不少戒本、羯磨，如戒本就有佛陀耶舍翻译的《四分律比丘戒本》，怀素《比

---

① 此据《大正藏》版本，见第 22 册。

丘戒本》、《比丘尼戒本》，道宣的《删定僧戒本》，宋代元照的《重定比丘尼戒本》，明代弘赞辑录的《式叉摩那尼戒本》，等等。

（四）其他广律的翻译

开始汉译的第一部广律是《十诵律》，翻译者较多，有鸠摩罗什、弗若多罗、昙摩流支和卑摩罗叉，期间颇多坎坷，虽然翻译的时间较早，却晚于《四分律》行世。

当中国僧众急需要了解印度广律的情况时，罽宾高僧弗若多罗入关。弗若多罗持戒精严，而且善萨婆多律，能背诵这部广律，这自然得到了罗什和长安僧众的热情欢迎。但译事并不顺利，《高僧传》记载了这第一次、第一位律法译师在中土翻译广律的情况：

> 弗若多罗，此云功德华，罽宾人也。少出家，以戒节见称。备通三藏而专精十诵律部，为外国师宗，时人咸谓己阶圣果。以伪秦弘始中振锡入关，秦上姚兴待以上宾之礼。罗什亦挹其戒范，厚相宗敬。先是经法虽传，律藏未阐，闻多罗既善斯部，咸共思慕。以伪秦弘始六年（404）十月十七日，集义学僧数百余人于长安中寺，延请多罗诵出十诵梵本，罗什译为晋文。三分获二，多罗构疾庵然弃世。众以大业未就而匠人俎往，悲恨之深有踰常痛。[①]

《十诵》翻译到三分之二时，弗若多罗突然病逝，译事只好停止，众人悲叹不已。但第二年恰巧又有西域高僧昙摩流支入关。昙摩流支不但专业萨婆多律，更是随身持有梵本。众人又欣慰不已，庐山慧远闻听之后，更是远致专函请昙摩流支续译此律，而秦主姚兴也一再敦请。于是，昙摩流支和罗什再开译场，续译完剩余的部分，共五十八卷。虽然翻译完毕，但毕竟是两次、两位律师分别主译，罗什觉得还需要进一步修改。但因种种原因，罗什没有进行此项工作。直到罗什去世后，他的老师卑摩罗叉离开长安，出关东行弘法，在寿春讲《十诵》，又补充翻译了本律的《毗尼诵》三卷。这样，《十诵律》才算全部翻译完毕。

中土第一次翻译广律，先后四位西域高僧接续努力，前仆后继，殊属

---

① 《高僧传》卷二《弗若多罗传》，大正藏 50 册，333 页。

不易。所以，这部广律应该是四位大师的共同译作。①

长安的罗什僧团解体之后，翻译活动在南方继续开展，先后有《僧祇律》和《五分律》的翻译，虽在南方，但都与长安有渊源关系。

《僧祇律》，佛陀跋陀罗与法显共译，四十卷。佛陀跋陀罗和法显虽然在南方翻译了这部广律，但这两位高僧都和长安大有缘分，以下也略作介绍。

法显，俗姓龚，今山西临汾人，以求学律学为己任。姚秦弘始元年（399），法显与同学数人从长安西行陆路赴印求法，十四年（412）经海路返抵青州长广郡牢山（今山东青岛崂山）。法显在天竺遍历佛陀圣迹，学梵文，求律法，在巴连弗邑收获最丰。法显在这里停留三年，共抄写了《摩诃僧祇律》、《萨婆多律》、《摩诃僧祇阿毗昙》，后至师子国，复得《弥沙塞律》等，"悉汉土所无者"②。另一位译者佛陀跋陀罗，意译"觉贤"，天竺人。长期游学罽宾，以禅律闻名。遇中国僧人智严求法西域，遂从其所请往东土弘法。入长安后，机缘不成熟，率门下众弟子离开长安，应庐山慧远的邀请出关南下。之后，法显和佛陀跋陀罗在建康会合，共同翻译《僧祇律》，东晋义熙十二年（416）十一月出，十四（418）年二月末译毕。③

法显从印度取回的《弥沙塞律》，后由佛陀什译出。佛陀什，罽宾人，专业律学，尤其以《弥沙塞律》见长。南朝初入华，景平元年（423）至建康，即应琅琊王和中土僧众之请，翻译法显从印度带回的梵本《弥沙塞律》，于阗智胜传译，中土竺道生、慧严等任笔受。译场设于龙光寺，七月开译，至十一月毕功，于是又一部广律译传入华。

《弥沙塞》律翻出之后，律典翻译的高潮基本结束。后来总括译出的主要律典，称为"四《律》五《论》"，即四部广律和五部论书。

（五）略说四《律》五《论》

流传至今的汉译律藏典籍以"四《律》五《论》"为主体，即"四《律》

---

① 如吕澂《新编汉文大藏经目录·十诵律》诸说并列："61卷。姚秦鸠摩罗什译[佑]。弘始六年至十五年（404—413）出[房]。与弗若多罗、昙摩流支共译。原58卷，后卑摩罗刹校订为61卷[佑]。或误后三卷为卑摩罗刹补译[开]。"

② 《法显传》，大正藏51册，865页。

③ 《僧祇律》卷四十《摩诃僧祇律私记》，大正藏22册，548页。又，祐录卷三记曰义熙十二年十二月始译。

五《论》"九部作品，是汉传佛教三藏毗尼藏的核心。这九部大作是：《十诵律》①《四分律》、《僧祇律》、《五分律》；五《论》是《萨婆多部毗尼摩得勒伽》，与《十诵律》对应。《毗尼母论》、《萨婆多论》，内容与《萨婆多部毗尼摩得勒伽》相近。《善见论》，即《善见律毗婆沙》，与《四分律》相对应。《明了论》，即《律二十二明了论》，是以上四《律》之外正量部律法的著作。但在道宣的时代，习惯上对律藏典籍的归纳方法与后世不完全一样。

《十诵律》是萨婆多部的毗尼藏，又称《萨婆多部十诵律》，汉译本共六十一卷。在律藏经典中，以"诵"为名的只有早已失传的第二次结集优婆离所诵《八十诵律》和此《十诵律》，说明是由口"诵"而结集成册，形成时间比较早。这两部《律》有很密切的关系。《八十诵律》没有流传下来，但相传《十诵律》结集也很早，而且也是由优婆离删节而成。

《十诵律》分十诵，即十个部分。初诵至三诵为四波罗夷、十三僧残、二不定、三十尼萨耆、九十波逸提、四波罗提提舍尼、一百零七众学和七灭诤。第四诵是受具、布萨、自恣、安居、皮革、医药、衣凳法。五诵是僧残悔蹬法。六诵是调达事与杂法。七诵为比丘尼律和六法。八诵是增一法。九诵是优婆离问法。第十诵为比丘诵、两种毗尼、杂诵、四波罗夷和僧伽婆尸沙法，最后附有《善诵毗尼序》。本《律》的比丘戒共二百五十七条，比丘尼戒三百五十五条。

与《十诵律》相近的有根有律，即《根本说一切有部毗奈耶》。虽然根有律译出较晚，自成体例，但基本内容与《十诵》为同类。根有律是道宣之后的义净三藏所译，包括《毗奈耶》五十卷、《律摄》十卷、《尼陀那目得迦》十卷、《百一羯磨》十卷、《比丘尼毗奈耶》二十卷、《杂事》四十卷以及《颂》、《杂事摄诵》和《戒经》、《比丘尼戒经》等，共一百四十九卷。在部派佛教时期，上座部中分出说一切有部，《十诵律》是说一切有部的经典。之后，从说一切有部中又分出根本说一切有部，义净所译就是后者的律藏经典。在中土传扬的几部广律中，义净所译与《十诵律》最为接近。此律的比丘戒法为二百四十九条，比丘尼戒法三百五十八条。

《僧祇律》，全称《摩诃僧祇律》，意译《大众律》。东晋佛陀跋陀罗与法显共译，四十卷。本律形成于第二次结集之后，是大众部所集的律

---

① 按，根本说一切有部律和《十诵律》归为一类。

本。全书分为比丘戒法和比丘尼戒法两大部分。比丘戒二百一十八条，由四波罗夷、十三僧伽婆尸沙、二不定法、三十尼萨耆波夜提、九十二波提提、四波罗提提舍尼、六十六众学法、七灭净法等组成。比丘尼戒法二百七十条，由八波罗夷、十九僧伽婆尸沙、三十尼萨耆波夜提、一百四十一波夜提、八波罗提提舍尼、六十四众学法、七别净法等组成。此律传来中土最早，三国时昙柯伽罗于洛阳译出《僧祇戒心》，中土僧人始依律法受戒。

《五分律》，全称《弥沙塞部和醯五分律》，南朝刘宋时佛陀什和竺道生共译为三十卷。全书由五部"分"组成，故名，是部派佛教时期从上座部分出的弥沙塞部（也称化地部）所集。初分比丘戒二百五十一条，由四波罗夷、十三僧残、二不定、三十舍堕、九十一堕、四悔过、一百众学和七灭净法组成。次分比丘尼戒三百七十条，由八波罗夷、十七僧残、三十舍堕、二百零七惰、八悔过和一百众学等组成。三分是受戒、安居、布萨、自恣、衣法、食法、药法等。四分为羯磨、灭净。最后一分是破僧、卧具、威仪、调伏、比丘尼法以及五百集法、七百集法。这部律在各种律本中和南传《律藏》比较接近，但从译出后在中土流传不广。

三、《四分律》研究的开创者慧光

各部广律译出之后，各随因缘流传南北。《十诵》、《僧祇》，初擅胜场，《四分》后起，迅速发展。尤其四分门下人才众多，非他律可比者。至慧光律师，契大乘之机，得风气之先，次第相承，奠定四分研习成为众律主流之基础。

（一）早期广律的弘传

广律译出之前，已有零星篇章翻译，如道宣总结道：

> 所言汉境受缘者，自汉明夜梦之始，迦竺传法已来，迄至曹魏之初，僧徒极盛，未禀归戒，止以剪落殊俗。设复斋忏，事同祠祀。后有中天竺僧昙摩迦罗，此云法时，诵诸部毗尼，以魏嘉平年至雒阳，立羯磨受法，中夏戒律始也。准用十僧大行佛法，改先妄习，出僧祇《戒心》。又有安息国沙门昙谛，亦善律学，出昙无德《羯

磨》，即太（大）僧受法之初也。①

以上所述为中土戒律译传之始，也是信众依正规受戒之始。"十僧"之意，指三师七证制度。但戒律初传，不可能完备，用僧祇部的戒本，羯磨依昙无德部，遂相沿成习。之后译传渐多，律学研究也日渐深入，问题逐渐显现。直至几部广律译出之后，中土律师才有机会对毗尼典籍进行全面的研究。

《四分律》译出之后，由于佛陀耶舍西返，加之时间不长鸠摩罗什的去世，僧团解体，还有后秦末的变乱，僧众纷纷出关躲避，因此新译的《四分律》没有在关中继续得到研习，反而随着出关的僧众传向了关外。在隋代之前，流通较广的是《十诵律》，其次有《僧祇律》。从隋代开始，《四分律》兴起，至唐代，逐渐发展为主流。

探索早期戒律之学的研习情况，我们一般都参考道宣的总结：

> 自律藏久分，初通东夏，则萨婆多部《十诵》一本最广弘持。实由青目律师敷扬晋世，庐山慧远，赞击成宗。尔后璩、颖分骥而命路，祐、瑗波腾于释门，澄一江淮无二奉矣。②

《十诵律》的推广得益于"青目律师"。"青目律师"，即卑摩罗叉，因眼睛青碧，人称"青目律师"。卑摩罗叉离开长安后至寿春，补充翻译《十诵律》，亲自到江陵坐夏讲宣。卑摩罗叉身为西域高僧，精通汉语，又得到庐山慧远等僧团领袖的大力支持，自然风生水起，遂成气候。《十诵律》是印度说一切有部的律，其中记载的关于印度戒律产生的结集和印度律学的传承比较详细，为中国所看重。北方研究《十诵》的有罗什门下弟子僧业、慧珣等。僧业传僧璩，在江南广泛推广。至僧祐，《十诵律》的传扬发展到了一个新的阶段。僧祐编有《出三藏记集》，为世人所称道，其中关于律学流传的叙述扩大了《十诵律》影响。延至南北朝时代，《十诵律》在江南占据了主流地位，确如道宣所云："澄一江淮无二奉矣。"

在北方，《摩诃僧祇律》比较流行。尤其关中一带，以《摩诃僧祇律》为正宗。著名的有北朝末和隋初的灵藏律师，与隋文帝杨坚为布衣之交。杨坚代周自立后，任命灵藏为昭玄都，有想出家者，任听度之，并对灵藏说："律

---

① 《行事钞》卷中一，大正藏40册，51页。
② 《续高僧传》卷二十二《论》，大正藏50册，620页。

师为道人天子"。因而随灵藏出家的人数以万计,《摩诃僧祇律》大为流行,以至于《四分律》的大家洪遵来京城讲律的时候,听讲的人很少。

至于四分一宗,道宣讲道:

> 昙无德部四分一律,虽翻在姚秦,而创敷元魏。是由赤髭论主初乃诵传,未展谈授,寻还异域,此方学侣竟绝维持。逮及覆、聪,方开学肆。

这里的"赤髭论主",即佛陀耶舍,与上文的"青眼律师"一样,都是鸠摩罗什的老师。《四分律》翻译出之后,佛陀耶舍回了西域,所以无人宣讲,加之不久鸠摩罗什僧团解体,所以"此方学侣竟绝维持,逮及覆、聪,方开学肆"。

《四分律》不仅在印度产生较早,在中国翻译也较早,最先实践的可能也是根据《四分律》作的受戒和羯磨。道宣在《续高僧传》中《明律篇》屡次讲道:"穷其受戒之源,宗归四分",就是这个意思。《四分律》在北方译出,虽然晚了几十年才流行,但仍先从北方兴起。较早的有北魏法聪律师在五台山一带讲授,门下弟子道覆据其讲授,作有《四分律疏》六卷。这就是道宣所说的"逮及覆、聪,方开学肆"。启其端的是覆、聪两位律师,而真正对《四分律》学的研究起到开山作用的是号称"光统律师"的慧光。道宣所继承的传统,正是慧光一系。

(二)慧光律师

慧光(486—537),俗姓杨,定州长卢(今河北定县)人。十三岁时,跟随父亲来到洛阳,适逢译经高僧佛陀扇多在洛阳,便拜其门下出家。

佛陀扇多法师来自北印度,北魏宣武帝永平元年(508),奉敕与菩提留支、勒那摩提在洛阳殿内翻译《十地经论》,四年后毕功。孝明帝正光六年(525),在洛阳白马寺译出《狮子吼经》。慧光拜谒佛陀扇多时,正是扇多在洛阳译经时。慧光天资聪慧,学习经义非常快,时人号之"圣沙弥"。佛陀扇多对慧光也非常欣赏,寄予厚望,认为"此沙弥非常人也,若受大戒,宜先听律。律是慧基,非智不奉。若初依经论,必轻戒网,邪见灭法,障道之元。由是因循,多授律检"。

慧光确实是位天才,最初的学习凭的是口传。后游学南北,研究各家学说,熟悉各地方言。初以《摩诃僧祇律》见长,后专攻《四分律》。慧光著述宏富，其中有关律学的著作，道宣统计道：

> （慧光）又再造《四分律疏》百二十纸，后代引之为义节。并《羯磨》、《戒本》，咸加删定。被于法侣，今咸诵之。又著《玄宗论》、《大乘义律义章》、《仁王七诫》及《僧制》十八条，并文旨清肃，见重时世。学士道云，早依师禀，奉光遗令专弘律部，造疏九卷，为众所先，成匠极多，流衍弥远。①

慧光的作品没有流传下来，但从道宣的叙述上来看，慧光的研究成果非常丰富，不但有律疏，而且有羯磨和戒本。至于"《大乘义律义章》、《仁王七诫》及《僧制》十八条"，虽然不知道其具体的内容，但从题目上来看，显然不单单只是理论上的成果，应该和行事有密切的关系。尤其提到"大乘"两字，这在早期有关戒律的著作中是不多见的。前代道覆的《律疏》只是用科文的形式对《四分律》作了简单的梳理，尚不是实质意义上对《四分律》的义理展开研究，所以慧光才是《四分律》研究的开创者。这就是道宣评价慧光"《四分》一部，草创基兹"的含义。

慧光不仅天资聪颖，而且立志贞静，坚存戒业，动止安详，深孚众望，被称为一代师表。东魏时，慧光在洛阳，任国家的僧都，北齐，被召入邺城，绥缉有功，转为国统。所以后世称他为"光统律师"。

慧光精通律学，兼娴地论，门徒众多，兼之本人社会地位较高，因此推动了《四分律》的弘扬，"每一披阐，坐列千僧"，众所推仰者十人，拣选行解入室者九位。慧光的著作虽然没有传之后世，但继承慧光律学传统的弟子有道云、道晖、洪理、法愿、昙隐等等，将师门之学发扬光大。尤其是道云，早年皈依慧光，奉师之命专弘律部，自己造《疏》九卷，为众所先，"成匠极多，流衍弥远"，直接影响到后世的律学传承。而且道云威容严肃，动止有仪，谈吐慈和，言行相检，声望也比较高。道宣继承的就是道云的门风，为三传弟子。至于道晖，其人情智傲岸，不守方隅，将道云的《疏》略为七卷，所以在慧光门下有"云公头，晖公尾"之说。从资格来说，昙隐是慧光门下的大弟子，持律谨严，财无尺贮褊背终身，得慧光律学精要，著《四分律钞》四卷，超步京邺，北悟燕赵。

道云门下有两位弟子予此后的律宗成立有直接的贡献，一位是道洪，

① 　《续高僧传》卷二十一《慧光传》，大正藏50册，608页。

另一位是洪遵。这两位不仅对律宗的传扬贡献较大，而且都与道宣有关系。从传承关系上来讲，道宣的老师是智首，而智首则是道洪的弟子，所以道宣是道洪的再传弟子。从关中律学的发展来看，洪遵律师是在关中创开四分传习的开拓者，为智首、道宣师徒的持续弘扬打开了局面。

四、从《僧祇律》到《四分律》：关中律风的转变

《四分律》翻译于关中，但兴起不在关中，而在东面一河之隔的晋地。《僧祇律》的翻译不在关中，是由离开关中的佛陀跋陀罗与法显在南方翻译，但后来却盛行于关中。其原因在于早年昙柯迦罗初出律典时，以《僧祇》为戒本。于是《僧祇》广本翻译出后，自然与历史习惯相连接，目为正宗。此后法聪发现此中有误，才罢讲《僧祇》，重启《四分》。隋代，关中律风的传统发生转变，渐由《僧祇律》转向《四分律》。其在传法人物上的表现，则是《四分律》大家洪遵律师代替了《僧祇律》首领灵藏律师。

灵藏（518—586），俗姓王氏，雍州新丰（今属临潼区）人，幼年皈依的师父是随法师和颖律师。道宣在《续高僧传·灵藏传》中介绍，灵藏在北周初出家，在同侪中为佼佼者，"若讲若诵，卷部众多，随有文义莫不周镜。时共测量，通经了意最为第一。"灵藏律师最擅长的是《僧祇律》："《僧祇》一部，世称冠冕。"另外，灵藏在《大智度论》上非常有造诣，同时在戒律的修持上也颇有研究。

灵藏律师影响的扩大和地位的提高与得到隋文帝的信任有直接的关系：

> 藏之本师，素钟华望，为太祖隋公所重。道义斯洽，得丧相符。藏与高祖，布衣知友，情款绸狎。及龙飞兹始，弥结深衷，礼让崇敦光价朝宰。移都南阜，任选形胜而置国寺。藏以朝宰惟重，佛法攸凭，乃择京都中会路均近远，于遵善坊天衢之左而置寺焉。今之大兴善是也。自斯已后，中使重沓，礼遇转隆，厚味嘉肴密舆封送，王人继至接轸相趋。又敕左右仆射两日一参，坐以镇之，与语而退。时教网初张，名德云构，皆陈声望莫与争雄。宫闱严卫，来往难阻，帝卒须见频阙朝谒。乃敕诸门，不须安籍，任藏往返。及处内禁，与帝等伦，坐必同榻，行必同舆，经纶国务雅会天鉴。有时住宿，即迳寝殿。颙锡之费，盖无竞矣。

"藏与高祖，布衣知友"，乃是在杨坚即位之前的友谊，非同一般。即杨坚建立大隋之后，一反北周禁斥佛教的政策，大兴佛教以收拾人心，所以与灵藏关系更融洽，甚至"敕左右仆射两日一参"。当时新建的京城成为策动全国佛教发展的中心，灵藏声望最高，"名德云构，皆陈声望莫与争雄。"在这样的情况下，专工《僧祇律》的灵藏自然大力推广该部，其影响可知。例如：

> 开皇四年，关辅亢旱，帝引民众就给洛州。敕藏同行，共通圣化。既达所在，归投极多。帝闻之告曰：弟子是俗人天子，律师为道人天子，有乐离俗者，任师度之。遂依而度，前后数万。①

隋文帝对灵藏云："弟子是俗人天子，律师为道人天子，有乐离俗者，任师度之。"给予极大的方便，"遂依而度，前后数万。"文帝时代度僧 23 万，灵藏开皇六年（586）去世，数年间即度僧"数万"，可见灵藏的影响不一般。这"数万"的新戒弟子，无疑都是《僧祇律》的拥护者。所以，由于灵藏的影响，关中成为全国《僧祇律》的践行重地。

《僧祇律》与其他几部广律不同，是大众部所传。《僧祇律》传来中土算是比较早的，法显从长安出发，远赴天竺求法，求的就是律仪，取回的就是《僧祇律》，在建康与佛陀跋陀罗共同译出。而佛陀跋陀罗也是从长安出关，赴南方弘法。《僧祇律》与长安缘分深厚，能在两京地区长期流传，不是没有道理。之后的流传有刘宋的慧询，本赵人，曾投罗什门下，后弘扬《十诵》，兼善《僧祇》。弘传《僧祇律》的还有北齐的道营、慧佑等律师。就连开创《四分律》研究的慧光律师，开始时也是听学《僧祇律》。

但奇怪的是《僧祇律》传播最早，期间也不乏研究者，但研究的成果极少。包括灵藏在内，均没有研究著作问世，或者著作流传范围狭窄，湮没无闻。

追溯因果，《僧祇律》的急剧衰落可能与其源头有关，即"非百载五宗生"。道宣有论道：

> 藏中见列僧祇部者，乃是根本大众所传，非是百载五宗生也。②

这个判定非常重要。按，道宣所云的"五宗"，乃萨婆多部、昙无德部、

---

① 以上见《续高僧传》卷二十一《灵藏传》，大正藏 50 册，610 页。
② 《续高僧传》卷二十二，大正藏 50 册，620 页。

弥沙塞部、迦叶遗部和婆粗富罗部,与后世略有异。这五部为上座部结集时所传,而僧祇部的戒律为根本大众部所传,这样的判定,从资格上削弱了《僧祇律》的权威性,从而动摇了信众的信仰基础,因此迅速衰落。《僧祇律》"非百载五宗生"的结论似并非道宣的发明,可能是其四分前辈所为。依常理推之,这个判断的时间不会太早,应是道云、道洪等的研究结果。

关中律风的转变很快,从历史的眼光来看,也很突然。开皇六年(586),灵藏律师卒于住所,次年洪遵律师奉召入关,以这个转变为标志,关中戒律由崇奉《僧祇律》转变为《四分律》。

洪遵(530—608)律师,俗姓时,相州(今河南安阳)人,出家受具后专学律部。洪遵继承的是道云、道晖的衣钵,是慧光的再传弟子。北齐时,齐主崇奉佛教,言承付嘱,下令五众弟子有坠宪网者,皆据内律治之。以遵学声早举,策授为"断事沙门"。由于洪遵持戒精严,能力出众,青、齐一带,声名远扬。

灵藏律师去世后,开皇七年(587)隋文帝征请六位大德僧入关,名单中就有洪遵律师。道宣记述道:

> 大隋廓定,招贤四海。开皇七年,下敕追诣京阙,与五大德同时奉见。特蒙劳引,令住兴善。并十弟子,四事供养。十一年中,又敕与天竺僧共译梵文。至十六年,复敕请为讲律众主,于崇敬寺聚徒成业。①

按,其余的五位大德是慧远、慧藏、僧休、宝镇和昙迁,都是名动全国的义学名德。特别允许这六位大德可以各带十位弟子入京,所费均由朝廷负担。所云"与天竺僧共译梵文",指的是参与阇那崛多译场。阇那崛多为"开皇三大师"之一,接续那连提黎耶舍的译经事务,译出经典三十九部,主要有《佛本行集经》、《大方等大集贤护经》、《起世经》等,是隋代最重要的译师。而洪遵奉诏入译场,与其他九位大德担任"监护"。由以上所载可见,洪遵在京城颇受朝廷信任。

由于灵藏的影响和关中的传统,洪遵在弘扬《四分律》时并不顺利。据道宣所述:

---

① 《续高僧传》卷二十一《洪遵传》,大正藏50册,611页。

先是关内素奉《僧祇》，习俗生常，恶闻异学。乍讲《四分》，人听全稀。还是东川，赞击成务。遵欲广流法味，理任权机，乃旦剖法华，晚扬法正，来为开经说为通律。屡停炎澳，渐致附宗。开导《四分》，一人而已。迄至于今，《僧祇》绝唱。

"习俗生常，恶闻异学"，这是关中的传统，也是灵藏的影响。于是洪遵白天讲大乘《法华经》的义理，晚上讲昙无德律学，经律双授，融通两学，逐渐得到认可。尤其是灵藏律师去世后，洪遵以征请的"六大德"身份，自然成为律学讲主。《僧祇》、《四分》均是"佛说"，形式上略有差异，本质上没有区别，而隋文帝与信众也没有这些门派上的苛求。

开皇十六年（596），敕令洪遵为"讲律众主"，在崇敬寺聚徒讲授。入京时，洪遵已经带领十位以上弟子入关。这些弟子自然都奉《四分律》为圭臬。十年后，洪遵被任命为"讲律众主"，这对于《四分律》的弘扬起到了关键的作用，奠定了《四分律》的正统地位。

洪遵的贡献主要在弘教，开启了京城《四分》之学的风气，同时还著有《大纯钞》五卷。门下有玄琬，领袖京城。还有洪渊，继承学统，化被中山，有声于幽冀一带。

洪遵任"讲律众主"，标志着《四分》成为京城律学正宗主流。炀帝大业四年（608），洪遵卒于大兴善寺，于是"智首律师，承斯讲授"，开启了四分律学的新局面。

在洪遵担任"讲律众主"的这一年，公元596年，道宣出生于京城。

五、智首对律学的贡献

洪遵律师入关，改变了关中律学的面貌，《四分律》成为主流。洪遵律师完成了自己的历史使命。在此基础上，把《四分律》的研习推向高潮并引领全国的则是智首律师。因为洪遵虽然在京城弘扬四分甚有成效，《四分律》代替了《僧祇律》，但并没有在学理上廓清五部并弘的迷雾。因为戒律典籍卷数众多，体例庞大，虽然都是尊佛之嘱，没有根本的矛盾，但毕竟一般信众在遵从上需要简明一些，何况按照规制，一般人等是不能随便翻阅律藏的。在洪遵律师去世后，这个问题到了智首律师才得到解决。

智首终生以律学研习为专业，是律学名德道洪的门下，在当时同侣七百中称为佼佼者。所以从律宗传承的辈分上来讲，智首是道洪的门下，因此是洪遵律师的师侄。至于智首的贡献，简言之，智首对律宗的贡献表现在承前和启后两个方面：承前，是继承了师叔洪遵在京城开创的四分律事业；启后，则是在学理上廓清了当时五部并传路径不清的迷雾，从而奠定了四分律学的基础，同时，智首培养出了一大批律学人才，道宣就是其中之一。

道宣给受业恩师写有传记，记载了智首早期学律的情况，其中有云：

> 及寻律部，多会其文，明若夙知，更陶神府。其有事义乖滞者，皆汰浍相融，冥逾合契。后听道洪律席。同侣七百，锋颖如林，至于寻文比义，自言迥拔。及玄思励勇，通冠群宗。刚正严明凤飙遗绪者，莫尚于首矣。故未至立年，频开律府，懿德敏行，咸共器之。灵裕法师道振雄伯，范超伦等，亲管缁属预在下筵。时共美之，重增荣观。①

灵裕法师是当时当地声望年龄资历最高者，早年也曾学《四分律》，拜在昙隐门下，是慧光一系的再传弟子。灵裕"亲管缁属预在下筵"，一方面说明当时对戒律之学的重视，另一方面也是对本门年轻后辈的支持，所以一时传为美谈。

智首入京以后，当时由于朝廷的号召，京城的佛教非常兴盛，藏书最丰富，不断有全国的高僧来到这里，互相交流学习。智首在这里大大地增长了见识，用了四年时间阅读经典，凡是和戒律有关的都进行比较研究，下了非常深的工夫。他发现，自从戒律传来之后，已经六百多年了，五部并弘，众说纷纭。同时，由于是师资传授，老师各守门户，水平参差不齐，有任意取舍的现象。所以智首下决心自己梳理一遍。经过多年努力，终于完成了《五部区分钞》二十一卷。这部书在戒律传承的研究上有很重要的意义，从义理上廓清了《四分律》与其他广律的关系，并树之为正宗。在这之前，戒律类的经典和研究成果已经有四百多卷，到了智首才比较系统地整理了一遍，突出了《四分律》在律藏中的地位。对于智首的成就，前辈律师洪遵极为称道，亲自推介，并令门下弟子向智首请教，对于智首律师的地位和《四分律》的继续弘扬起了很大的作用。

道宣跟随智首学习，得到智首的欣赏，每讲完一段经文后，立即让道

---

① 《续高僧传》卷二十二《智首传》，《大正藏》50册，614页。

宣复讲，如此反复以加深理解，直到通达经文的深刻内涵，智首才开讲下一段。因为培养的是律师，智首对门下的弟子要求非常严格，要求不但要懂得戒律条文的意思，还要严格遵守。一旦发现有不符合要求的，立即停止讲授，召集到一起训话。在智首的教诲下，包括道宣在内，成长起了一大批律学僧人，互相砥砺学习琢磨，使得长安也成为了全国的律学研究学习中心，引领《四分律》的研究方向。

智首入京六年之后，京城四分之学的开拓者洪遵去世，进一步扩展《四分律》影响的工作由智首完成。作为洪遵之后的又一位律学宗师，智首在京城三十多年，由于造诣精深，德行出众，被尊为律学的绝对权威，从而为道宣南山律的成立创造了条件。正如道宣对他的老师所评价的那样：

> 孤性绝照，映古夺今，钞流山积，学徒云踊，齐流五部之辉，通开中见之表。①

所谓"齐流五部之辉"，意为广律"五部"，实则一部，《四分律》是"五部"的代表，《四分律》涵盖了五部的精华。道宣跟随智首导师十年多，耳提面命，获益良多。而智首对道宣也信任有加，付以重任。所谓名师出高徒，不但传道、受业、解惑，而且"京城米贵，白居不易"，所以智首对道宣的影响是多方面的。在智首去世的时候，道宣正在外地游学，将要返回时，方才闻知噩耗。于是，道宣急速返京，参与料理了导师的后事。

---

① 《量处轻重仪·序》，大正藏45册，839页。

第五章　南山律

道宣继承智首衣钵，专注于《四分律》的研习。道宣早期常住终南山，潜心著述，晚年又在终南山净业寺筑坛传戒，践行自己《四分律》的研究成果，依新法为天下僧人受戒，南山律得到普遍认可、尊崇。薪火相传，绵延后世，其他门派迅速衰落，南山律成为中土汉传佛教律宗代表。

一、道宣的律学著作

律学著作是道宣的业绩代表，也是道宣毕生心血的凝聚。从三十岁到五十岁，道宣的主要精力都放在《四分律》的研究上，以"南山五大部"为核心，辅以其他专门的作品，以体系性的著作完成了自己的理论体系的构建。在之后的时间里，道宣对这些作品陆续有完善，直至临终，仍有修改。

迄至后代，因时间久远，不少作品已非原貌。宋代元照整理校勘道宣的作品时，归纳有四点原因：

> 有云草稿才成，便为他窃，未暇缉缀，此昔所通，亦一意也。又唐室衰末，涉于五代，天下纷扰，释侣逃散，诸宗经训，因之残缺，次二意也。又祖教流衍，本于关辅，江浙相辽，过数千里，传文至此，讹脱巨知，此三意也。又撰述至今，岁时悠远，或传写遗漏，或纸素零脱……此四意也。①

"草稿才成，便为他窃，未暇缉缀，此昔所通"，意思是道宣著作尚未定稿，便被他人持去流通。所以即使在道宣的时代，有可能同一部作品，也会有不同的版本出现。尽管如此，佚失和错讹还是少数，道宣律学著作的

---

① 《校勘义钞·序》，卍续藏经71册，59页。据卷末《新罗国寄还书》与法宝律师批语，此《钞》之草稿初传新罗，会昌五年（845）唐左神策军李元佐于海东求归。

主体基本上都保存了下来。

（一）"南山五大部"

在道宣的写作过程中，律学著作写作时间比较早。受具之后便以《四分律》的研究为专业，吸收前贤精华，又多次出关赴各地游学求证，大约从二十岁之后便开始准备，经过十年的切磋琢磨，求学问道，到三十岁的时候第一部著作《行事钞》便问世，时在武德九年（626）六月。次年，《拾毗尼义钞》完成。之后贞观八年（634）《比丘含注戒本》、《戒本疏》。九年（635）《羯磨疏》，十一年（637）《比丘尼含注戒本》，十九年（645）《比丘尼钞》。至此，五大部的轮廓奠定。之后相继有补充完善，一直到生命的终结。贞观二十年（646），道宣五十一岁的时候，修改《羯磨》为两卷，《羯磨疏》为四卷。高宗永徽二年（651），又对《含注戒本》和《疏》作了修改。一直到临去世前，道宣没有停止。如乾封二年（667）的时候，道宣还又对《含注戒本》和《疏》作了修改。①

虽然道宣关于律学的研究著述一直没有停止，但总的来看，"南山五大部"的完成，标志着道宣律学体系的主体建构已经完成，同时也标志着中土律学发展至最高峰。以下对这五部著作略作介绍。

《四分律删繁补缺行事钞》

简称《行事钞》，道宣开为三卷，后世或开为六卷，或十二卷。如名称所示，本书的写作目的是从便于"显行世事方轨来蒙"出发，对《四分律》的内容进行删繁补缺，删的是《四分律》中过于烦琐注解的内容，补充的是简明扼要的经典注释和道宣个人有针对性的阐释。这部著作是道宣最先完成的律学专著，也是南山律的开宗之作，后文将作详细介绍。

《四分律删繁补缺随机羯磨疏》

简称《随机羯磨疏》，四卷，或有分为八卷。贞观九年（635）出，二十年（646）增订。道宣从《四分律》中将有关的羯磨内容集录而成《四分律删繁补缺随机羯磨》，共分为十篇，之后又加以疏记。十篇为集法缘成、诸界结解、诸戒受法、衣药受净、诸说戒法、诸众安居法、诸众自恣法、诸分衣法、忏六聚法和杂法住持。这部著作是对《行事钞》中羯磨的注疏，

---

① 按，《律相感通传》中有云："律部抄录疏仪，无足与贰，但于断轻重物，少有疏失。斯非仁过，抑推译者。"

重点在于"作持"①。书中先从能辨之教、所被之事、弘法之人和设法之所四个方面解释教义宗旨，然后阐释正文。正文按惯例分为序分、正宗分和流通分。这部著作问世以后也得到了普遍的关注，纷纷进行研究，留下不少研究作品，如宋代元照的《释四分律羯磨疏科分》、《济缘记》，允堪的《四分律羯磨疏正源记》、照远的《显缘抄》等等。

《四分律比丘含注戒本疏》

简称《含注戒本疏》，四卷。是道宣对自己编的《比丘含注戒本》的注释，贞观八年（634）出，永徽二年（651）增订。正文分为教兴所由、摄教分齐、解开名义和释今题目等四部分。道宣对比丘二百五十戒以中土之法定性定名，意为"显相"："今以戒本繁略，隐义局文。用则失仪，舍则非据。若不显相，人难具依。"②后代对本书的研究有北宋元照《行宗记》和《疏科》，允堪的《发挥记》等。

以上三部鼎足而立，学者有称为《南山三大部》者。

《四分律拾毗尼义钞》

简称《毗尼义钞》、《要义钞》，三卷，下卷已佚。本书是道宣对先前已经完成的《行事钞》的补充和进一步的解释，作于贞观元年（627）。宋代元照曾进行了整理，在《序》中说：

> 是知《事》、《义》两《钞》，表里相资，非《事钞》则行无所凭，失乎教本；非《义钞》则解无以发，昧于来诠。详其题号两分，实乃行解兼举。二部之作，旨在于此。③

对此书的研究，有允堪的《辅要记》。元照对本书的流通和研究都下了很大的工夫，作了仔细的校订，并录有《科文》一卷。

《四分律比丘尼钞》

简称《比丘尼钞》，三卷。关于此书写作的目的，道宣在序文中说："恐大本难通，劳而寡效，故制之以限分，遵之以积渐"④，所以编写此书。盖《四

---

① 《昙无德部四分律删补随机羯磨·序》云："昔已在诸关辅撰《行事钞》，具罗种类杂相毕陈。但为机务相酬，卒寻难了，故略举羯磨一色别标铨题。若科择出纳兴废是非者，彼《钞》明之，此但约法被事，援引证据者在卷行用。"见大正藏40册，492页。
② 《四分律比丘含注戒本·序》，大正藏40册，429页。
③ 《校勘义钞·序》，卍续藏71册，59页。
④ 《四分律比丘尼钞·序》，卍续藏64册，50页。

分律》卷帙浩繁，难以普遍流通，所以从中摘抄出有关比丘尼戒律的条文，梳理归纳为30篇，起自劝学篇，终止杂要篇，简明扼要，方便读者，方便行事。至宋代，允堪曾对此《钞》作科文一卷。

道宣的这五部著作构成了南山律义的核心，此后的各代弟子都遵循并围绕这五部大作展开性学习和研究。

（二）道宣的其他律学作品

围绕着"南山五大部"著作，道宣还编写了许多简明的或专题式的作品。有《比丘戒本》、《比丘尼戒本》，还有《量处轻重仪》、《章服仪》、《归敬仪》、《正行忏悔仪》、《护法仪》、《教诫新学比丘行护律仪》、《净心戒观法》、《关中创立戒坛图经》，等等。这些作品都是对"五大部"中的某一局部问题作进一步阐述，或者是理论在实践应用上的具体说明。这些作品与"五大部"相结合，起到绿叶对红花的陪衬作用，形成了一整套从理论到实践的南山律著作的立体体系。

《量处轻重仪》

又称《释门亡物轻重仪》、《轻重仪》，贞观十一年（637），道宣在隰州写作《比丘尼戒本》的同时，专门对《行事钞》中衣法之中单解六物展开阐述，集之成书。乾封二年（667）重修。在辅助五部的著作中，此书问世最早，又根据研究与践行，道宣不断进行修订。道宣在《序》中云：

> 原夫重物、轻物，皆望资道。道在虚通，义非局约。由并因僧利而获斯物故，身亡之后还返入僧。使二僧怀受用之资（谓常住现前之僧，俱荷重轻物利也），两施有福流之润（谓道俗七众之人，俱行僧得之施也），故总判入僧，不属佛法，计并入僧，理亦通济。而僧有常住、现前不同，物亦轻、重两异。故律中佛断物并入僧。及论附事，方舒二别。由斯约义，处断明须，故于轻重之中深加剖决者。由倒说轻重，即怀二见。律文正断，不许五众，故阙思寻。但为物类难收，诸部互缺。现有储畜，教不备载。约文附事，滥委纵思。物既现前，义须决绝。[①]

僧人亡故之后，遗物之处理有两途，一则"轻物"分与僧众；二则"重

---

① 《量处轻重仪·序》，大正藏45册，840页。

物"归于寺院公有。但具体如何划分"轻物"与"重物"？经典中如何规定？经典中没有涉及的如何处理？等等，书中从十三个类别分别阐述。所涉及之"轻重物"范围极广，有法服法器，生活用具，钱财珍宝，田园房产，甚至瓜果蔬菜、兵戎器械、伎乐器具、数算众具等等，多达百种以上。

《教诫新学比丘行护律仪》

简称《教诫律仪》，贞观八年（634）出，永徽元年（650）重修。所谓"新学比丘"，按律制，出家受具不足五年者须依止本师。道宣在卷首曰：

> 入道门未即闲其妙行，要遵承以法训，方乃晓其律仪事。若阙于师承，持护冥然无准。故知不有教诫，行相谁宣。①

全书主要教诫在寺内生活的各类"行相"，共分二十三篇：入寺法，在师前法，事师法，在寺住法，在院住法，在房中住法，对大己五夏阇梨法，二时食法，食了出堂法，洗钵法，护钵法，入众法，入堂布萨法，上厕法，于六时不得语笑法，入温室法，见和尚阇梨得不起法，见和尚阇梨不得礼法，看和尚阇梨病法，敬重上座法，扫地法，用水瓶法，入聚落法。

《净心诫观法》

简称《诫观法》，书中云："时在随州兴唐伽蓝。夏安居撰令送泰山灵岩寺付慈忍受持。"② 大约是道宣三十五岁到四十岁时所作。全书阐述如何"净心"的观法，共分三十篇，起"五字释名法"，终"殷勤受持法"。

《释门章服仪》

简称《章服仪》，显庆四年（659）出。"章服"，即法服、法衣。书中借助"汉阴沙门"与"秦山开士"的对话文体，阐述有关法衣的含义，材质，剪裁方法，以及缝补、保管等。共分十篇：制意释名，立体拔俗，胜德经远，法色光俗，裁制应法，方量幢相，单复有据，缝制裁成，补浣诫教，加法行护。

《释门归敬仪》

简称《归敬仪》，龙朔元年（661）出。"归敬"者，即"归敬"佛、法、僧三宝。有鉴于信众"习熏日久取会无由，事须立敬设仪开其信首之法，附情约相显于成化之功"。③ 故道宣制此律仪。共分十篇阐述：敬本教兴，

---

① 《教诫新学比丘行护律仪》，大正藏 45 册，869 页。
② 《净心诫观法》，大正藏 45 册，819 页。
③ 《释门归敬仪·序》，大正藏 45 册，854 页。

济时护法，因机立仪，乘心行事，寄缘真俗，引教征迹，约时科节，威仪有序，功用感通，程器陈迹。

二、道宣的大乘观

汇总道宣的律学主张，以大乘思想为核心，即所谓"终穷所归大乘至极"①。道宣的大乘观可以概括出三点，即依佛所说，以行为本；两乘会通，大小不二；大乘法门，无教不摄。从受具学律之后，这三点次第相承，贯彻始终。

（一）依佛所说，以行为本

律法五部，本是佛说，自无异议，然流传翻译时日持久，地区差异所致，不免在翻译与实施上有种种疑惑。所以道宣认为依佛所说，从源头上先必须辨识"正经"。如在《四分律比丘含注戒本序》中写道：

今试敢依律本具录正经，仍从佛解即为注述。文唯一卷，同昔所传，持犯两明，今便异古。庶令初后兼学，愚智齐遵。②

道宣强调所作来源于"正经"，而且"仍从佛解"。佛所说都在经典中，因之道宣对经典的研究一直很重视。在西明寺时，编纂《大唐内典录》，又奉敕编《一切藏》，考订颇多，都显示出对经典正本的重视。道宣撰述众多，在书中也对"正经"与"伪经"非常在意。如在《行事钞》中，特别列出五百四十余部"伪经"，以正源流。

在依佛所说的基础上，道宣特别强调以行为本。可以说，道宣的毕生努力都落在一个"行"字上，践行自己的信仰，解决中土"求知者多，求行者少"的问题，同时创立适合于中土的行事体系。这些思想在很多著作中都有强调。

在教诫新学比丘时指出，"胜行"之成在于习律修定，或者可以说习律修定的目的和方向在于"胜行"：

---

① 《行事钞》卷上一，大正藏 40 册，2 页。
② 《四分律比丘含注戒本·序》，大正藏 40 册，429 页。

不修禅那三昧，长乖真智之心。不习诸善律仪，难以成其胜行。是以古今大德实为世者良田。净业成于道仪，清白圆于戒品。①

又如在《续高僧传》的开篇中即强调"言惟引行"：

原夫至道无言，非言何以范世。言惟引行，即行而成立言。②

"言"虽然是"虚"，然没有"言"则无以"范世"，其"范世"的意义则在于"行"，而没有"行"，则"言"也就失去了意义。这样十分强调"行"的重要性，在著作中屡屡提及。如在《续高僧传》中专门"论曰"：

戒之受也，但启虚愿之门。戒之随也，须遵实行之务。知受而不明随，修愿而无其行，可谓只轮无转于地，折翮有坠于空。③

剃发受戒，只是开启了"虚愿之门"，若无戒律的"实行"，其受戒的目的则落空。道宣把戒律之受与随譬喻为车之双轮，鸟之双翼，缺一不可。

道宣依智首受具之后，经过十年的思考，首出《四分律删繁补缺行事钞》，有着深思熟虑的思考，认为当务之急在于"行"，即解决"行"的理论问题和如何"行"的问题。或者可以说，道宣认为解决中土戒律之学的关键问题不在理，而在事，不在知，而在行，不在受戒，而在实行。

道宣对前代四分诸师的著作进行了全面的研究，结果非常失望：

前代诸师所流遗记，止论文疏废立，问答要抄，至于显行世事方轨来蒙者，百无一本。时有锐怀行事而文在义集，或复多列游辞而逗机未足，或单题羯磨成相莫宣。依文用之不辨前事，并言章碎乱，未可披捡。所以寻求者非积学不知，领会者非精炼莫悉。④

前代诸师的作品关注的中心为"求知"，因而"止论文疏废立，问答要抄"，并非"求行"，以至于"显行世事方轨来蒙者，百无一本"。这其中也包含有道宣的老师智首。智首作《五部区分钞》，区分广律五部，树立《四分》，

① 以上见《教诫新学比丘行护律仪》，大正藏45册，869页。
② 《续高僧传·序》，大正藏50册，425页。
③ 《续高僧传》卷二十二，大正藏50册，621页。
④ 《行事钞·序》，大正藏40册，1页。

但"准事行用，浩汗难分，学者但可望崖寻途"。① 法砺律师注意到了轻重问题，但"言虽纶综还类古踪"，即知道了问题之所在，却没有解决问题。

道宣深感律仪践行的重要，以及律仪践行问题上的缺失，因此不独在撰写律学作品中突出以行为本，在编《续高僧传》、《广弘明集》时，也都突出一个"行"字。由于他的作品精到、详尽，所以后代有"天下言行事者，以南山为司南矣"② 的共识。

（二）两乘会通，大小不二

在依佛所说，以行为本的基础上，道宣坚持两乘会通、大小不二的思想。

《四分律》通大乘，本非道宣的发明，早先的慧光律师已有此论，而道宣则更明确。如道宣在《行事钞》中所云：

> 问：此教宗是何乘而发大乘志耶？答：此《四分》宗义当大乘。戒本文云：若有为自身欲求于佛道，当尊重正戒，及回施众生共成佛道。律中多有诫例。光师亦判入大乘律限。③

"共成佛道"，则所谓大乘、小乘，此二者有其内在的逻辑关系，实际上是一而二，二而一的关系，用道宣的另一种"佛乘"的表述方式，即"十方佛土，惟有一乘"。④ 针对以往对《四分律》的认识，道宣明确地提出"《四分》宗义当大乘"的观点，并且根据自己的研究，在《四分律》中找到五条经典依据，后世称为"五义"。

道宣根据唯识心法的学说，在戒体问题上解决了大小乘会通的问题，在行事上也坚持两乘会通。例如，批评当时流行的"大乘之人不行小乘之法"，认为：

> 此则内乘菩萨之心，外阙声闻之行。四仪既无法润，乃名枯槁众生。若此等流，古今不绝，自非持法达士，孰能鉴之者哉！⑤

"菩萨之心"为内，"声闻之行"为外，心为因，外为果，清楚地表

---

① 《量处轻重仪序》，大正藏 45 册，839 页。
② 《宋高僧传》卷十六，大正藏 50 册，812 页。
③ 《行事钞》卷上三，大正藏 40 册，26 页。
④ 《大唐内典录》卷七，大正藏 55 册，第 296 页。
⑤ 《教诫新学比丘行护律仪》，大正藏 45 册，869 页。

达出了道宣对两乘关系的理解。两乘会通的逻辑发展，即两乘圆融，至大小不二。在批评世间"迷学"的时候，道宣还特别指出"爱大憎小"为四种"迷学"的第一位：

> 世中迷学，其流四焉。试略举之。想当迷责乐大乘者，志尚浮虚，情专贪附，故有排委戒网，捐纵威仪。见奉律者，轻为小乘，毁净戒者，重为大道。便引黄叶是真金之喻，木马非致远之能，诃折排拉（抵），如捐草土。皆由行缺于身，此则爱大憎小，为迷一也。①

在指出"菩萨之心"为内，"声闻之行"为外的时候，强调内与外的平衡关系，强调实行"净戒"的重要性。这又归结到道宣以"行"为本的思路上。出于对本土文化的深刻了解，对世情风俗的仔细考察，道宣的这种批评很有先见之明，乃有所感而发。

会通与圆融的思想还体现在自摄兼他、兼容并蓄上。所谓自摄兼他，兼容并蓄，即以昙无德为宗，以他部为辅，并不排斥其他派别。

如《量处轻重仪序》有云：

> 今此神州通行《四分》（关中先用《僧祇》，江表由来《十诵》，及行受戒律仪，皆多《四分》羯磨），即以此律为本，搜括诸部成文，则何事而不详，何义而非决。②

《序》中明确指出以《四分》为本，并"搜括诸部成文"。此之"诸部"，所指就是僧祇部、萨婆多部以及弥沙塞部等，亦为以《四分》为本而融会贯通之意。

（三）大乘法门，无教不摄

虽曰道宣会通大小两乘，再向深一步，乃在于会小归大。因为十方佛土，唯有一乘。此之一乘，即大乘，如道宣在"五义"中所云，亦名"佛乘"。教本无相，何谓大乘？道宣指出：

> 通曰大乘，无教不摄。据此而叙，无别小乘。是知大能摄小，

---

① 《续高僧传》卷二十二，大正藏 50 册，621 页。
② 《量处轻重仪·序》，大正藏 45 册，839—840 页。

如海之纳百川，小不容大，若庭不游龙象。①

在道宣的思想中，最终的归宿仍在大乘，因为大乘"无教不摄"，"大能摄小"，而"小不容大"。那么为什么佛陀有说小乘呢？乃"乘机权设"：

所云小乘藏者，谓诸佛随缘赴机之渐教也。……讨论教主，曲引释迦。托八相而垂光，寄三界而称号。胎诞右胁，引同类而摄生。舍位若遣，接染爱之迷客。四十九载，三轮现于人天，方八十年，四谛扬于生趣。斯道被俗开诱实繁，非佛本怀，乘机权设。故经云：十方佛土，惟有一乘，随宜方便故说三教。②

所谓"托八相"，"寄三界"，"胎诞""舍位"以及"三轮""四谛"等等，都"非佛本怀"，而是"乘机权设"。八万四千法门，十方佛土，"惟有一乘"，意即万法归一，一即大乘，大乘即佛乘。在这里，道宣把两乘的关系作了最本质的诠释，而此一乘法门的实现，全部依赖于戒律的行持。

宋代的元照律师继承了南山传统，明确地释道："今立圆宗，会小归大，不由小径，直造大方，乃为成佛菩提发足之始。"③

三、南山律学要义

南山律学由道宣创立，其中有继承前贤的思想，但更多的是道宣在集大成的基础上独立研究的结果，把中土律学由分散的低层次阶段发展到成熟的高层次阶段，同时，赋予戒学富有中土特色的意义。

（一）《四分律》大乘五义

道宣精研《四分律》，在《四分律》中发现有五处弘通大乘之处，所以《四分律》"通明佛乘"。这成为道宣创立南山律的重要经典依据，后世称之为"五义"。

这五处所记为五件事，见道宣的《四分律删补随机羯磨疏》卷三：

---

① 《大唐内典录》卷六，大正藏55册，第285页。
② 《大唐内典录》卷七，大正藏55册，第296页。
③ 《济缘记》卷十六，卍续藏64册，865页。

（问：）律是小乘，岂怀大解？矛盾自扣，如何会通？答：大小俱心，律仪不异。何况《四分》，通明佛乘，故沓婆厌无学，知非牢固也。施生成佛道，知余非向也。相召为佛子，知无异乘也。舍财用非重，知心虚通也。尘境非根，晓知识了义也。

疏中采用问答体，问曰传统认为戒律是小乘，如何能通大乘义理，岂非自我矛盾？如何会通？于是在回答中指出，所谓的大乘、小乘的分别，俱由"心"造，而律仪本身并无大、小之分。何况，《四分律》本来就"通明佛乘"，于是引出《四分律》中的"沓婆厌无学""施生成佛道""相召为佛子""舍财用非重"和"尘境非根"五处经文记载为证。

元照在《济缘记》中对这五事有进一步的释解，指出其具体的经典出处，称之为"五义"：

初沓婆厌无学者，见僧残无根谤戒。彼云沓婆摩罗子得阿罗汉，在静处思维，心自念言：此身不牢固，（无常生灭，终归空寂）我今当以何方便求牢固坚法？（即厌无学身，求菩萨法）我今宜可以力供养分僧卧具，差此受请饭食（修利他行，福业庄严）。白佛，因令白二，差为知事等。部主引此，由知小道非究竟故。二施生成佛，即是戒本回向之词，文云：施一切众生，皆共成佛道。一切成佛之言，乃华严法华圆顿了义，可验部主知余二乘非归向处。三相召佛子，梵网大戒乃称佛子，小乘戒本但名比丘，而律序云如是诸佛子，佛子亦如是等，此即部主令归佛乘。四舍财用非重，谓舍堕求悔先须舍财，舍已僧用，不还，止犯吉罗而不成盗。知心虚通者，《钞》云四分一律，宗是大乘，虚通无系故，发言诚事无滞结。若依他部，一舍以后无反还，求任僧处断是也。五尘境非根，晓如小妄戒释见闻触知云，见者眼识能见，耳识能闻，鼻舌身识能触，意识能知。识即是心，不同有部但云眼见等。①

"沓婆厌无学，知非牢固。"见《四分律》卷三的十三僧残法之二无根谤戒，原文是："时尊者沓婆摩罗子得阿罗汉，在静处思惟，心自念言：此身不牢固，我今当以何方便求牢固法耶？复作是念：我今宜可以力供养，

---

① 《济缘记》卷十六，卍续藏 64 册，864—865 页。

分僧卧具，差次受请饭食耶？"按，阿罗汉即"无学"果位。沓婆摩罗子已得阿罗汉，但仍念"此身不牢固"，于是欲尽力供养僧众，修利他行积累福业。在请问佛陀时，佛陀同意了沓婆摩罗子的想法。道宣认为，经中的这段记载说明小乘道不完满，大乘道更究竟，两乘不仅会通，而且是次第的关系。

"施生成佛道，知余非向。"载佛陀耶舍所译的《四分律比丘戒本》的卷末，是回向偈的最后几句："我今说戒经，所说诸功德，施一切众生，皆共成佛道。"此"一切众生共成佛道"的思想是圆顿了义的菩萨道，由此可知声闻、缘觉二乘并非最终的归向处。

"相召为佛子，知无异乘也。"见《四分律》卷一，是卷首偈颂中的句子："如是诸佛子，修行禁戒本，终不回邪流，没溺生死海。""佛子亦如是，善学于禁戒。五阴散坏时，终不畏命尽。"在小乘戒本中但称"比丘"，在"佛乘"中才称呼为"佛子""诸佛子"。

"舍财用非重，知心虚通。"见《四分律》卷六之三十舍堕之一，乃处理因"贪心"而多蓄的衣物，首先需"自责其心"，然后当众忏悔并将其多余的衣物"舍"与大众。而大众在接受了忏悔之后再将衣物还与，"不还者突吉罗，若还时有人言莫还者突吉罗。"与盗罪相比，突吉罗是轻罪，即强调"心"中"舍"念的重要性。而其他部一舍之后没有反还，任僧众处断。

"尘境非根，晓知识了义。"见《四分律》卷十一，九十单提法之一，因象力比丘与梵志辩论而导致佛陀结妄语戒："若比丘知而妄语者波逸提。"如何是"妄语"：

> 知而妄语者，不见言见，不闻言闻，不触言触，不知言知。见言不见，闻言不闻，触言不触，知言不知。见者眼识能见，闻者耳识能闻，触者三识能触，鼻识、舌识、身识。知者意识能知。不见者。除眼识余五识是。不闻者，除耳识余五识是。不触者，除三识余眼识、耳识、意识是。不知者，除意识余五识是。①

在这里，《四分律》强调根与相应的尘、境皆非了义，眼识能见，耳识能闻，鼻识、舌识、身识三识能触，只有"识"才是了义，其理论空间又与唯识理论的末那识、阿赖耶识暗合。元照更明确指出"识"与"心"有直接联系："识即是心"。

---

① 《四分律》卷十一，大正藏 22 册，634 页。

（二）化、行二教

佛教入华，本土的认识首先是判教问题。所谓判教，是中土各派对佛陀一代教说理论总体结构与功能上的基本认识，所以各派关心问题的角度不同，所说各有侧重，南北朝时已有"南三北七"多家。至智顗法师，依《法华经》里五时判教，倡导顿、渐、秘密、不定的化仪四教和藏、通、别、圆的化法四教。道宣的判教思想为化、行二教，或有作化、制二教。在南山律的理论体系中，化、行二教的判教思想形成的时间比较早。

在道宣三十岁所出《行事钞》卷首的"立教通局意"中，即明确了自己的判教主张，曰以情而求，"大分为二"，一为化教，一为行教：

> 显理之教乃有多途，而可以情求，大分为二：一谓化教。此则通于道俗，但泛明因果，识达邪正。科其行业沉密而难知，显其来报明了而易述。二谓行教。唯局于内众，定其取舍，立其网致。显于持犯决于疑滞，指事曲宣，文无重览之义。结罪明断事有再科之愆。然则二教循环，非无相滥，举宗以判，理自彰矣。谓内心违顺托理为宗，则准化教；外用施为必护身口，便依行教。然犯化教者，但受业道一报；违行教者，重增圣制之罪。故经云，受戒者罪重不受者罪轻。①

化教，"泛明因果，识达邪正"，是如来教化道俗众生令得禅定、智慧的教法，在三学中相对的是定和慧的法门，在三藏中对应的是经、论二藏，如四阿含，发智，六足等经论。泛说因果，"明了而易述"，通化道俗两边，所以为化教。行教，"唯局于内众"，意思是只约束出家众的教法，即诸律中所诠的戒学法门如《四分》、《五分》、《十诵》等律。就身、口、意三业而言，化教针对于意业，即所谓"内心违顺托理为宗"。而出家众内有戒体，外相则在身业和口业的防护，所以属于行的范畴。与其他宗派的判教相比，在南山律的理论中，化与行的概念独辟蹊径，其中行教的理论则更具南山的特色。

化、行两教的概念内涵可从内外两途了解。从内而分，化教的义理从浅到深有性空教、相空教和唯识圆教的三个层次的三教，并形成三种观法；

---

① 《行事钞·序》，大正藏40册，3页。

从外而分，行教就四分律学各家的戒本论分别判作实法宗、假名宗和圆教宗三宗。根据心法戒体说，南山律融汇空有，持圆教宗的观点。

关于性空、相空、唯识圆教三教，道宣在《行事钞》中论述道：

> 然理大要不出三种：一者诸法性空无我。此理照心，名为小乘。二者诸法本相是空，唯情妄见。此理照用，属小菩萨。三者诸法外尘本无，实唯有识。此理深妙，唯意缘知。是大菩萨佛果证行。故《摄论》云：唯识通四位等。以此三理，任智强弱。随事观缘，无罪不遣。故《华严》云：一切业障海，皆从妄想生。若欲忏悔者，当求真实相。[①]

性空教，一切诸法因缘所生，性空无我，包括一切小乘经论，是把一切诸法用破析的方法来说明"人""法"无我，由"照心"而起，析色明空，破除对于人法本身的执着，所以叫性空教。

相空教，一切诸法外向似有，本相是空，包括般若经等和这一系统的大乘论，是直就众生所执着的人、法本身由缘会而生的这一现象来说明色空无相之理，即由"照用"而起，当体即空，故为相空教。

唯识圆教，是说一切唯识性相圆融的教法，包括华严、楞伽、法华、涅槃、摄论等大乘经论，是将一切诸法里面的外境看成本来无实，万法唯识所变，从而起行也属菩萨的甚深妙行，所以以它作唯识圆教。道宣为了圆融两乘，沟通三学，且囊括空有，受玄奘法相唯识说的启发，认为四分律宗属于唯识圆教。

与以上三教相对应的是三种观法，即性空教对性空观，相空教对应相空观，唯识圆教对应唯识观。对这三种观法，后人称之为"南山三观"。

此后，如三论宗吉藏立二藏三转法轮，法相宗的玄奘依《解深密经》立三法轮，窥基立三教八宗等等。

（三）心法戒体

"心法戒体"说是南山律的基本概念，也是南山律区别于其他律学派别的重要标志。

首先是戒别四科，道宣有如下分类论述：

---

① 《行事钞》卷中四，大正藏40册，96页。

　　且据枢要略标四种：一者戒法，二者戒体，三者戒行，四者戒相。言戒法者，语法而谈不局凡圣，直明此法必能轨成出离之道，要令受者信知有此，虽复凡圣通有此法。今所受者就已成而言，名为圣法。但令反彼生死，仰厕僧徒，建志要期高栖累外者，必豫长养此心使随人成就，乃可秉圣法。在怀习圣行居体，故得名为随法之行也。二明戒体者，若依通论，明其所发之业体。今就正显直陈能领之心相，谓法界尘沙二谛等法，以己要期施造方便，善净心器必不为恶，测思明慧冥会前法。以此要期之心与彼妙法相应，于彼法上有缘起之义，领纳在心，名为戒体。三言戒行者，既受得此戒，秉之在心。必须广修方便，检察身口威仪之行，克志专崇高慕前圣，持心后起，义顺于前，名为戒行。故经云：虽非触对，善修方便可得清净。文成验矣。四明戒相者，威仪行成随所施造，动则称法，美德光显，故名戒相。此之四条，出道者之本依，成果者之宗极。①

　　法、体、形、相四科，戒法"不局凡圣"，但令受者信之，受者已成，名之为"圣法"。戒行者，"秉之在心"，检查身口两业之行。戒相者，"动则称法，美德光显"。此法、行、相三科的阐释在律学家中没有大的争论，关键在于戒体。

　　戒体者，道宣云："若依通论，明其所发之业体"，此"业体"之性质，是"正显直陈能领之心相"。具体何义？道宣在《羯磨疏》卷三中明确道，纳于心胸中的"圣法"就是戒体："夫戒体者何耶？所谓纳圣法于心胸，即法是所纳之戒体。然后依体起用，防边缘非。"而此戒体的基本属性，即本藏识之"善种子"：

　　　　欲了妄情，须知妄业，故作法受，还熏妄心于本藏识成善种子，此戒体也。②

　　在《行事钞》中，道宣还有进一步的明确强调："诸法外尘本无，实唯有识。此理深妙，唯意缘知，是大菩萨佛果证行。"③元照释曰，万法唯识，无有外尘，

---

① 　《行事钞》卷上一，大正藏40册，4页。
② 　《济缘记》卷十六，卍续藏64册，852页。
③ 　《行事钞》卷中四，大正藏40册，96页。

"由心业力，结成种子"。此之"种子"即为戒体，能缘所缘，能法所发，能熏所熏，无非心性。因"心"无边故，体亦无边，"心"无尽故，戒亦无尽。

唐以前的律师本来受《成实论》的影响，以戒体为非色非心的"不相应行法"，相部即完全依此说，以"无作"为非色非心，唱戒体非色非心说。道宣之后的怀素，依据《俱舍论》，以无表业为色法，唱色法戒体论。道宣虽然继承以《成实》立论的习惯，也说非色非心，但最终的目的在于沟通《四分律》与大乘的关系，所以依唯识宗的义旨，依第八阿赖耶识中的种子即"发动思"的种子为戒体，唱心法戒体论。

唯识之学，传入已久。南梁时，真谛法师已经在南方弘扬印度无著、世亲一系的瑜伽学说，翻译典籍，讲扬唯识、摄论等，扩大了中土瑜伽一系的流传。真谛的学说由其弟子们传播四方。隋唐之际，京城如道尼、昙迁、慧远等名师，均熟知真谛一系的唯识学，在各寺讲说。所以，道宣很早就了解到唯识学的义旨，并将其引入自己的理论构建中。

道宣根据《成实论》对作戒体和无作戒体的体性还有进一步的阐释：

> 今依本宗约《成论》以释，先明作戒体。《论》云：用身、口业，思为体。论其身、口，乃是造善恶之具。所以者何？如人无心杀生，不得杀罪，故知以心为体。文云：是三种业皆但是心，离心无思无身、口业。若指色为业体，是义不然。十四种色悉是无记，非罪福性。又有论师，以身口二业相续善色声为作戒体，以相续色声法入所摄意识所得，是罪福性也。言无作戒者，以非色非心为体。非色者非尘大所成，以五义来证：一色有形段方所，二色有十四、二十种别，三色可恼坏，四色是质碍，五色是五识所得。无作俱无此义，故知非色。言非心者，体非缘虑，故名非心。亦有五证：一心是虑知，二心有明暗，三心通三性，四心有广略，五心是报法。无作亦不具此故，以第三聚非色非心为体。①

句首"今依本宗约成论以释"，"成论"，乃《成实论》略称。作戒体的内涵，如人造业，身与口为"具"，"思为体"，即三业之"意"为体。所以，"如人无心杀生，不得杀罪"，离开"心"，则没有"思"，更没有身业、口业。假如以色为作戒之戒体，色有十四种色，指《成实论》卷三所

---

① 《行事钞》卷中一，大正藏40册，52页。

云五根、五境和四大，其中有实色，有假色，"悉是无记，非罪福性"，"无记"者，有变量，不定义，因之非色。无作之业体非"觉知"，所以不能缘虑，与心体有异，故号非心。

关于无作戒之体，以非色非心为戒体，俱有偏颇，"非色者非尘大所成"。作戒之体和无作戒之体，用体用关系来表示，作，指受戒时的羯磨过程，为用；而无作，则指体之本质。

关于作戒体与无作戒体的关系，道宣在《羯磨疏》中解释道：

> 若唯立作，但在一念，非通一形，何能防也。一受已难，义非数作，故须无作，长时能防。念念之中，得未曾得，故若但无作，不能自生，要由作发。以作防非则短，无作起无所从。①

依心法来解释，"作"之用"但在一念"，为色心；而"无作"之用"长时能防"，故非色心。作戒体为初缘，而无作戒体则属后业。

（四）三聚净戒

三聚净戒，即摄律仪戒、摄善法戒和摄众生戒。聚者，种类之意，意为此净戒由三类组成，无垢清净，圆融无碍，是大乘菩萨戒的总称，又作菩萨三聚戒。三聚净戒的概念并非道宣的发明，在《璎珞经》、《地持经》、《摄论》中已有端倪，《梵网经》中的十重四十八轻则将戒相具体化。这些理论兴起于南北朝，与中土大乘思想的萌发有直接的关系。道宣对该戒法的阐释与汇总别有见解，并传之后世。

大乘戒法没有本门具体的戒相，《法华经》中有"十不亲近处"，但没有戒名。至北凉昙无谶所翻译的经典中，有关内容渐多。如《菩萨地持经》中，出现"菩萨一切戒"，由在家戒与出家戒组成。而此"一切戒"从内容上又分为律仪戒、摄善法戒和摄众生戒三类。律仪戒为出家七众所受，摄善法戒者，谓菩萨所受律仪，上修大菩提，身口意业，一切回向无上菩提。而摄众生戒者，则有饶益众生十一事。在《涅槃经·梵行品》中，出现了"世间戒"和"菩萨戒"的概念，并强调了菩萨戒的特征：

> 菩萨摩诃萨清净戒者，戒非戒故，非为有故，定毕竟故，为

---

① 《济缘记》卷十五，卍续藏 64 册，831 页。

众生故，是名菩萨戒清净也。①

在《师子吼菩萨品》，又有将戒律分为声闻戒与菩萨戒两类的说法，强调受持菩萨戒者"能见佛性如来涅槃"：

> 戒复有二：一声闻戒，二菩萨戒。从初发心乃至得成阿耨多罗三藐三菩提，是名菩萨戒。若观白骨乃至证得阿罗汉果，是名声闻戒。若有受持声闻戒者，当知是人不见佛性及以如来。若有受持菩萨戒者，当知是人得阿耨多罗三藐三菩提，能见佛性如来涅槃。②

在道宣之前，慧远在《大乘义章》中从止、作两端对三聚净戒的性质作了综述：

> 三聚别论，律仪是止，止诸恶故，余二是作，作诸善故。三聚通论，一一之中皆有止作。律仪戒中，防禁杀等名之为止，修习慈心安稳心等对治杀果，修施治盗修不净观对治邪行，如是一切名之为作。摄善戒中，离其懈怠不摄善过名之为止，修行六度说之为作。摄生戒中，离其独善不化生过名之为止，修行四摄饶益众生说之为作。良以三聚皆止恶故，经说三聚通为律仪。皆作善故，经中说为善集诸善。③

三聚净戒中，摄律仪戒为止，摄善法戒和摄众生戒为作，前者止恶，后者作善。但总而言之，三聚中互摄有止、作。摄律仪戒"修习慈心安稳心"，摄善法戒"休息六度"，摄众生戒"离其独善"，"修行四摄饶益众生"，三聚不仅互摄止、作，更重要的是强调了修心，强调了普度众生的大乘思想，实为中土佛学的发展指明了方向。

道宣对三聚净戒的理论有新的发展，上升到更高的程度，直接与"三身"相联系：

> 爰初投足先奉戒宗。戒本有三，三身之本。一、律仪戒谓断

---

① 《大般涅槃经》卷十七，大正藏 12 册，467 页。
② 《大般涅槃经》卷二十八，大正藏 12 册，529 页。
③ 《大乘义章》卷十，大正藏 44 册，659 页。

诸恶，即法身之因也（由法身本净恶覆不显，今修离恶，功成德现故）。二、摄善法戒，谓修诸善，即报身之因也（报以众善所成成善无高止作，今修止作二善，用成报佛之缘）。三、摄众生戒，即慈济有心功成化佛之因也（以化佛无心随感便应，今大慈普济意用则齐）。约佛有三，随义三别，境非心外，百虑咸归，理实如此，不可余见。①

戒分三聚净戒，三聚净戒实为佛之法身、报身、化身"三身之本"。因法身本净，摄律仪戒修离恶，为法身之因。报身成就诸善，摄善法戒修诸善，成报身之因。化身大慈普济，摄众生戒慈济众生，因而成化佛之因。

后之学者将此三聚与三身相联系，更结合四宏誓。《法华经》云，未度者令度，未解者令解，未安者令安，未涅槃者令得涅槃。《璎珞经》厚集一切善根，修习无量善行，将四宏誓与四谛相结合："所谓四宏誓，未度苦谛令度苦谛，未解集谛令解集谛，未安道谛令安道谛，未得涅槃令得涅槃。"②

此三聚、三身、四宏誓相结合，成为中土大乘佛教的标志，一直传扬至今。

四、立宗之作——《行事钞》

道宣随智首受戒之后，发愿终身研习律学，孜孜矻矻，无弃寸阴，刚到而立之年的时候，第一部著作便问世，这就是《四分律删繁补缺行事钞》。这部著作虽然是道宣的第一部专著，却是道宣律学著作中的代表作，而且从后来的发展来看，也是南山律宗的立宗之作，具有划时代的意义。

（一）《行事钞》的背景与基础

唐高祖武德九年（626）六月，道宣的《四分律删繁补缺行事钞》问世，时年三十一岁。

道宣在卷首云：

> 常恨前代诸师所流遗记，止论文疏废立，问答要抄，至于显行世事方轨来蒙者，百无一本。时有锐怀行事而文在义集，或复

---

① 《释门归敬仪》卷上，大正藏 45 册，856 页。
② 《菩萨璎珞经》卷上，大正藏 24 册，1013 页。

多列游辞而逗机未足，或单题羯磨成相莫宣。依文用之不辨前事，并言章碎乱，未可披捡。所以寻求者非积学不知，领会者非精炼莫悉。余因听采之暇顾眄群篇，通非属意，俱怀优劣。斐然作命直笔具舒，包异部诚文，括众经随说，及西土贤圣所遗，此方先德文纪，搜驳同异，并皆穷核。长见必录以辅博知，滥述必剪用成通意。或繁文以显事用，或略指以类相从，或文断而以义连，或徵辞而假来问。如是始终交映，隐显互出。并见行羯磨，诸务是非，导欲正仪，出家杂法，并皆揽为此宗之一见，用济新学之费功焉。①

经过智首律师的研究，廓清了五部并弘的局面，树立了四分之学的地位，但如道宣所云，前代律师关于四分的研究，"止论文疏废立，问答要抄，至于显行世事方轨来蒙者，百无一本"，指的就是"求知者多，求行者少"的局面。著作各有"优劣"，多停留在"文疏废立"上，而且各在局部上阐述，"逗机未足"，"依文用之不辨前事"，理论与中土的具体践行脱节，个别学业精到者尚可，多数人在实际应用上有很多困惑。道宣对于"行"的重要性的认识应该很早，这在他随智首律师学习时即有所思考。经过了十多年的积累和思考，长期的搜集资料和理论准备，所以他的第一部著作便是要解决"行"的问题，通过自己对"众经随说，及西土贤圣所遗，此方先德文纪"全面研究的基础上，撰作了此《行事钞》。

关于本书的基本指导思想，道宣在《行事钞》的《序》中讲的比较清楚：

世中持律略有六焉。一、唯执《四分》一部，不用外宗（如持衣说药之例，文无止但手持而已）。二、当部缺文，取外引用（即用《十诵》持衣加药之类）。三、当宗有义，文非明了（谓狂颠足数睡聋之类）。四、此部文义具明而是异宗所废（如舍净地直言说戒之类）。五、兼取五藏，通会律宗（如长含中不冷更试外道）。六、终穷所归，大乘至极（如楞伽、涅槃，僧坊无烟、禁断酒肉、五辛，八不净财之类）。此等六师各执正言无非圣旨，但由通局两见故有用解参差。此《钞》所宗，意存第三、第六，余亦参取，得失随机，知时故也。②

---

① 《行事钞·序》，大正藏40册，1页。
② 《行事钞》卷上一，大正藏40册，2页。

持《四分律》者有六种情况，南山律意在第三和第六，即"当宗有义，文非明了"和"终穷所归，大乘至极"。在"当宗有义，文非明了"的情况下，"余亦参取"，可以参考其他律本补之。至于第六的"终穷所归，大乘至极"，即明确以大乘精神为最终的判断，此"大乘"，亦即佛乘。"终穷所归，大乘至极"，这个结论斩钉截铁，说明道宣对自己的思考和研究有充分的信心。

《行事钞》虽然只有二十多万字，但体例庞大，内容极广泛，参考的资料也非常多，此即"钞"的本意。如道宣所云"括众经随说，及西土贤圣所遗，此方先德文纪，搜驳同异，并皆穷核"。前人的"长见"，必录之以辅博知，"滥述"者则弃之不用。《钞》中所征引的资料分以下三部分。

第一部分，以三藏律部经典为主，其他为辅。

《行事钞》自然以昙无德部《四分律》为宗，辅以《僧祇律》和萨婆多部《十诵律》，弥沙塞部《五分律》，迦叶遗部《解脱戒本》，婆粗富罗部（律本未至，此依《大集》）。另外还有《毗尼母论》、《善见论》、《摩得勒伽论》、《萨婆多论》（并《传》）、《明了论》（释正量部，并真谛三藏《疏》），以及《五百问法出要律仪》（梁武帝准律集）等等。律藏经典之外，还有大小乘经及以二论与律相应者，名随经律，并具入正录。《行事钞》虽以《四分律》为宗，但并不排斥其他各部，专设有"诸部别行篇"，并且明确云："若《四分》缺于事法，他部自有明文，理必准行不乖二是。"①

第二部分，前代诸师的钞疏。

以法聪律师为首，其次有道覆律师（《疏》六卷），慧光律师（两度出《疏》），理、隐、乐三师（各出《抄》），洪遵律师（《疏》八卷），洪渊律师（有《疏》），云、晖、愿三师（各自出《抄疏》），洪、胜二师（有《抄》），智首律师（有《疏》二十卷），法砺律师（有《疏》十卷），基律师（有《疏》），之外还有昙瑗、僧祐、灵裕诸师，以及江表、关内、河南、蜀部诸余地流传者。可以说道宣对此前《四分律》的所有研究成果进行了全面的梳理比对，融会贯通，吸收了精华，这样才使得《行事钞》的分量达到了空前高度，得到广泛的推崇。前代诸师的钞疏有不少没有存留至今，《行事钞》保存了这些珍贵的思想资料。

第三部分，伪经。

证真须明伪，这些伪经是道宣综合考校勘定者，以表"方轨来蒙"之意。

---

① 《行事钞》卷下四，大正藏40册，155页。

这些伪经有《诸佛下生经》、《净行优婆塞经》、《独觉论》、《金棺经》、《救疾经》、《罪福决疑经》、《毗尼决正论》、《优波离论》、《普决论》、《阿难请戒律论》、《迦叶问论》、《大威仪请问论》、《五辛经》、《宝鬘论》、《唯识普决论》、《初教经》、《罪报经》、《日轮供养经》、《乳光经》、《应供行经》、《福田报应经》、《宝印经》、《沙弥论》、《文殊请问要行论》、《提谓经》等，总计五百四十余卷。通过对这些伪经的考订，可以看出道宣对经典来源的重视，并且作了不少极其扎实的工作。通过这些积累，为此后编撰《大唐内典录》准备了条件。

《行事钞》的问世，可谓空前绝后，奠定了中土律学的基础，后世律师奉为圭臬，认为"历代重之，以为大训"：

> 伏自蕴结中天，五宗竞演，译传东夏，《四分》偏弘，虽九代相承而六师异辙。而我祖师示四依之像，秉一字之权，轮力扶颠。为如来所使垂慈轨物，作群生导师。首著斯文，统被时众，莫不五乘并驾，七众俱沾。摄僧护法之仪横提纲要，日用时须之务曲尽规猷，是故历代重之，以为大训。①

（二）《行事钞》内容概要

《行事钞》结构繁复，体例庞大，征引广博，思想深邃，这里仅介绍其内容之大概。

道宣先讲解编纂本书的义例。义例共分十门，即序教兴意，制教轻重意，对事约教判处意，用诸部文意，文义决通意，教所诠意，道俗七部立教通局意，僧尼二部行事通塞意，下三众随行异同意，明钞者。这十门义例全面介绍了编纂此书的宗旨、目的、方法、参考书目和个别技术事项的说明，以概括大概，方便读者入门。

《行事钞》的基本内容道宣有介绍：

> 余所撰《删补行事钞》三卷，篇分上、中、下也，门有三十不同，言有二十余万。若僧法轨模住持纲要者，则上篇上卷首领存矣。若受戒种相持犯忏仪，则中篇中卷名体具矣。若衣药受净诸行务机，

---

① 《资持记》卷上一，大正藏40册，157页。

则下篇下卷毛目显矣。①

意即上卷十二篇针对众行，中卷四篇阐说自行，下卷十四篇的对象则是共行。

今通行本将上文所云三卷开为十二卷，全书二十余万字，内容以三十个专题叙述，就是道宣所说的三十个"门"，在行文中分为三十篇：

标宗显德篇第一。依戒行持为宗，法、体、行、相之内涵及其功德，并广引典籍，阐明戒之重要性。

集僧通局篇第二。集合僧众的仪轨，鸣器的次数，地方（自然界，城市等区别），以及人数，有无戒场，面积。

足数众想篇第三（别众法附）。羯磨作法规定之人数及条件。

受欲是非篇第四。羯磨作法缺席者之意见表达方法。

通辨羯磨篇第五。详细叙述羯磨制度，十缘与法、事、人、界四法。

结界方法篇第六。明摄僧界之结界、解界，以及大界、戒场、小界之关系。

僧网大纲篇第七。同住必尊圣法，在羯磨惩恶时具体的化与制。

受戒缘集篇第八（舍戒六念法附）。受戒之条件与仪轨过程。

师资相摄篇第九。弟子与亲教师、阿阇梨、戒和尚的责任、义务。如"《四分》云：和尚看弟子当如儿意，弟子看和尚当如父想"。②

说戒正仪篇第十。半月说戒的制度。

安居策修篇第十一（受日法附）。夏安居制度。

自恣宗要篇第十二（迦絺那衣法附）。自恣制度，及法衣之有关规定。

篇聚名报篇第十三。五篇七聚之内涵。

随戒释相篇第十四。戒法、戒体、戒行，详述二百五十戒相。

持犯方轨篇第十五。止持与作持区别等。

忏六聚法篇第十六。理忏、事忏之法。

二衣总别篇第十七。三衣六物与百一衣财。"何名为制，谓三衣六物，佛制令畜通诸一化并制服用，有违结罪。何名为听，谓百一衣财，随报开许，逆顺无过通道济乏也。"③

四药受净篇第十八。药与饮食之作用、场所、餐具、储存、加工方法。

---

① 《量处轻重仪》，大正藏45册，840页。
② 《行事钞》卷上三，大正藏40册，31页。
③ 《行事钞》卷下一，大正藏40册，104页。

钵器制听篇第十九（房舍五行调度众具法附）。钵器与养生众具，附房舍。

对施兴治篇第二十。受施时之五观，对治三毒，"檀越虽施无厌，而受者应知足也。"①

头陀行仪篇第二十一。十二头陀行法。

僧像致敬篇第二十二（造立像寺法附）。礼敬三宝仪轨，造像立寺法，供养仪轨，护持之法。

计请设则篇第二十三。十类受供法。

导俗化方篇第二十四。劝导世俗皈依法。

主客相待篇第二十五（四仪法附）。主僧、客僧相待法。

瞻病送终篇第二十六。瞻病送终仪轨制度。

诸杂要行篇第二十七（谓出世正业比丘所依法）。十门杂事事项。

沙弥别法篇第二十八。沙弥之定义与规定。

尼众别行篇第二十九。出家三女众之定义与规定。

诸部别行篇第三十。他部与《四分律》不同者。

书中把《四分律》的比丘和比丘尼两部戒律以及二十犍度分类排比，简化为事相类别。虽然篇幅不长，仅以三卷分之，但《四分律》的事相行法都概要地包括在内，而且还列有道宣自己收集的经典录文以及中国撰述的有关文字，有目的地补充了《四分律》的缺失。本书是道宣的代表作之一，有很多新的发明，得到了当时律学界的肯定和积极的关注，纷纷作注疏研究，很快便盛行于天下，至今不替。

关于道宣这部著作的注疏研究，现存有唐代大觉《四分律钞批》十四卷、志鸿《四分律行事钞搜玄录》二十卷。五代时有景霄《四分律行事钞简正记》二十卷。宋代元照《四分律行事钞资持记》十二卷，等等。元照的《资持记》被认为比较精当。

五、道宣的传人

道宣去世之后，关于《四分律》的研究并没有停歇，道宣的弟子们继承乃师衣钵，尤其是文纲及其弟子道岸，敷传法化，使得南山一系传遍天下。

---

① 《行事钞》卷下二，大正藏 40 册，127 页。

同时，虽然在道宣师徒的努力下南山一系已经成为律学主流，但也有其他学派的律师仍在不断努力，如怀素的东塔学派、满意的西塔学派等，以及义净回国以后对有部律的翻译介绍，都使得律学的研究不断深入，丰富并坚定了中土定学和慧学的基础。

道宣数十年弘扬律学不辍，弟子众多，有大慈、名恪、融济、秀律师、意律师、文纲、灵崿、智仁等等，其中对南山律传扬的贡献比较大的是文纲律师。《宋高僧传》十四云："宣从登戒坛及当泥曰，其间受法传教弟子可千百人。其亲度曰大慈律师，授法者文纲等。"亲度弟子大慈律师的事迹不详，仅知参加了宣公净业寺筑坛传戒的活动，当时隶名于长安西明寺，作有《行事钞记》。"授法者文纲"，即接受宣公衣钵者为文纲律师，是继承南山律事业的领头人。事实上，文纲不辜负道宣的期望，功业卓著，被后世评价为"不忝怀素前不惭宣师后"。

（一）授法弟子文纲

接过道宣衣钵举扬南山大旗的是文纲（636—727）律师。文纲为什么能成为宣公付法的衣钵弟子，考察两人的交往，发现其中有必然的原因。

据《宋高僧传·文纲传》记载，文纲俗姓孔，会稽人，曾祖孔范，陈都官尚书。[①] 祖父孔禩，曾任祠部侍郎，父亲孔顶，坐逃海犯事，避难隋地。大唐建立，太宗初，孔禩拜尚乘直长。所以贞观十年（636），文纲生于长安。孔家祖传儒教，旁通佛学，可谓文纲具有丰厚的家学渊源。

文纲虽是晚辈，但与道宣俗家的生活背景有四点相同：其一，都是好文的南陈名门之后。其二，都是受隋末变乱冲击而动荡飘零。其三，都是出生于长安。其四，都是幼年出家。由于这四点原因，所以两人同气相求，同声相应，两人走得比较近，道宣将自己所供奉的佛牙密令文纲掌护，持去崇圣寺东塔。佛牙交付文纲护持供奉，这应该就是文纲为道宣衣钵传人的付法凭证了。从文纲后来的作为来看，宣公选对了人。

文纲十二岁出家，冠年受具。先从道宣研习律藏，后随道成研习，二十五岁讲律，三十岁即登坛。之后，文纲继承宣公遗法，一直在长安弘法

---

① 按孔范，《宋高僧传》只言陈都官尚书，余事不涉及。孔范，即南陈后主有名的狎客，孔贵嫔的义兄，共唱"璧月夜夜满，琼树朝朝新"者。陈灭，被隋文帝贬斥。其事见《陈书》卷七。

传戒，声望日高，深受朝廷器重。

武周末，义净律师从印度取经返回。中宗即位，銮驾返回长安，于大荐福寺立译场，搜检义学高僧，文纲荣膺入选，与慧沼、利贞、胜庄、爱同、思恒等同任证义一职。①

长安四年（704），文纲奉敕往岐州无忧王寺迎舍利。景龙二年（708），中宗延入内道场行道，送真身舍利往无忧王寺入塔。其年于乾陵宫为内尼受戒，复于宫中坐夏，为二圣内尼讲《四分律》一遍。中宗嘉尚其修为德行，为度弟子，赐什物、彩帛三千匹。因奏道场灵感之事，御札题牓为"灵感寺"，诸寺辟硕德以隶。其灵感寺"左籦宿右上林，南台终山，北池渭水，千门宫阙化出云霄，万乘旌旗天回原隰"。

先天载，睿宗又于别殿请为菩萨戒师，妃主环阶，侍从罗拜，普闻净戒。所赐绢三千余匹，文纲悉付常住，随事修营。或金地缭垣，用增上价，或宝坊飞阁，克壮全模。或讲堂经楼，舍利净土，或轩廊器物，厨库园林。皆信施法财，周给僧宝。所以《宋高僧传》中称文纲"一时法主，四朝帝师"，于此也可见南山律的地位与影响。

文纲长寿，历经则天、中宗、睿宗、玄宗时代，且一直在长安活动，深受各界敬重。文纲的成就固然为个人道德学问的表现，另一方面师徒相承，戮力前行，也与道宣的影响有关。文纲常住崇圣寺，道宣所付的佛牙舍利即供奉在这里的佛牙阁里，成为京城四处佛祖真身舍利的所在地，每年四月初八佛诞日，京城士庶前来崇圣寺供养佛牙，成为惯例。京城名胜，吸引了不少士庶，进士的樱桃宴也在佛牙阁举行。

这所崇圣寺也不一般，是敕令建造的皇室寺院，由灵宝寺和同处一坊的崇圣宫合并所置。究其原初，太宗去世后，按照制度，其嫔妃尽度为尼，就安置在灵宝寺。而崇圣宫，则是太宗的别庙，比邻而居，可谓旧人伴旧主。灵宝寺和崇圣宫都在崇德坊，高宗仪凤二年（677）敕令合并为僧寺，仍以"崇圣"为名。不改其名者，仍是为了纪念太宗。所以文纲主持这样的寺院，也是深受当朝信任的。

关于文纲的去世，《宋高僧传》记载道：

> 以开元十五（727）年八月十五日，怡然长往，时春秋九十有

① 参见《开元录》卷九。

二。其年九月四日，塔于寺侧焉。闻哀奔丧，执绋会葬，香华幢盖，缁素华夷，填城塞川。彗云翳景，盖数万人。有若法侣京兆怀素、满意、承礼，襄阳崇拔、扶风凤林、江陵恒景、淄川名恪等百余人，咸曰智河舟迁，法宇栋桡而已哉。有若弟子，淮南道岸、蜀川神积、岐陇慧颙，京兆神慧、思义、绍觉、律藏、恒遑、崇业等五十余人。并目以慈眼，入于度门，金棺不追，灰骨罔答，乃请滑台太守李邕为碑。邕象彼马迁，法其班氏，以二人而同传。必百行以齐肩，不忝怀素前不惭宣师后。李北海题品不其韪乎。有淄州名恪律师者，精执律范，切勤求解。尝厕宣师法筵，躬问钞序义。宣师亲录，随喜灵感坛，班名于经。末又附丽文纲之门也。①

文中云："有若法侣京兆怀素、满意、承礼，襄阳崇拔、扶风凤林、江陵恒景、淄川名恪等百余人，咸曰智河舟迁，法宇栋桡而已哉。"从这段记述来看，文纲在京城众律师中也深孚众望。怀素、满意，与文纲同研习《四分》。文纲继承宣公衣钵，而怀素与满意两人在太原寺则各树一帜。怀素高唱自己的《开宗记》，而满意则偏向相部，坚持自己的《正义记》。江陵恒景，宣公的再传弟子，筑坛传戒的名单中作"弘景"，应为同一人。恒景贞观二十二年（648）得度，初就文纲律师学律，后还荆州入覆舟山玉泉寺，追智者禅师习止观门。自武周、中宗朝，三度被诏进京，入内供养为戒师。武周时，恒景曾任都维那，实叉难陀、提云般若翻译佛经的时候，恒景充任证义。后敕准回荆州，怀让投其剃发受具。怀让此后在禅学上大有成就，以"南岳怀让"著名。

恒景在长安时，住实际寺，有一位受戒弟子光大了师门，即东渡日本的鉴真，算是道宣的四传法裔了。名恪律师，参加了宣公净业寺的筑坛传戒，名单上署名为"东岳沙门名恪律师"。名恪初随宣公听学，躬问钞序义。宣师亲录随喜灵感坛，班名于经。宣公之后，名恪又附丽于文纲之门。

文纲的弟子知名者有淮南道岸、蜀川神积，岐陇慧颙，京兆神慧、思义、绍觉、律藏、恒遑、崇业等五十余人。众弟子中，淮南道岸于南山律宗的推广功业最大，其余也都各有贡献。如崇业律师，隶名于西明寺，与淄州名恪齐名，都是文纲门下的佼佼者，美声洋洋达于禁闼。睿宗敕以旧邸造安国寺，

---

① 《宋高僧传》卷十四《文纲传》，大正藏 50 册，792 页。

诏崇业入承明熏修别殿为帝授菩萨戒，施物优渥。

文纲以弘法为己任，宣扬师说，而本人则少有著作。从文纲的经历来看，其律学素养是多方面的。首先，继承了道宣南山律的传统，敷演师说，发扬光大，培养出了道岸等光大师门的弟子。其次，非常了解法砺的律学思想。再次，熟悉东塔怀素的律学思想。最后，参加义净的译场任证义，又对根本说一切有部的戒律有了切实的了解。这样的律学素养，在当时的时代恐怕只有文纲一人。

而文纲对这些见解不同者都能联合在一起，使得《四分律》的研习在道宣之后仍能异彩纷呈，洋洋大观，可见《宋高僧传》所云文纲"不忝怀素前不惭宣师后"，应该是公论。

（二）光州道岸

道宣的学说得文纲等弟子的弘扬，南山宗逐渐成为北方律学主流，而南山律在南方的发展则文纲的弟子光州道岸律师的贡献最为显著。

道岸（653—717），就是《文纲传》中的"淮南道岸"。道岸俗姓唐，世居颍川，是为大族。西晋末八王之乱，永嘉南渡，遂迁于光州（治所在今河南潢川）。据《宋高僧传》本传介绍，道岸在出家前博通百书，好学覃思。商榷三教，认为："学古入官，纡金拾紫，儒教也；餐松饵柏，驾鹤乘龙，道教也；不出轮回之中，俱非筏喻之义，岂若三乘妙旨，六度宏功，缁铢世间掌握沙界哉！"于是落发出家，洗心访道。后道岸常居会稽龙兴寺，讲经说律，弘法度人，因之声名日盛。

唐中宗闻道岸之名，遣赴江南征召，于是道岸北上入长安。入京之后，召道岸与其他几位大德同入内殿，请为菩萨戒师。中宗亲率六宫围绕供养，并图画于林光宫，御制《画赞》，评价非常高。《赞》曰：

> 戒珠皎洁，慧流清净。
> 身局五篇，心融八定。
> 学综真典，观通实性。
> 维持法务，纲统僧政。
> 律藏冀兮传芳，
> 象教因乎光盛。

"维持法务，纲统僧政。"朝廷对道岸确实寄予厚望。道岸奉敕担任过许多寺院的三纲重任，如洛阳、长安两京的白马、中兴、庄严、荐福、罔极等皇家寺院，纲维寺务，深契物心，南山门下以为荣，天下以为荣。

道岸在长安期间，奉敕重修了大荐福寺，功业传扬至今。大荐福寺，被后世尊为"长安三大译场"之一，今小雁塔即当年大荐福寺塔院的佛塔。

中宗重修大荐福寺时，敕道岸与工部尚书张锡同典斯任。这是一个很特别的任务。大荐福寺的原址本来就是李显的王府。高宗去世后，李显即位，旋即被其母则天废为庐陵王，流放房州（今湖北房县），而李显的旧邸则被立为佛寺，为先皇追福。

唐中宗李显，就是那位刚生下不久便请玄奘给剃发受戒的"佛光王"。到圣历元年（698）三月，李显才被武则天释放回洛阳，整整被囚禁了十四年。也许是因为玄奘剃发受戒并为之祝福的因缘，李显顺时而趋，以念经拜佛寄托精神。他常念的是玄奘所翻译的《药师如来本愿功德经》。这部经的内容是调整现世的利益，以秘密陀罗尼的途径与西方净土世界沟通。神龙元年（705）正月，李显第二次登上帝位，诏命全国，复周为唐，朝廷从洛阳搬回长安，一切制度依高宗时代，武周王朝结束。为纪念复唐成功，李显命天下各州各置佛寺一所，俱以"中兴"①为名，为国祈福。这就是《宋高僧传》中为什么有"中兴"寺的来由。为感谢佛祖的佑护，特别请义净三藏在内宫重译《药师如来本愿功德经》。为表示虔诚，李显亲自入译场，担任义净的助手。李显也没有忘记他长安的"潜龙旧宅"大荐福寺，复位之初便敕令工部尚书张锡和道岸重新大修。

重新大修荐福寺，张锡与道岸同典斯任，广开方便，"博施慈悲，人或子来，役无留务，费约功倍"，工程迅速完成，帝甚嘉之。大荐福寺修葺一新后，中宗李显率百官多次巡幸。旧地重游，恍如隔世，李显慨然赋诗，百僚奉和。寺院的三纲大德，由在诛灭二张中功劳卓著的法藏和督修寺宇的道岸等担任。同时，寺内别置翻经院，将在洛阳以义净三藏为主的国立译场迁入寺内。从此，大荐福寺成为长安众刹中影响最大的佛寺之一，中外高僧云集，称为义学重镇。特别是它的译场，中宗以后仍存留了相当长的时间。所译出的经本不但数量多，而且经律论三藏都有，质量也比较高，所以大荐

① 《宋高僧传》卷十四《文纲传》，大正藏50册，792页。又，神龙三年二月，张景源上《请改中兴寺为龙兴疏》，云："中兴"之名不妥，"中有阻隔，不成统历"。诏可。见《全唐文》卷三七零。

福寺与大兴善寺、大慈恩寺并称为"长安三大译场"。

估计在大荐福寺的修建完成后不久，道岸怀念故乡，上书朝廷，辞别长安，回到光州。开元五年（717）八月十日，道岸于会稽龙兴道场去世，时年六十有四。弟子有龙兴寺慧武、寺主义海、都维那道融，大禹寺怀则、大善寺道超、齐明寺思一、云明寺慧周、洪邑寺怀莹、香严寺怀彦、平原寺道纲，湖州大云寺子瑀、兴国寺慧纂等，众弟子思播芳尘，必题贞石，乃请礼部侍郎姚奕为碑纪德。

关于道岸对南山律的贡献，《宋高僧传》记述曰：

> 初，岸本文纲律师高足也，及孝和所重，其道克昌。以江表多行《十诵律》，东南僧坚执，周知《四分》，岸请帝墨敕执行南山律宗。伊宗盛于江淮间者，岸之力也。

《宋高僧传》没有说道岸什么时候投入南山门下，估计应该在神龙元年（705）中宗第二次即位之后。中宗征召道岸入京，道岸始拜在文纲门下学南山律学。也就是说，道岸投入南山门下也在神龙元年（705）之后。道岸原来已有基础，得到文纲的欣赏，收归门下，予以大力提携。道岸得到朝廷的信任，同时请皇帝敕令南方废《十诵律》行《四分律》，肯定也是得到文纲及其众弟子的帮助。因为，当时以文纲为首的南山门下在京城不但地位高，而且在教内和教外的影响也很广泛。由于道岸"请帝墨敕执行南山律宗"，南山的《四分律》行化江南，代替了当地原来流行的《十诵律》。

从此以后，其他门派迅速衰落，南山律独盛天下，至今不替。

六、怀素与东塔宗

在道宣去世之后，《四分律》的研习仍没有停止，怀素的著作问世，东塔宗成立。实际上，东塔宗继承了法砺和道宣的学说，但又提出了自己的主张。在唐代，虽然在行持上影响不大，但东塔宗一直有人敷演，宋代以后才不传。另外，怀素曾对道宣的"天人感通"事提出质疑，所以也一并附记在这里作介绍。

（一）怀素与东塔宗

怀素（625—698），是宣公的晚辈，俗姓范，其先南阳（今属河南）

人。曾祖范岳，唐高宗朝选调为绛州曲沃县丞，祖范徽，曾任延州广武县令。父亲范强，在京城任左武卫长史，所以怀素生长在长安，成为京兆人。

关于怀素的事迹，《宋高僧传》记载较详，但对怀素经历的记述有一些问题。如：

> 年及十岁，忽发出家之意，猛利之性，二亲难沮。贞观十九年，玄奘三藏方西域回，誓求为师。云与龙而同物，星将月以共光。俱悬释氏之天，悉丽着明之象。初寻经论，不费光阴，受具已来，专攻律部。有邺郡法砺律师，一方名器，五律宗师，迷方皆俟其指南，得路咸推其向导。着疏十卷，别是命家。见接素公，知成律匠。研习三载，乃见诸瑕。喟然叹曰：古人义章未能尽善。①

而《开元释教录》记载怀素曰：

> 贞观十九年出家，师奘法师为弟子。而立性聪敏，专寻经论。进具之后，偏隶毗尼，依道成律师学《四分律》，不淹时序而为上首，先居弘济，后住太原，学侣云奔，教授无辍。②

《开元录》不载怀素随法砺学律之事，但强调"依道成律师学《四分律》"，学成之后颇有影响，"学侣云奔，教授无辍。"

汤用彤先生《隋唐佛教史稿》"戒律"条已经指出，按怀素年龄，应先就学于法砺，后师事玄奘，"《宋僧传》所记，实颠倒错乱也。"而《宋高僧传》又云："见接素公，知成律匠。"是法砺对怀素的充分肯定与期望。按，法砺于贞观九年（635）即已谢世，怀素见法砺必在此时之前。而贞观九年怀素年方十岁，法砺不可能对一十岁孩童的学养有"律匠"之寄，这句话应是《宋高僧传》的溢美之词。还有，"研习三载，乃见微瑕"，乃是法砺谢世之后的事情，并非怀素当初在法砺门下的见地，其时怀素尚无此造诣也。

关于怀素之经历史载不清楚者还有，如以下三端：

其一，恒济寺、弘济寺存疑。《宋高僧传》卷十四的《怀素传》和《道成传》，均为"唐京兆恒济寺道成传""唐京师恒济寺怀素传"。两人都是隶名于"恒济寺"，查唐代长安有关佛教寺院的史料，未见有"恒济寺"者，应该是《宋

---

① 《宋高僧传》卷十四《怀素传》，大正藏50册，792页。
② 《开元释教录》卷九，大正藏50册，564页。

高僧传》记述有误。宣公名单为弘济寺怀素。《开元录》云怀素住弘济寺，长安也无此名之寺。①

其二，怀素是否任西明寺维那存疑。《佛祖统纪》记载，西明寺修成之后，道宣为上座，神泰为寺主，怀素为维那。怀素为维那之事，不见其他典籍记载。

其三，认为怀素也是道宣的门下。如凝然《律宗纲要》中曰：

> 南山大师门人甚多……弘景律师大兴台宗，秉持兼济，是南山重受戒弟子鉴真和尚受具和尚也。作《律钞记》，讲律百遍。怀素律师初学《事钞》，及学相部，亦南山重受戒弟子也。②

但是，尽管有关怀素经历的记述有不少含糊之处，可以肯定的是怀素的律学修养与创立西太原寺东塔宗的事实，且有著作为证。

怀素好学覃思，到处访求名师，曾得到邺城法砺律师的激赏。当时法砺已经是律学大家，著作行及天下，"一方名器五律宗师"。但怀素跟随法砺学习三年后，认为砺公的见解未能尽善。乾符二年（667），怀素参加了道宣主导的净业寺筑坛传戒，深入了解了道宣的律学思想与实践。怀素综合了法砺与道宣两家的律学思想，咸亨元年（670）发起勇心，以自己的观点另外撰述《开四分律记》。上元三年（676），奉诏住西太原寺。这座寺院是座新修的皇家寺院，位于休祥坊。武则天之母荣国夫人去世，乃舍宅为其追冥福所立。在这里，怀素一面傍听道成律师讲席，另一方面在东塔院不辍缉缀。

《宋高僧传》云怀素"永淳元年十轴毕功一家新立，弹纠古疏十有六失焉"。是永淳元年（682）怀素大作告成，以戒行为宗，倡导色法戒体说，于是"一家新立"。意思是在相部、南山之外，《四分律》的东塔学派正式成立。当时在西太原寺还有传扬《四分》者，住在与怀素相对的西塔，即道成的门下满意、定宾，坚持法砺主张，不同意怀素的学说，时人称为"西塔宗"。

武周圣历元年（698），怀素于西太原寺谢世，终年七十四岁。怀素博览众书，勤于著述，检其平生所作，除《四分律开宗记》之外，还有《俱舍论疏》十五卷，《遗教经疏》二卷、《钞》三卷，《新疏拾遗钞》二十卷，《四分僧尼羯磨文》二卷，四分僧、尼《戒本》各一卷。而且自己日诵《金刚经》

---

① 按，长安有"宏济寺"，位于胜业坊。未知孰是。
② 《律宗纲要》卷下，大正藏74册，16页。

三十卷，讲自己所著的《四分律》疏计五十余遍，其余书经、画像不可胜数。

怀素晚于道宣，更晚于法砺，因而得以充分了解研读两家主张。经整比研究，怀素主张《四分律》应宗依《大毗婆沙论》、《俱舍论》，对相部和南山都提出了批评，对道宣律学思想的融通性也提出异议。

如怀素对前代的五家羯磨进行了仔细的研究，认为"校理求文，抑多乖舛"，都有问题：曹魏铠律师的作品"屡有增减，乖于律文"，隋代愿律师的作品"虽自曰依文无片言增减，然详律本非无损益"。至于道宣的《删补随机羯磨》，怀素认为："近弃自部之正文，远取他宗之傍义。教门既其杂乱，指事屡有乖违。"① 这些意见虽然比较尖锐，但属于律学学术争论的范畴，且并无根本的矛盾，所以对南山律风行天下并没有太大的影响。《宋高僧传》在评价相部、南山和东塔这律学三派时，称道宣为"一代之伟人"，"天下言行事者，皆以南山为司南"②。

东塔门下著名的是思恒律师。思恒，俗姓顾，吴郡人，受业于持廿法师，于咸亨中随师入关，住太原寺。不久，承制而度，甚受薄尘法师器重。年二十岁，参修怀素疏，再八年任临坛大德。唐中宗召入内道场，命为菩萨戒师，充"十大德"，统知天下佛法僧事，图象于麟光殿。思恒专修怀素律，讲扬不辍，弟子五千余。开元十四年（726）终于大荐福寺，弟子有智舟等。③

（二）"南山犯重"事

道宣作《行事钞》，沟通两乘，复筑坛传戒，领风气之先，引起异议在所难免。道宣在世时，自己有不断的解释。在道宣去世后，仍有议论，并形成"南山犯重"一段公案。

"南山犯重"的质疑者是东塔怀素。怀素虽然亲历了道宣在净业寺的筑坛传戒，但对"天人感通"的真实性提出质疑，认为自言得上人法，犯妄语戒。据《宋高僧传》所载，怀素对法砺和道宣都提出质疑：

> 相部无知，则大开量中，得自取大小行也；南山犯重，则与

---

① 以上见怀素《僧羯磨》卷上《序》，大正藏 40 册，511 页。
② 以上见《宋高僧传》卷十六《系曰》，大正藏 50 册，812 页。
③ 参见常东名：《唐大荐福寺故大德思恒律师志文并序》，《金石萃编》卷七十七，又见《全唐文》卷三九六。

天人言论，是自言得上人法也。①

妄语乃根本戒条之一，属于重戒，所以称"南山犯重"。这个问题很重要。道宣是当时最著名的律师，南山律学，四处传扬。怀素虽然是晚辈，但也是一位后起之秀的律师，也是以弘传《四分律》为业，且当时已薄有声望。所以对于南山律师有可能犯戒的问题，自然引起了广泛的关注。

首先，道宣是一位智者，早已知道"有人不信"，已经在作品中自己作了解释，也可以理解为对可能出现的质疑的答辩：

> 今所图传，备瞩源流，寻诸圣意略可知矣。有人不信，谓是幽冥幻梦之传，何足希仰！余为幻梦影响，凡圣同之，俱是性空，知何准的？但凡素识，有若雾游昏迷方所，妙假津导，导之有渐。或天或人，词理可从，无越前轨。如可承寄。随凡则行，忽与理乖，圣亦须掷，岂有雷同都无情诲。故佛大圣人也，堂堂相状天下独尊。有邪见者，敬而不敬，佛亦随性任其诽之。如有所说，与法不违，佛亦听之随而受学。故文云：所谓法者，佛说、天说、化人所说。据斯论说，幽显咸陈。余亦以此事之所闻，则同天人说。恐凡莫信，不受斯述。彼日为信者施，自然获福。彼不信者，目睹佛经尚不能用，闻此不信，何足涉之，置之言外不肻述彼。余闻斯告，情事鑿然，故备出之。非无遗嘱，拟重祈请，庶觊圣迹有若面焉。②

梳理道宣的解释，主要以大乘般若性空之旨对之，有以下三点：
其一，"幻梦影响，凡圣同之，俱是性空，知何准的？"
其二，"雾游昏迷方所，妙假津导，导之有渐。"
其三，"所谓法者，佛说、天说、化人所说。"

还有，道宣认为"通道为先，故无常准"，因为"僧之真伪唯佛明之，自余凡小，卒未能辩。良由导俗化方，适缘不壹，权道难谋，变现随俗，不可以威仪取，难得以事相求"。③这样的看法，也很有说服力。

不过，无论如何，除了道宣之外，没有第二个人能证明道宣与天人交通的事，也就是说除了天人所赠的佛牙舍利，其他一切都是道宣的"自述"，

---

① 《宋高僧传》卷十四《怀素传》，大正藏 50 册，792–793 页。
② 《祇洹寺图经》卷下，大正藏 45 册，895 页。
③ 《集神州三宝感通录》卷下，大正藏 52 册，430 页。

没有"证人"。所以有人质疑也属正常，何况道宣所谈与天人商谈之事乃是律仪上的大事，佛在世以佛为师，佛灭度后"以戒为师"。僧人们要搞清楚，也在情理之中，作为律师的怀素提出异议，也属正常。

这里还可以从不同的角度分析如下。

首先，从教内的角度来看，鱼乐之意，他人无法断定真伪。依靠一般人的修为，不能判定其是否违戒。此类事例在佛教流传过程中并不少见，东晋佛陀跋陀罗的"五舶之争"就是影响较大的一例。

其次，佛陀有规定，定中所见，直言述说，不属于犯戒。

再次，当时之社会，神异感通之事比比皆是，备见于《集神州三宝感通录》，不足为奇。

最后，定中生"慧"，到了一定层次上，"慧"中就有神异感通出现。如《大乘义章》卷二十中对"神通"有详尽的记述，分别为天眼通、天耳通、他心通、宿命智通和漏尽通六神通。以假名色身运变者为眼、耳等"身通"，依其所能称呼，则"所为神异，目之为神；所用无壅，谓之为通"。[①]

在大乘教法看来，佛、菩萨更是神力无边："诸佛菩萨六根互用，一一根中具一切用，说通无过。又佛菩萨法身自在用无障碍，一切诸根悉皆是通，不得取彼将难六通。"[②]"大乘六通用如实慧以之为体，彼体即定。断离烦恼内证寂灭如实定时即得彼定通。"[③]

其实，当时持怀疑态度的只是很少人，相信道宣者仍然是多数，甚或是绝大多数。如玄奘的门下相信道宣的"天人感通"事，推崇西明寺上座律师有"感神之德"。还有，道世在《法苑珠林》特别记载了道宣的"天人感通"事："励力虔仰，遂感冥应"，于是"既承灵嘱，扶疾笔受，随闻随录"。[④]

到了宋代，赞宁在《宋高僧传》中也为道宣作了辩护，归之为"嫉贤"：

　　系曰。律宗犯即问心，心有虚实故。如未得道，起覆想说则宜犯重矣。若实有天龙来至我所而云，犯重招谤还婆罗汉同也。宣屡屡有天之使者，或送佛牙或充给使，非宣自述也。如遣龙去孙先生所，岂自言邪。至于乾封之际，天神合沓，或写《祇洹图

①　《大乘义章》卷二十，大正藏44册，855页。
②　《大乘义章》卷二十，大正藏44册，856页。
③　《大乘义章》卷二十，大正藏44册，858页。
④　《法苑珠林》卷十，大正藏53册，353-354页。

经》付嘱仪等，且非寓言于鬼物乎。君不见《十诵律》中诸比丘尚扬言目连犯妄，佛言目连随心想说无罪。佛世犹尔，像季嫉贤，斯何足怪也。①

赞宁之意，一是天使或送佛牙或充给使，事实存在，"非（道）宣自述"。"遣龙去孙先生所"，指的是道宣与孙思邈交往之事。二是非故意编造，无中生有，即佛言"随心想说无罪"。三是"像季嫉贤"，不必奇怪。联系当时的情况，赞宁所云，"嫉贤"者可能指的是怀素。

总之，从今天来看，神异感通和灵验奇迹是宗教文化中的重要组成部分，也是宗教之所以成为宗教的标志之一。有关宗教的著作中这类内容非常多，多少和程度不同，不足为奇。特别是这些作品有自身时代性之特征，有内在的价值和文化信息。

---

① 《宋高僧传》卷十四，大正藏50册，791页。

第六章　长安大德

道宣在迈入天命之年的时候，也迈入了人生的一个新的阶段：入译场，任皇家寺院西明寺的上座，领导影响中外的护法运动，奉迎舍利，等等，被尊为长安佛教的领袖。可以这样说，离开了道宣的著作，中国佛教的历史便很难写；而长安佛教如果缺少了道宣的身影，也会褪色不少。

一、道宣与玄奘

道宣与玄奘同时代，共命运。玄奘回国后，道宣奉诏入译场，时在贞观十九年（645）。这一年，恰逢天命之年，道宣五十岁，开始了以护法为特征的生涯的第二个阶段。两位大德的联手，使得长安佛教的发展也揭开了新的一页。

（一）玄奘归来

初唐时代，随着社会环境的逐渐稳定，京城长安的佛教活动开始恢复，隋末变乱时期逃离的僧众又开始向京城聚集。道宣比玄奘年龄大，出家早，所学不同，传承有异，但"京城米贵，白居不易"，两位佛门高僧惺惺相惜，互相支持，长期在京城活动，领袖僧众，经历了许多曲折与坎坷。从唐代佛教的发展轨迹来看，玄奘和道宣是唐代佛教发展至鼎盛的两位奠基性人物，而这两位大师又在为佛教事业的奋斗中结下了相知相敬的深厚友谊。

玄奘（？—664），原籍在今天河南省的偃师县，是后世小说《西游记》中"大唐御弟"的原型。玄奘幼年天资聪颖，有普度众生的大志，十三岁的时候破格得度。隋末变乱，跟随兄长长捷法师游学京城，暂住在大庄严寺。当时全国战乱纷起，京城人心惶惶，群龙无首。于是玄奘又南下巴蜀，东游长江沿线，如饥似渴，到处参访学习。学业完成后，又回到了北方。时序轮换，已经改朝换代，李唐代替了杨隋。在全国各地游学的时候，玄奘对佛教义学进行了深入的研究，尤其是摄论、地论和有部的毗昙学。这些学问非常高深玄妙，对佛教思辩哲学发挥到了极致，真正了解的人并不多，特别是把这几种学问能通起来的人，更是凤毛麟角。在游学的过程中，玄奘一面思考，一面向高明请教，但是，仁者见仁，智者见智，并不是所有的问题都能得到满意的回答。于是，玄奘萌发了亲自到印度去求学的念头。

唐太宗贞观初，玄奘上表请求出境到印度去学习，但当时李世民通过"玄武门事变"刚当上皇帝，权位不稳，四处纠察，非常严格，不许出境。但玄奘心意已决。看到形势严峻，要批准出境不知何时，恰逢关中遭遇霜冻灾害，朝廷下令百姓可以外出，随丰就食，玄奘便借机离开长安，私度出境。一路前行，屡遭艰辛，终于出了玉门关。在高昌国，得到了高昌王麴文泰的理解，帮助玄奘继续西行，以完成求法壮举。玄奘这才登高原，过雪山，到达了佛法发源地印度。玄奘在印度的十多年间，四方参学，巡礼五印圣迹，拜访各家各派的义学大德。特别在当时最著名的学府那烂陀寺，拜戒贤长老为师，精研《瑜伽师地论》和大小二乘各家学说，作《会宗论》三千颂，阐述自己对二乘佛法、佛性的见解，写《破恶见论》一千六百颂，维护大乘教义的地位。摩揭陀国王为玄奘的人品学问所折服，亲自下令在曲女城召开辩论大会，以玄奘为论主。面对全印度各地成千上万各派学者，玄奘的《破恶见论》被抄写悬挂在会场，无人能难倒，玄奘赢得了五印学者的尊敬，被尊称为"大乘天""解脱天"。中华学人在海外赢得了如此的声誉，消息传至国内，自然朝野传颂，引以为骄傲。

道宣与玄奘的结缘是在玄奘从印度回来之后。玄奘尽管在国外取得了巨大的成果，但回报祖国的念头始终萦绕在玄奘的心怀。在唐太宗贞观十九年（645）正月，玄奘回到了祖国，回到了魂牵梦萦的长安。当时太宗行驾在洛阳，急令玄奘在洛阳接见。求贤若渴的太宗非常希望玄奘能还俗，辅佐自己治理国家，但玄奘初衷不改，婉言谢绝，答应以译传佛法护佑群生来报答祖国的养育之恩，祈求佛祖保佑大唐国泰民安。太宗一直为西域经营巨大困难所困扰，希望玄奘能将所闻所见整理成册，以便参考。玄奘同意了太宗的要求，而太宗也允诺了玄奘要求翻译佛经的请求，但译经的地点不是玄奘要求的少林寺，而是京城长安新建的弘福寺。同时，命令留守京城的右仆射房玄龄担任筹建国立译场的任务，按玄奘的要求，在全国挑选翻译人才。而译场所需，一如贞观初期波颇译场，一切官供。

（二）缀文大德

玄奘载誉归来，二十匹马驮着从印度带回来六百五十七部梵文经典。对于这些典籍，玄奘虽然有一整套完整的翻译计划，但无论在学问还是技术上，都有相当难度。盖因当时国内义学僧虽多，但经历过大动乱，散处各地，交流沟通较少，而且也不是每一位都精通梵文，都对印度佛学的奥义有深刻的了解。

追溯译事，约从二秦开始，翻译佛经成为国家的文化事业。按前代惯例，有一套完整的制度，入译场的人员有严格的分工，各负其则。所译经典需要上报，由译主负全面责任，还有证义、缀文、笔受、书手等执事，负责翻译文义的校勘、中文的整理以及记录、抄写等等。译本定稿后，由专门沟通译场与朝廷关系的官员上报，朝廷审查批准后才下令抄写若干，传诵各州流通。

在太宗初即位的时候，朝廷组织过佛经翻译，请波颇为译主。这次为了表示对玄奘翻译佛经的重视，令房玄龄亲自负责译场的组织建设，太子左庶子许敬宗为副手，在全国范围内挑选了五十多位准备入译场的硕学高僧。因为玄奘回国不久，并不了解国内人才情况，仅将"所需证义、缀文、笔受、书手"的要求和人数申报给房玄龄。房玄龄等朝廷官员选择的标准是"谙解大小乘经论为时辈所推者"①，意即为当时国内学问僧之间推选而产生。可见，这些人并不是由玄奘亲自挑选。

最终从五十多人中挑选了二十三位入译场。这批人的来源以长安为主，次有长安周边诸州，由此因缘，道宣和玄奘就走到了一起。这一年，道宣年五十岁。二十年来，《行事钞》、《随机羯磨》、《含注戒本疏》等著作早已问世，得到了多方面的认可，如钟鼓在庭，声出于外，已居京城龙象之列。挑选译场义学大德，道宣被推举入列，亦可见众义学僧对道宣的认可。以此为标志，道宣的人生进入另一个发展阶段。

由于是众义学僧众推选所产生，所以这些人代表了当时全国学问僧中的佼佼者：

> 证义十二人：长安弘福寺灵润、文备，罗汉寺慧贵，实际寺明琰，宝昌寺法祥，静法寺普贤，法海寺神昉。廓州法讲寺道琛。汴州演觉寺玄忠。蒲州普救寺神泰。绵州振音寺敬明。益州多宝寺道因。

---

① 《大慈恩寺三藏法师传》卷六，大正藏 50 册，253 页。

　　缀文九人：终南山丰德寺道宣，长安普光寺栖玄，弘福寺明浚，会昌寺辩机。简州福聚寺靖迈。蒲州普救寺行友，栖岩寺道卓。豳州昭仁寺慧立。洛州天宫寺玄则。

　　字学一人：长安大总持寺玄应。

　　证梵语梵文一人：长安大兴善寺玄谟。①

　　以上二十三人中，来自长安地区的十三人，来自蒲州三人，其余七人分别来自廊、汴、绵、益、简、豳、洛等七州。可见在挑选人才的时候，不仅考虑到了学识，而且地区性也给予了充分的考虑，说明朝廷的态度是认真的，也是经过了广大僧众的慎重推选。能入译场的人，必然是品学兼优、在各自领域被公认的义学专家。

　　道宣荣膺首位"缀文"之职，就是将玄奘翻译出来的词句整理连缀成汉文句式文章。按一般译场的习惯，译场还设有笔受和证文两种职事，玄奘的译场刚刚设立，没有这两种，所以缀文的工作量是比较大的，对担任者的水平要求也比较高。

　　五月，译场开始工作，首翻《大菩萨藏经》，道宣执笔缀文，删缀词理。这部经广解六度、四摄、十力、四畏、三十七品诸菩萨行，共计十二品、二十卷。又翻译了《显扬圣教论》二十卷，智证等录文，行友详理文句，玄奘又亲自作了修改。此外，还翻了《大乘对法论》十五卷，玄赜笔受。

（三）道宣与玄奘的友谊

　　道宣在弘福寺译场的工作时间并不长，便回南山沣德寺继续撰写自己的著作。在译场工作的时间虽然不长，大约三年多，但道宣收获颇多，同时与玄奘共事，惺惺相惜，培养了深厚的感情。

　　道宣没有去过西方，所以这次参与译场的工作应大有收获。

　　首先是对平日所学的印证。毋庸赘言，玄奘从印度带回了准确的法门知识，精通华梵，道宣"与之对晤"，大有启发。同时，一起参与译场事务的其他大德，都是一方深有造诣的大家，共同切磋琢磨，无疑又收开阔与提升之效。

　　其次，坚定了道宣会通两乘的信心。道宣参与译事时间并不长便回南

---

　　①　按，长安罗汉寺"慧贵"，或作"惠贵"。廊州法讲寺"道琛"，或作"道深"。简州福聚寺"靖（或作静）迈"，或作"敬迈"。

山研究著述，与在译场的收获有直接的关系。在与玄奘"对晤"的过程中，道宣从玄奘听受法相唯识之学有相一系的奥妙，证明了自己"心法戒体"思想的正确性。而整理研究《大菩萨藏经》的汉译，对中华的大乘之学的发展路径，道宣也有了新的考虑。

第三，道宣与玄奘建立了深厚的友谊。此后，珠联璧合，两人的友谊对推动长安佛教的发展起到了至关重要的作用。道宣与玄奘同处京城，交往多年，志同而道合，共同经历了不少风雨。两人先后荣任京城皇家大寺的上座，一时声誉之高，世所罕匹；又一起殚精竭虑，应对度过道先释后、敕令拜俗等等艰难时刻。

有感于护法之艰难，道宣编写了一部《集神州三宝感通录》，又名《东夏三宝感通记》，其基本内容，是对东土佛教灵异感通事迹的记录与汇编。从书中的内容与道宣的其他著作来比较，本书资料的搜集时间应该比较长，而完成的时间比较晚，是在道宣的晚年。书成于终南山净业寺，时在高宗麟德元年（664）六月二十日，即道宣去世的三年之前。这时，道宣已经年届七十，去日方长，来日不多。如道宣自云曰："恐奄忽泫露灵感沉没，遂力疾出之。"①

为什么道宣在晚年急于编集此书，"力疾出之"？道宣在《序》中写道：

> 夫三宝利见，其来久矣，但以信毁上竞，故有感应之缘。自汉泊唐，年余六百，灵相胪穸，群录可寻，而神化无方，待机而扣。光瑞出没，开信于一时，景像垂容，陈迹于万代。或见于既往，或显于将来，昭彰于道俗，生信于迷悟，故撮举其要，三卷成部云。②

佛教传入中国六百多年，期间有相信者，也有怀疑者，所以屡屡以"感应"生缘，备见前代记述。而"信毁上竞"，也是道宣有感而发。隋代佛教大兴，盛况空前，入唐，有"道先释后"的约束。特别是在本《录》书成之前的几年，先是朝廷下令奉迎法门寺佛指舍利，引发了崇佛热潮，但随之朝廷又下令致拜君亲，僧众惶然不知所从。作为皇室寺院西明寺上座的道宣，率领京城僧众奋力抗争，终于使朝廷收回了成命。道宣亲自参与了这次事件的全部经过，虽然最后护法成功，但无疑感触甚深，触发了颇多顾虑。所以，道宣欲尽快

---

① 《集神州三宝感通录》卷上，大正藏 52 册，404 页。
② 《集神州三宝感通录》卷上，大正藏 52 册，404 页。

编集此书，收集各地佛法感应事迹，以便"昭彰于道俗，生信于迷悟"。

道宣"恐奄忽泯露灵感沉没"的紧迫感与玄奘的去世有关。此书完成于六月，玄奘于此前的二月去世。玄奘回国后，从设立弘福寺译场开始，道宣被遴选为译场缀文大德，两人便相知相交数十年。两人同在京城长安，都是义学大德，年历资格也相差无几，也都是京城最有影响力的高僧大德，领袖群伦。玄奘去世后，道宣深表痛惜，推崇为"季代之英贤，乃佛宗之法将"，在《续高僧传》中专门用一卷的篇幅为奘公立传，字里行间，洋洋洒洒，尽显崇敬之情。对于玄奘的离世，道宣还有特别的遗憾："恨其经部不翻犹涉过半，年未迟暮，足得出之，无常奄及，惜哉！"[1]痛惜之情溢于言表。由玄奘想到自己，推人及己，韶光不再，所以才有"恐奄忽泯露灵感沉没"的紧迫感。

（四）道宣对玄奘的评价

道宣作有《续高僧传》，记载梁《传》之后的各朝高僧事迹，其中篇幅最长的就是《玄奘传》。道宣在《传》中对玄奘有很高的评鉴，"实季代之英贤，乃佛宗之法将矣"，同时又对玄奘的去世深感痛惜：

> 余以闇昧滥沾斯席，与之对晤屡展炎凉。听言观行，名实相守。精厉晨昏，计时分业，虔虔不懈，专思法务。言无名利，行绝虚浮，曲识机缘，善通物性。不倨不诡，行藏适时，吐昧幽深，辩开疑议。实季代之英贤，乃佛宗之法将矣。
>
> 随其游历塞外海东百三十国，道俗邪正，承其名者莫不仰德归依，更崇开信，可以家国增荣，光宅惟远，献奉岁至，咸奘之功。若非天挺英灵生知圣授，何能振斯鸿绪导达遗踪。前后僧传往天竺者，首自法显、法勇，终于道邃、道生，相继中途一十七返，取其通言华梵妙达文筌，扬导国风开悟邪正，莫高于奘矣。恨其经部不翻犹涉过半，年未迟暮，足得出之，无常奄及，惜哉！[2]

"余以闇昧滥沾斯席"，指的是被选入译场的事，用词自谦，表明了道宣对玄奘的敬佩。后文从三个方面对玄奘言行举止与精神风貌进行了归

---

[1] 以上见《续高僧传》卷四《玄奘传》，大正藏50册，458页。

[2] 以上见《续高僧传》卷四《玄奘传》，大正藏50册，458页。

纳：

其一，"精厉晨昏，计时分业，虔虔不懈，专思法务。"

其二，"言无名利，行绝虚浮，曲识机缘，善通物性。"

其三，"不倨不诏，行藏适时，吐味幽深，辩开疑议。"

道宣对玄奘非常了解，字里行间乃秉笔直书，且都有针对性。

第一条指的是玄奘译经传法的工作态度，即兢兢业业，无弃寸阴，心无旁骛，专心致志。玄奘万里求法，九死一生，其目的就是回国译经传法，所以才谢绝了太宗要其还俗辅政的要求。第二条和第三条表面上看指的是玄奘的待人接物，实际上需要从当时的背景中来了解。"言无名利，行绝虚浮"，容易理解，为出家人的本分，也是戒律所要求。"曲识机缘，善通物性"，能善巧方便，应机施教，善于弘法利生。"不倨不诏，行藏适时，吐味幽深，辩开疑议。"则另有所指。众所周知，唐代初期风云变幻，尤其京城长安宫内争权夺利，宫外波诡云谲。高祖之后，太宗、高宗、武则天，相继执政，政治斗争激烈，宗教政策多变。身在长安，无论玄奘还是道宣，身为佛门领袖，都必须在各种各样的复杂多变中既保持僧人超然物外的本色，又必须处处维护佛教界的利益。其中的把握，非上上等智慧者不能应付。而其中的艰辛与殚精竭虑，又只有与玄奘同典斯任的道宣才能理解。

下一段说的是玄奘的西行求法，有两层意思。其一，玄奘游历海外西域一百余国，时间将近二十年，期间"道俗邪正，承其名者莫不仰德归依"，玄奘的信仰精神和人格魅力得到了道宣的充分褒扬。玄奘的功绩不仅仅在于弘传佛法，还因之而导致中外交好，"献奉岁至"。因为玄奘的缘故，大唐与印度互派使者，互通有无，而且太宗还请玄奘将中国典籍翻译为梵文传向印度，使中华文化走向世界。所以道宣说道："通言华梵妙达文筌，扬导国风开悟邪正，莫高于奘矣。"可惜从印度带回的典籍还没有翻完，年龄还未至迟暮，便"无常奄及，惜哉！""实季代之英贤，乃佛宗之法将矣。"无论从佛教信徒、从朋友，道宣都对玄奘的去世表示了深深的惋惜、痛惜。

道宣对玄奘的评价还可以从其他资料中看出来。如玄奘的弟子在《玄奘法师传》中有如下记载：

法师亡后，西明寺上座道宣律师，有感神之德。至乾封年中，见有神现……因问经律论等种种疑妨，神皆为决之。又问古来传法之僧德位高下，并亦问法师。神答曰：自古诸师解行互有短长，而不一准。且如奘师一人，九生已来备修福慧两业，生生之中外闻博洽聪慧辩才，于赡部洲脂那国常为第一，福德亦然。其所翻译，文质相兼无违梵本。由善业力今见生睹史多天慈氏内众，闻法悟解更不来人间，既从弥勒问法悟解得圣。宣受神语已，辞别而还。宣因录入，别记数卷，见在西明寺藏矣。据此而言，自非法师高才懿德，乃神明知之，岂凡情所测。[①]

道宣有"感神之德"，并作有，《感通录》、《祇洹寺图经》等著作，所写与天神感通之事非常详细。玄奘去世后，道宣在与天神"感通"中询问古来传法之僧的果报如何，其中亦问及玄奘法师。天神对玄奘评价极高，不但学识为中国第一，而且"福德亦然"。此之"福德"即所翻译经典文质相兼，不违梵本，因此，"由善业力今见生睹史多天慈氏内众，闻法悟解更不来人间，既从弥勒问法悟解得圣"。道宣与玄奘都修的是弥勒净土。玄奘修弥勒净土，所以得上等果报，上生睹史多天，从弥勒问法"悟解得圣"。道宣将这些写了出来，慧立和彦琮在西明寺看到记载，所以转录在《大慈恩寺三藏法师传》中。不难了解，其中自然包含着道宣对玄奘的推崇，也流露出道宣为玄奘上生睹史多天而喜悦的心情。

迄今为止，对玄奘的评价多为后人所为，而出自玄奘同时代的记叙很少。道宣的这些记述乃亲身经历，"听言观行，名实相守"，耳闻目睹，有感而发，字里行间之涵义远非后人褒奖之粗浅可比。

二、西明寺上座

继太宗时代的弘福寺、大慈恩寺之后，高宗时代，长安又建造了一座皇室寺院，这就是西明寺。道宣被任命为该寺的上座，主持寺任。这年，道宣六十三岁。

西明寺是道宣晚年居住时间最长的地方，期间有不少中外义学僧人在这里住过，译经传法，编写《一切经》，有很大的影响。道宣被朝廷委以重任，标志着朝廷和僧俗各界对他的推崇和信任。西明寺是唐高宗敕令建造，玄奘参与了西明寺的规划和建设，很有可能道宣也参与了其事。

---

① 《大慈恩寺三藏法师传》卷十，大正藏 50 册，277 页。

（一）西明寺

道宣被委任为西明寺的上座，而上座的名称在印度佛教的意思中还有长老、首座、上腊等含义，纯粹为僧团内部的称呼。佛教东传，"上座"的性质发生了变化。《翻译名义集》曰："悉替那，此云上座。《五分律》：佛言上更无人名上座。道宣敕为西明寺上座，列寺主、维那之上。""上更无人名上座"，言"上座"僧在佛教团体中的地位之崇高。[1]又据《僧史略》所云，中土用"上座"之名乃从道宣开始。上座与寺主、维那相组合，即唐代寺院管理制度中的"三纲"，由德行崇高的三位僧人分任此三职，纲纪僧众，在寺院中总负其责。这属于中土僧官制度的重要组成部分。

西明寺是唐高宗时代京城长安最有影响力的皇室寺院，不但等级高，而且制度庞大。

显庆元年（656），孝敬太子病愈，八月十九日，高宗敕令以延康坊濮王故宅造道观、佛寺各一。这座佛寺就是西明寺。但是最终道观却没有建在这里，改在普宁坊。因为在修建西明寺之前，朝廷先请玄奘察看延康坊地形，而玄奘提出了修改意见。玄奘察看后回报云，濮王故宅地土狭窄，面积不够各建一座寺、观。朝廷接受了玄奘的意见，下令道观改建在普宁坊，而延康坊濮王故宅这块地方就全用于西明寺的建造。

规划确定之后，有司奉命，工程迅速展开。两年后，至显庆三年（658）六月十二日，西明寺建成。其基本情况在《玄奘法师传》中有记载：

> 其年夏六月，（西明寺）营造功毕。其寺面三百五十步，周围数里。左右通衢，腹背廛落。青槐列其外，渌水亘其间，亹亹耽耽，都邑仁祠，此为最也。而廊殿楼台飞惊接汉，金铺藻栋，眩日晖霞。凡有十院，屋四千余间。庄严之盛，虽梁之同泰、魏之永宁，所不能及也。敕先委所司，简大德五十人、侍者各一人。后更令诠试业行童子一百五十人拟度。至其月十三日，于寺建斋度僧，

① 《翻译名义集》卷一："悉替那，此云上座。《五分律》：佛言上更无人名上座。道宣敕为西明寺上座，列寺主维那之上。《毗尼母》云：从无夏至九夏，是下座。自十夏至十九夏，是中座。自二十夏至四十夏，是上座。五十夏已上，一切沙门之所尊敬，名耆宿。《毗婆沙论》云：有三上座，一生年上座，即尊长者，具旧戒名真生故。二世俗上座，即知法富贵大财大位，大族，大力，大眷属，虽年二十，皆应和合推为上座。三法性上座，即阿罗汉。"《大正藏》54册，1074页。

命法师看度。至秋七月十四日，迎僧入寺。其威仪幢盖音乐等，一如入慈恩及迎碑之则。敕遣西明寺给法师上房一口，新度沙弥海会等十人充弟子。①

西明寺位于延康坊的西南，属于长安城的西城区中心位置。而延康坊东兴化，西怀远，北光德，南崇贤，一片繁华之地。所云"庄严之盛，虽梁之同泰、魏之永宁，所不能及也。""同泰""永宁"，一南一北，一建康，一洛阳，都是南北朝时代各自京城最有名的佛寺，但"庄严之盛"也无法和西明寺相比拟。由于是新建的皇室寺院，乃特别赐西明寺田园百顷，净人百房，车五十辆，绢布二千匹，以充度用。同时征海内大德高僧五十人、京师行业童子一百五十人入居寺内。据载，这些大德有毗罗、静念、满颐、广说、鹏耆、辩了、鹜子、知会等。② 以道宣为上座，神泰为寺主，怀素为维那。僧众入寺之时，朝廷诏命举行了极为隆重的仪典。

道宣为什么能荣任西明寺的上座？没有史籍记载，道宣自己也没有说，但按照常情推之，应有以下三方面的原因。首先，道宣的人品与学问得到了京城各界的认可与推崇，这是主要的原因。其次，与道宣的律师身份有关。当年太宗为太穆皇后造弘福寺，挑选上座，请的是著名的律师智首。造西明寺的高宗是太宗的儿子，而道宣是智首的高足，相沿成习，顺理成章。最后，应与玄奘有关。新建的皇家大寺选择上座，必然要遴选，要征求各方面的意见，特别是佛教界。当时玄奘之声誉，无人能比，而且玄奘与朝廷关系最近，也最受信任。建造西明寺，请玄奘查看寺址，并接受玄奘的修改意见，将规划在先的李氏道观迁移别处，其尊重程度可见一斑。由于有弘福寺译场同事的经过，玄奘对道宣是比较了解的。所以，如果道宣任西明寺上座，玄奘不是推荐者，也必然是赞同者。西明寺建成后，玄奘译场也从大慈恩寺迁来，道宣管理寺务，玄奘仍旧领导译场，这样，两位大师又继续合作。

西明寺建成后僧众入寺时，举行了盛大的庆典。道宣荣任上座，亲临其事，作了比较详细的记述：

> 西明寺成，道俗云合，幢盖严华。明晨良日将欲入寺，箫鼓振地，香华乱空。自北城之达南寺，十余里中街衢填嗌。至（六月）

---

① 《大慈恩寺三藏法师传》卷十，大正藏50册，275页。
② 苏颋《唐长安西明寺塔铭》，《全唐文》卷二五七。

十三日清旦，帝御安福门上，郡公僚佐备列于下，内出绣像长幡，高广警于视听。从于大街沿路南往，并皆御览。事迄方还。①

道宣为上座，神泰为寺主，怀素为维那，三人共负三纲责任。神泰为玄奘的弟子，与道宣是弘福寺译场的旧知。神泰共参加译《瑜伽师地论》、《因明入正理论》、《大毗婆沙论》、《大般若经》等，而且个人的著述也颇为丰硕，有《俱舍论疏》、《因明论疏》、《摄大乘论疏》等等，以《俱舍论疏》最为称道，与普光、法宝号称奘师门下俱舍三大家之一。怀素是长安人，年轻有为。十岁时，玄奘从西域回国，乃誓求为师，得名师栽培，后以律学为专业。

唐代寺院的管理制度称"三纲"制度，由三位修行和学业都比较好的僧人担任上座、寺主、维那，各有分工，各负其责。寺主主要管物，维那主要管人，上座则统领全局。所以一座寺院里的上座是最高领导人，必须由各方面都认可推重的大德僧担任才行。西明寺是京城的皇家大寺，其上座的挑选和任命自非一般寺院可比，于此也可见道宣在京城的地位与影响。

在长安众多寺院中，西明寺存留时间比较长，寺宇广阔，殿堂众多，风景宜人，花草繁盛，也是京城长安信众与士庶常来之处。下面转录唐人两首诗句，以窥当年西明寺风貌。

元稹诗咏西明寺牡丹，诗曰：

> 花向琉璃地上生，
> 光风炫转紫云英。
> 自从天女盘中见，
> 直至今朝眼更明。②

唐彦谦《西明寺威公盆池新稻》曰：

> 为笑江南种稻时，露蝉鸣后雨霏霏。
> 莲盆积润分畦小，藻井垂阴擢秀稀。
> 得地又生金象界，结根仍对水田衣。

---

① 《集古今佛道论衡》卷丁，大正藏52册，388页。
② 《全唐诗》卷四一一，元稹《西明寺牡丹》。

支公尚有三吴思，更使幽人忆钓矶。①

（二）西明寺上座

唐太宗执掌朝政后，偃武修文，长安佛教的发展步入正常的轨道，以弘福寺和大慈恩寺的影响最大。到了高宗李治时代，新建西明寺受到朝廷的重视，玄奘译场被迁入寺内，道宣被任命为上座。在道宣的领导下，西明寺地位迅速上升。

西明寺为皇室寺院，当然首先要为皇室服务。家国一体，皇室就代表了国家，许多祈祷事务就在皇室寺院举行，如为国祈福，国忌日行香等。还有诸如僧尼事务的管理、国立翻经院的工作、佛经典籍的整理与存放、经典的抄写与流通，甚至外国来僧的接待等等，都在皇室寺院进行。道宣身为上座，自然与皇室成员接触较多，其事务性质，李洞《赠入内供奉僧》可供参考：

> 内殿谈经惬帝怀，沃州归隐什全乖。
> 数条雀尾来南海，一道蝉声噪御街。
> 石枕纹含山里叶，铜瓶口塞井中柴。
> 因逢夏日西明讲，不觉宫人拔凤钗。②

"惬帝怀"包含着两方面的意思，一是相谈融洽，使皇帝块垒消然；二是双方交换意见，取得了共识。客观地说，唐代佛教与帝王文化在根本原则上是有矛盾的，所以玄奘能当面拒绝太宗请其还俗辅政的要求，法琳也敢当面顶撞太宗，但在一般性问题上因各有所需，倒容易达成一致意见。"因逢夏日西明讲，不觉宫人拔凤钗。""西明"，即西明寺，"夏日"，乃僧众夏安居的传统，集中在寺里修持。"不觉宫人拔凤钗"，在夏安居的时候，有宫人参加听讲，这应该是皇家寺院的特例，也是皇室寺院的特点。长安皇宫里宫人众多，即便初唐时期比较少的情况，也数以千计。这些宫人当然以女性居多，而且多数信仰佛教，希望佛教的"来世"能给她们带来新的命运。例如，此后大荐福寺里的小雁塔便是这样修起来的，所用资费全部来自宫人的捐赠布施。

朝廷和各界都信任道宣，而道宣也在西明寺充分发挥了自己的才干，

---

① 《全唐诗》卷六七二。
② 《全唐诗》卷七二三，李洞《赠入内供奉僧》。

西明寺迅速成为长安的一处义学中心。寺内藏有御造的大藏经，为道宣和其他僧人研习提供了方便。道宣在这里完成了《大唐内典录》、《广弘明集》、《集神州三宝感通录》、《佛化东渐图赞》等著作，又修改《释门章服仪》，写《释门归敬仪》，补撰《集古今佛道论衡》等等。道世在这里完成一百卷的《法苑珠林》。玄奘法师的译场迁入后，道宣也经常参与译事。

在道宣去世后，西明寺仍长盛不衰，先后有许多中外名僧卓锡。日本空海、圆载入唐后曾住寺内，另义净三藏、般若三藏和善无畏大师都曾在这里设过译场，佛陀波利和顺贞在这里重译《佛顶尊胜陀罗尼》。寺内还有章怀太子铸的巨形铜钟，还有杨廷光的画作、褚遂良的书法，等等。直至唐武宗禁断佛教，下令拆毁天下寺宇时，京城长安首当其冲，损失惨重，而西明寺却在保护之列，是为数不多的敕留四座佛寺之一。可见，西明寺在长安有其他寺院不可替代的特殊地位与影响。

大慈恩寺和西明寺，是唐代长安佛教史上为数不多的几所皇室巨刹，玄奘和道宣先后分任两寺之上座，而且，两人率众入寺时都举行了极为隆重的大典。玄奘入大慈恩寺时太宗李世民在安福门城楼上目送；道宣入西明寺时高宗在安福门城楼上御览，百官士庶随礼，可谓盛况空前。

道宣六十三岁时任西明寺上座，标志着他已成为长安佛教界乃至全国佛教界的领袖之一了。

三、崇奉舍利

在中土的传统崇拜中，没有舍利崇拜，舍利崇拜完全是从印度传来的。中土最有名的舍利是印度八王分舍利的遗迹和关中扶风法门寺的佛指舍利，号称真身舍利，帝王崇奉，信众膜拜，在整个大唐时代热潮不减。梳理其崇奉兴起的过程，了解其当时的社会状况，需要读道宣的著作。道宣是当时崇奉舍利的参与者、见证者，甚至是领导者，亲历其事，同时在著作中作了详细的记录，留下了珍贵的历史史料。

（一）舍利崇拜溯源

舍利，一直是佛教信徒崇奉的圣物，分法舍利和身舍利两种。法舍利即佛陀遗存的教法，身舍利又分为骨舍利、发舍利和肉舍利三种。在民众中影响最大的是后者，也叫真身舍利。

舍利是个音译词，其概念和内涵与佛教一起传入中土。在中国的传统崇拜中，没有类似的圣物，舍利引起中土人士的极大兴趣，因此有关舍利的知识很早就普及开来。除了随同经典一起传入的知识外，人们更感兴趣的是实物，有西方高僧带来的舍利，也有中土求法僧在印度对舍利的考察。例如早期从关中出发西行求法的法显，在印度巡礼的过程中，对舍利及其崇拜的情况就有详细的记述，比较典型：

> 西行十六由延至那竭国界醯罗城。城中有佛顶骨精舍，尽以金薄七宝挍饰。国王敬重顶骨，虑人抄夺，乃取国中豪姓八人，人持一印，印封守护。清晨，八人俱到，各视其印，然后开户。开户已，以香汁洗手，出佛顶骨置精舍外高座，上以七宝圆砧，砧下琉璃钟覆上皆珠玑挍饰。骨黄白色，方圆四寸，其上隆起。每日出后，精舍人则登高楼，击大鼓，吹蠡，敲铜钵。王闻已则诣精舍，以华、香供养。供养已，次第顶戴而去，从东门入，西门出。王朝朝如是供养礼拜，然后听国政。居士长者，亦先供养，乃修家事，日日如是，初无懈倦。供养都讫，乃还顶骨于精舍中。有七宝解脱塔，或开或闭，高五尺许，以盛之。精舍门前朝朝恒有卖华香人，凡欲供养者种种买焉。诸国王亦恒遣使供养。①

法显所记述的就是真身舍利中的骨舍利，属于佛顶骨舍利。自从法显作了记载后，中土去天竺的求法僧也纷纷前去巡礼，如玄奘就曾亲自前往顶礼，在《大唐西域记》的卷二中就记载了这枚那竭国的佛顶骨舍利。这其中已经间隔了两百多年，可见舍利崇拜在天竺长盛不衰，也可见中土人士对印度舍利的仰慕崇拜也一直兴趣不减。

更为人们熟知的是八王分舍利、阿育王建八万四千舍利塔的故事，流衍千余年，一直传承至今。这在法显的《佛国记》中也有记载，非常具体、生动：

> 从佛生处东行五由延，有国名蓝莫。此国王得佛一分舍利，还归起塔，即名蓝莫塔。塔边有池，池中有龙常守护此塔，昼夜供养。

---

① 《法显传》，大正藏51册，858页。按，"由延"，古印度道路长度单位，牛车一日行程，约20公里。

阿育王出世，欲破八塔作八万四千塔。破七塔已，次欲破此塔。龙便现身，将阿育王入其宫中。观诸供养具已，语王言：汝供养若能胜是，便可坏之持去，吾不与汝诤。阿育王知其供养具非世之所有，于是便还。此中荒芜无人洒扫，常有群象以鼻取水洒地，取杂花香而供养塔。诸国有道人来，欲礼拜塔，遇象大怖，依树自翳。见象如法供养，道人大慈悲，感此中无有僧伽蓝可供养此塔，乃令象洒扫。道人即舍大戒，还作沙弥，自挽草木，平治处所，使得净洁。劝化国王作僧住处，已为寺主。今现有僧住。此事在近，自尔相承至今，恒以沙弥为寺主。①

这段记述在西晋译出的《阿育王传》和南梁译出的《阿育王经》中都有记载，云阿育王发七塔舍利，唯第八塔舍利留于龙王供养，然后阿育王役使鬼神于阎浮提遍造八万四千塔。所不同的是《佛国记》中的"蓝莫"，后者译为"罗摩"②。法显之前的记述、法显自己的记载和法显之后的史料，仔细梳理，基本上是一致的。

以上所载，可以说是中土舍利崇奉文化的源头。从佛教传入中国，舍利崇奉日有所闻，黄河上下，大江南北，随着佛教信仰的流传，舍利塔的建造也越来越多，但影响最大的仍属隋文帝仁寿年间（601—604）在全国普建舍利塔。这次建塔以朝廷的名义发布敕令，分三次共建造了一百一十多座，掀起全国舍利崇奉热潮。道宣出家的时候，正是全国舍利塔建设完成的时候，所以应该是见证者。

仁寿元年（601），六月十三日，隋文帝颁布在全国三十州立舍利塔的《诏书》，愿身体力行，带领全国百姓崇奉佛法，"共修福业"，"同登妙果"：

> 朕皈依三宝，重兴圣教。思与四海之内一切人民，俱发菩提，共修福业，使当今现在爰及来世，永登善因，同登妙果。③

奉送舍利之日，文帝亲自以七宝箱盛三十枚舍利，由内宫而出，安奉于御座之上。举行法会之后，将每一枚舍利分置于一只金瓶内，金瓶再装入

---

① 《法显传》，大正藏 51 册，861 页。

② 见《阿育王传》卷一，大正藏 50 册，102 页；《阿育王经》卷一，大正藏 50 册，135 页。

③ 《广弘明集》卷十七《隋国立舍利塔诏》，大正藏 52 册，213 页。

琉璃瓶内，以香泥涂抹盖上，并钤以印记。向全国奉送舍利的三十个团队同一个时间统一由京城出发。每队由三十位僧人及六十名侍者护持，一位官员负责，还有马五匹，熏陆香一百二十斤，分道奉送。所在州府，总管刺史以下，县尉以上，息军机、停常务七天，以便舍利入塔及之后的七日行道法会。同时规定，任人布施，但只准布施十文钱以下，不得超过十文。如果经费不够，则由官府负责，劳力可役用正丁，费用可由官库支出。三十州起塔的时间，统一在十月十五日午时，舍利入函，同时起塔。全国各地所有的佛教寺院，也在这一天的午时，同时举办法会，并延续七日。

《诏书》颁下，全国掀起建造舍利塔的热潮，奉送舍利的团队离京之后，沿途官府官员恭敬迎送，百姓夹道瞻礼。其具体的经过，道宣在《广弘明集》中有记载：

> 初入州境，先令家家洒扫，覆诸秽恶。道俗士女，倾城远迎。总管、刺史诸官人，夹路步引。四部大众，容仪齐肃，共以宝盖幡幢、华台像辇、佛帐佛舆、香山香钵、种种音乐，尽来供养。各执香华，或烧或散，围绕赞呗，梵音和雅。依《阿含经》舍利入拘尸那城法，远近翕然，云蒸雾会，虽盲躄老病，莫不匍匐而至焉。①

此后的两次普建舍利塔，情况与上述基本上一样。

自从佛教传入中国以后，这样举国崇奉佛教的盛况还未曾有过。特别是作为官府的行为，在全国各地实施，其意义已经超出了佛教信仰的范围，在全国分裂数百年之后，对凝聚人心，统一精神，和谐社会，稳定全国统一的局面发挥了不可估量的作用。

（二）道宣对舍利遗迹的考察

隋代全国崇奉舍利时道宣正在幼年，耳闻目睹各地的神异奇迹，定然会留下深刻的印象。道宣的出家，应该也和这样的社会倡导有关。何况道宣好读书，博学多闻，又身处京城，信息广泛，不但对这些舍利灵异的珍闻熟记于心，此后更是进行过专门的研究，甚至对瘗藏于中土的舍利作过实地考察，为后人留下了不少珍贵的资料。

以下是道宣对当时与阿育王舍利有关遗迹的考察研究，名《大唐育王

---

① 《广弘明集》卷十七《舍利感应记》，大正藏 52 册，213—214 页。

古塔历》：

越州（治所在今绍兴），东三百七十里鄮县塔，西晋太康二年（280），沙门慧达"感应"从地出。高一尺四寸，广七寸，露盘五层。色青似石而非，四外雕镂异相百千。梁武帝普通三年（522），造木塔笼之，修寺曰阿育王寺。著作郎顾祖胤作文，立碑颂之。贞观十九年（645），敏法师领徒众数百，来此一月，敷讲经论。永徽元年（650），会稽处士张太玄曾造访这里，与寺僧智悦相谈甚洽，连床而寝。

郑州（治所在今郑州），超化寺塔，在州西南百余里密县。寺院并古时石砌，合缝甚密，铁为细腰。其石长八尺，四面细腰长一尺五寸，深五寸。塔南基出泉十余处，水流径三尺，涌而无声。永徽中塔没入泉，向下穷之，但有石柱罗列，竟不测其际。有幽州僧人道严，本入隋炀帝四道场，后还俗入居深山，每年来此塔尽力供养。

冀州（旧称魏州，治所在今大名附近），临黄塔，县西北三十里，名舍利寺，为尼师住寺。有古塔，编石为基。从水底出塔，三面水极深，惟西面通行。水生有莲藕，人畏之无敢采者。

岐州（治所在今凤翔），岐山南、岐山县北二十里法门寺塔，在平原上，古来三十年一度开，开必感应。显庆五年（660），敕令僧智琮往请，有瑞令开蒙，光明照烛，道俗通见，乃掘出进内。龙朔二年（662），还返故塔。其舍利如大人指节骨，长二寸许。其内孔方，色白光明，如别图状。

益州（治所在今成都），成都郭下福感寺塔，在城西，本名大石寺。相传是鬼神奉阿育王敕令，以大石为塔基，舍利在其中，故名。隋初，蜀王秀掘之至泉，风雨至，不可及际。于傍破得一片石出，乃是璧玉。诜律师寻其古迹，欲寻其舍利。掘至泉源，惟是一石，于其上架九级木浮图，备有灵相。逢天旱，官人祈雨，必至此塔，据说甚有灵验。唐贞观初地震，塔几欲震倒。

益州，西南百余里，晋源县等众寺塔，其寺本名大石。寺名的来源与福感寺塔略同，传为鬼神奉育王敕以大石为之。按，益州以"大石"为名的佛寺有三座，除福感寺塔、等众寺塔外，还有益州北百里的雒县塔，在县城北廓下的宝兴寺中，也相传为鬼神奉育王令建造。隋初，天竺僧昙摩掘又来东土巡礼育王塔，曾礼拜此三塔。大业初（605），雒县寺塔无人修葺，有益州廓下法成寺僧道卓，率四众弟子建木塔。

闰州（治所在今镇江），江宁县，故都朱雀门东南古越城东，即东晋金陵长干寺旧址。昔西晋僧慧达，感光掘之一丈，得三石匣，中有金函盛三舍利并发、爪。其发引可三尺，放则螺旋。东晋咸安二年（372），简文帝立塔三层，《冥祥记》有载。南梁大同中（535—546），改造长干寺阿育王塔，出舍利，佛法，佛爪，于寺内设大无碍法会。今有砖塔三层并刹、佛殿，余皆不存。隋代平定南陈后，这些舍利、发、爪后来被晋王杨广发掘，运到京城，瘗藏于日严寺。唐初日严寺废弃，慧頵、道宣师徒又将舍利、发、爪迁到崇义寺，重新瘗藏于佛塔下。但发和爪与传闻记载有异，有人怀疑这些发、爪并非圣物，而是梁武帝剪截自己的发、爪以供养舍利。

怀州（治所在今沁阳），东武陟县西七里妙乐寺塔，有五级白塔，方基十五步，并以石编之。石长五尺，阔三寸，以下极细密。古老传云其塔基从泉上涌出，云云。

瓜州（治所在今敦煌、玉门之间），城东三里有土塔，相传为周朝育王寺，北周武帝禁止佛教流行，遂废之，惟有遗基。上以房舍覆之，四廊墙匝。时见放射光明，公私士女常往来祈福，多有灵验云云。

青州（治所在今益都），临淄城中有阿育王寺，其形象露盘在深林巨树下。昔石赵时，佛图澄知之，令往取，入地二十余丈获之。

河东蒲阪（治所在今永济西，黄河东），有育王寺，时出光明。据闻姚秦姚略的叔父任晋王时所立，后姚略掘得佛骨于石函银匣中，携至长安，照耀殊常。

并州（治所在今太原），子城东育王寺者，本为僧寺，唐初僧散寺空，今见尼师居住，名为净明寺。道宣亲自前往考察塔之所在，但并无踪迹。

并州，榆社县，郭下育王寺小塔，见有僧住。古今相传，此是育王本塔。

代州（治所在今代县），城东有古塔，俗云阿育王寺塔。

洛州（治所在今洛阳），故都西，白马寺东一里，见有古建筑遗迹，相传是阿育王塔。

甘州（治所在今酒泉），东百二十里删丹县，城东弱水北土堆者，但有古基，荒废已久，古老云阿育王古塔。

沙州（治所在今敦煌附近），城内废大乘寺塔基，云是阿育王塔。

凉州（治所在今武威），姑臧塔，传为育王塔。

晋州北，霍山南有土堆，古老云是阿育王寺塔。①

以上据道宣所著《广弘明集》、《及神州三宝感通录》整理。文中与阿育王有关的中土灵迹共十九处，其中四处在南方，其余都在北方。这可能与道宣的行迹有关。事实上，印度佛教传入中土，首先以丝绸之路为主，从西域而来，一路东行，逐渐地向其他地方扩张。所以道宣对舍利遗迹的考察结果也符合佛教入中土以后的流衍路线。

这些阿育王舍利塔的灵迹是道宣个人根据所见所闻记录，未必都十分可靠，尤其在今天看来，其中不少属于传闻，时间地点都不够准确。一千多年来，历代传抄，文字亦有脱误、龃龉之处。但是，其史料价值不容忽视，表现在以下几个方面：

一者，不可认为道宣都是面壁虚造。

道宣身为律师，持戒严谨，所述必有所本。而且，其中有的地方道宣亲自作过考察，如岐州法门寺塔、益州成都郭下福感寺塔、晋州北部霍山南面的大土堆、并州子城东育王寺等地，道宣都曾亲临其地，实地勘察，访问乡老，据实记载。

二者，其中附载了大量的真实信息。

道宣所记的内容非常丰富，乃是当时社会各界对佛舍利崇拜的真实反映。要了解隋唐时代佛教舍利的崇拜情况，《广弘明集》和《集神州三宝感通录》为第一手资料，绝无可替代者。

三者，道宣记载的准确性在今天已有印证。

道宣所记在今天已经有不少印证。如陕西扶风法门寺佛指舍利，1987年出土后，佛指相状与道宣所述完全吻合。所以，今后的出土发现仍有可能印证道宣的记载。

---

① 参见《广弘明集》卷十五，又见《集神州三宝感通录》卷上。

应该注意的是，道宣以一人之力作了这些调查，殊属不易。道宣并非专业于此，早年游历各地，乃追随律学研习的遗踪而行，沿途巡礼圣迹，随手便作记录。之后随着地位的提升，肩负护法之责，搜集资料予以整理，亦有其目的。因此，这些考察成果对后人的了解留下了珍贵的线索。

四、法门寺佛指的历史线索

佛教起源于南亚次大陆，流行亚洲，传遍世界，所以佛舍利的崇拜必然与印度发生直接的关系。佛舍利的崇拜，也由来已久，传闻者既多，存世者数不胜数。其中有两枚真身舍利影响最为广泛，这两枚真身舍利就是今斯里兰卡的佛牙和中国的佛指舍利。在唐代之前，这两枚舍利就闻名于世，两地的佛教徒向往不已。今天，这两枚舍利依然保存在各自的国家，完好如初，经过漫长的历史风霜洗礼，更显得弥足珍贵。中国的这枚佛指舍利的流传与保护，更是经过了无数人的努力，拂去了历史的尘埃，恢复了世界佛教圣物的地位。在人们瞻仰这枚圣物的时候，不应该忘记这其中也有道宣付出的努力。

（一）法门寺与佛指舍利的历史踪迹

道宣不但在著作中屡屡提及佛舍利，有专门的著作，而且亲自参与过奉迎舍利的事。除了前文所述道宣和师父慧𫖳礼拜日严寺的舍利，在日严寺废弃时又将这枚舍利转移瘗藏在崇义寺，还有另一项影响至今的大型活动，这就是唐代的第二次迎奉法门寺佛指舍利，时间在道宣任西明寺上座不久的显庆五年（660）。

关于法门寺的基本情况，除了道宣的著作之外，可靠的资料非常少。道宣在文章中先介绍了法门寺附近的凤泉寺塔，是隋代所建。但至道宣前往巡礼时，寺院已经荒废，塔将颓坏，榛丛弥满，道宣深有黍离之感喟。说明道宣确实进行了实地考察，不仅考察了法门寺，而且附近的凤泉寺也进行了踏勘，作了真实的记载。然后，比较全面地记述了法门寺的来历及其舍利塔。

法门寺，俗称阿育王寺，位于柳泉乡。乡之名，源于其北山之旧称。北朝之前，寺名阿育王寺，有僧众五百。到了隋代，法门寺命途多舛，两次遭到废弃，但两次又重建，并且易名为"法门"。

第一次被废弃是公元574—577年，北周武帝禁断佛教，法门寺在禁断之列，遭到重大破坏，"唯有两堂独存"。延至隋朝方重新建造，名"成实寺"。

第二次被废弃于炀帝大业五年（609），整饬佛寺，"僧不满五十人者废之。此寺从废，入京师宝昌寺。其塔故地仍为寺庄。""入京师宝昌寺"，意为成实寺废弃，所住僧人迁入京城宝昌寺，原址及其土地也划归宝昌寺，成为宝昌寺的寺庄。按宝昌寺，是隋代的官寺，位于长安城内的居德坊。其地原来是西汉长安的圜丘，隋开皇三年（583），敕长安、大兴两县各置县寺一所，因立之。寺里曾有著名的义学僧净愿法师，善涅槃，博闻强记，以讲授为业。全国普建舍利塔时，净愿法师奉命送舍利于潭州。

隋朝末期的义宁二年（618），宝昌寺僧普贤，感慨成实寺被废，没诸草莽，具状上闻，请予修复。当时主政朝廷的正是丞相李渊，而李渊初仕隋时当过扶风太守，了解此寺，并曾去拜访过，于是欣然予以批准，并命名为"法门寺"。这就是法门寺寺名的来历。

唐高祖武德二年（619），薛举兴兵讨唐，秦王李世民率兵西行敌之，扶风一带，兵祸相续。虽有法门寺可度僧八十人之令，实际上并未落实。有宝昌寺僧惠业，赴凤泉寺礼拜舍利，见法门寺没有住僧，遂上奏请住，蒙敕依奏，法门寺总算有了常住僧。但大唐初立，尤其西北仍不安宁。法门寺所在乡民居住在平原之上，没有安全环境，因而在寺院周围筑堡寨自保。纷乱之中，不幸遭回禄之祸，寺宇逢池鱼之灾，"延火焚之，一切都尽，二堂余烬，焦黑尚存。"

以上是道宣对法门寺早期历史面貌的记述，为后人留下了唯一的线索。道宣还依据自己迎奉佛指的亲身经历，忠实地记载了佛指舍利的形状，解决了现代法门寺地宫出土后的一个关键问题，从而证实了今天法门寺出土的佛指就是当年的"佛骨"。

延至当代，1987年，连日霖雨不断，已残破为半身的法门寺舍利塔终于轰然倒塌，法门寺地宫珍宝出土了。很快，消息传遍了全世界。在考古文物界清理研究的时候，其他珍宝容易判断，而佛指舍利却有些困难——这究竟是不是唐代轰动全国"迎佛骨"中的"佛骨"？何以为证？后来，查阅史书，是道宣的著作解决了这个问题，法门寺的佛指舍利就是一千多年前的"佛骨"，确凿无疑。因为当年的道宣不仅见到这枚佛指舍利，而且戴在小手指上向大众展示。"初骨长寸二分，内孔正方，外楞亦尔。下平上圆，内外光净。"① 与出土后的佛指舍利相对照，完全一致。只不过那时只是一枚，而出土时多了三枚。这三枚是道宣时代之后，人们为了防佛宝被盗而制作的"影骨"。道宣在《集神州三宝感通录》中有专文的详细记载，是后世了解佛指舍利的关键性文件。

（二）唐太宗与佛指舍利

有唐一代，迎奉过多次佛指舍利，但第一次最重要。

第一次开发佛指舍利，是唐太宗批准，是为第一次奉迎佛指。这在唐代迎"佛骨"的历史上有重要的意义，同时，对了解唐太宗宗教态度的变化也非常有启发。

贞观五年（631），岐州刺史张亮，来法门寺礼拜，但见古基裸露，"奏敕望云宫殿以盖塔基，下诏许之。因构塔上，尊严相显。"此后又得张亮的努力，太宗批准开发舍利，任由信众供奉。道宣记述道：

> 古老传云：此塔一闭，经三十年一示人，令生善。亮闻之，以贞观年中请开剖出舍利以示人，恐因聚众，不敢开塔。有敕并许。遂依开发，深一丈余，获二古碑，并周魏之所树也。文不足观，故不载录。光相照烛，同诸舍利。既出舍利，通现道俗，无数千人一时同观。有一盲人，积年目冥，急努眼直视，忽然明净。京邑内外，崩腾同赴，屯聚塔所，日有数千。舍利高出，众人同见于方骨上，见者不同：或见如玉，白光映彻，或见绿色。②

张亮是第一次开发佛指的发起人，其依据是古老相传佛指舍利三十年一开，可保国泰民安③。张亮虽有善心，却担心非法"聚众"而遭朝廷问责。结果，上奏之后并无困难，太宗随即批准。

张亮的担心不无道理，太宗的批准也有缘由。通过"宣武门事变"而登大位的太宗，贞观之初政局并不稳定，尽管有诏许波颇译经，创开大唐译

① 《集神州三宝感通录》卷上，大正藏52册，407页。
② 《集神州三宝感通录》卷上，大正藏52册，406页。按，法门寺现存《大唐咸通启送岐阳真身志文碑》、《大唐圣朝无忧王寺大圣真身宝塔碑铭》云，张亮为"张德亮"，时间在贞观五年二月十五日。
③ 按，法门寺现存《大唐圣朝无忧王寺大圣真身宝塔碑铭》中有云："古所谓三十年一开，则岁谷稔而兵戈息。"

业，但在管理上还是比较严的。玄奘当年请求西行求法未得允许即为一例。数年之后，政局渐稳，管理也相应地开始松动。贞观五年（631），太宗不仅批准了法门寺佛指舍利的开发，而且诏令改建庆善宫为慈德寺，为穆太后追福，又令为太子承乾建普光寺，令法常居之，为太子授菩萨戒。化度寺僧邕禅师亡，朝廷赐帛，令右庶子李百药撰碑，欧阳询书，等等。① 特别是改庆善宫为慈德寺，该寺位于武功，本是太宗自己的出生地，改宫为寺，为母后追福，可见佛教信仰在太宗的心目中占有重要的位置。由于这些原因，张亮的请求很快得到太宗的批准，佛指舍利得以问世，而三十年一开也成为后世沿用的定式。

这次佛指舍利的开发规格并不高，只是在当地供奉，也没有出现朝廷有关方面的参与。"无数千人一时同观"，"京邑内外，崩腾同赴，屯聚塔所，日有数千"，说明尽管朝廷没有主持开发，属于民间行为，但舍利的影响还是非常大的。舍利没有被运至京城，但京城佛门弟子争相奔赴扶风，瞻仰供养佛宝。"屯聚塔所，日有数千"，考诸当时佛教信仰的流行程度，道宣的记载是比较客观的。

五、迎奉佛指

道宣任西明寺上座后，亲自参与了第二次迎奉佛指舍利的活动，并且负主要责任。与太宗时代的第一次迎奉佛指相比，高宗时代的这次迎奉提升为朝廷敕令而行，人力、物力、财力均由官府供给。相沿成习，遂成为此后迎奉佛指舍利的定制。关于这次迎奉还有其他一些史料记载，但都不如道宣在《集神州三宝感通录》中所记全面、具体，留下了亲身经历的直接记录。

（一）缘起

从太宗贞观五年（631）的第一次开发佛指到高宗显庆四年（659），恰是三十年，法门寺迎来了第二次奉迎的时刻。

先是在前一年的九月，已有内道场僧智琮和弘静在被召入宫的时候，向高宗谈及法门寺事，并引用太宗时开发舍利故事，建议再次迎奉：

---

① 见《佛祖统纪》三十九，大正藏 49 册，364 页。

显庆四年九月，内山僧智琮、弘静见追入内。语及育王塔事：
年岁久远，须假弘护。上曰：岂非童子施土之育王耶？若近有之，
则八万四千之一塔矣。琮曰：未详虚实。古老传云名育王寺，言
不应虚。又传云三十年一度出，前贞观初已曾出现，大有感应。
今期已满，请更出之。上曰：能得舍利，深是善因，可前至塔所
七日行道，祈请有瑞乃可开发。即给钱五千、绢五十疋，以充供养。①

第一次开发佛指舍利时，高宗李治只有四岁，应该没有什么印象，但
之后受环境影响，必然有所了解。特别是武则天，崇佛甚笃，对高宗的宗教
态度影响很大。"内山僧"智琮、弘静两位，说明不是隶名于长安的僧人，
或许是另有渠道推荐给皇室而得高宗信任。这两位僧传无考，但都是可以
出入宫禁的法师，应该是专门为皇室服务的内僧。宫禁之严，人所共知，
然皇帝也是人，也有自己的信仰，也有精神问题需要解决。自隋代以来，
宫里设内道场已相沿成习，唐代因之。内道场僧可奉诏入宫，讲经、传戒，
或作法事，甚至可以留宿。如太宗时，玄奘译经，曾敕令在宫内专设弘法院，
白天陪皇帝讲说谈论，晚上才回弘法院工作，但玄奘并非专设的内道场僧。②
道宣身为皇家大寺西明寺的上座，自然也有入宫的资格和义务，如李洞的诗
中说的那样："内殿谈经惬帝怀"，但道宣也不是专设的内道场僧。智琮和
弘静两位不是长安的僧人，属于皇帝特召入宫，可能应有另外的原因。

高宗才能平庸，小心谨慎，恪守成法而已，父皇开发佛指已有成式，
所以智琮、弘静引为故事，立即提起了高宗的注意："能得舍利，深是善因，
可前至塔所七日行道，祈请有瑞乃可开发。"同时，给钱、绢，以充供养，
并令内官王长信等一同前往。

道宣在这次启请再迎舍利的活动中发挥了什么作用？史载阙如，没有
具体史料。但依常情推之，作为西明寺上座的道宣不会袖手旁观，应发挥了
推动作用。道宣非常关心法门寺舍利，也了解其来龙去脉，特别是早年曾亲
自赴扶风作过实地考察，深为当时所见的破败而遗憾：

扶风岐山南古塔者，在平原上，南下北高，东去武亭川十里，
西去岐山县二十里，南去渭水三十里，北去岐山二十里。一名马额，

① 《集神州三宝感通录》卷上，大正藏52册，406—407页。
② 参见《大慈恩寺三藏法师传》卷七。

山同岐山，斯并在大山之北。南有小山东西而列，中间大谷，南与北别，故号岐山。岐即分也。西北二十余里有凤泉，泉在岐山之阳，极高显。即周文时，鸑鷟鸣于岐山。斯地是也。饮此泉水，故号凤泉。又南飞至终南之阴，故渭南山下亦有凤泉。又西南飞越山至于河池，今所谓凤州古河池郡是也。不可穷凤之始末，且论置塔之根原。故隋高美其地泉，仍就置塔。俯临目极，诚为虚迥。寺名久废，僧徒化往，人物全希塔将颓坏。余往观焉，榛丛弥满，虽无黍离之实，深切黍离之悲。①

从时间上看，道宣的这次实地考察大约在他二十岁时。这时候的道宣正是四处游学与巡礼圣迹的时候，应该知道法门寺的历史，所以专程前来拜谒。在记录了塔的方位四至与地理形胜后，所见"寺名久废，僧徒化往"，"余往观焉，榛丛弥满"，唏嘘之感喟溢于言表。四十年后，道宣已任西明寺上座，所以当有再次迎奉佛指舍利的动议时，道宣乐见其成，为之赞叹当在情理之中。

（二）佛指入京

再次迎奉佛指的动议是智琮和弘静提出，而高宗的指示是"祈请有瑞乃可开发"，所以十月五日晨，智琮与内官王长信等一行从长安出发，专程赴法门寺"祈请"。

十月六日晚，智琮、王长信一行抵达法门寺。到法门寺之后，智琮、弘静等立即入塔内，专精行道，以祈祥瑞出现。行道三天，未有动静，智琮乃发大愿燃臂供养。就是将烧热的炭火放在胳臂上，然后把香料末洒在炭火上，以表示信仰的虔诚和愿望之精深。十日晚三更，在香烟袅袅中，智琮忍受着肉体的疼痛，懔厉专注，口中梵呗声声。据说果然塔中出现了异相，塔下有震裂之声，且瑞光流溢，佛像放光，千百圣僧合掌而立，并感得舍利子八粒。

智琮等"祈请有瑞"，于是上报朝廷，请求开发佛指。

道宣接着写道：

---

① 《集神州三宝感通录》卷上，大正藏52册，406页。据注释，"余往观焉"，"观"又作"觀"。

琮等以所感瑞具状上闻，敕使常侍王君德等：送绢三千疋，令造朕等身阿育王像，余者修补故塔。仍以像在塔，可即开发出佛舍利，以开福慧。僧以旧财（材）多杂朽故，遂总换以柏，编石为基，庄严轮奂，制置殊丽。又下敕：僧智琮、弘静，鸿胪给名，住会昌寺。①

高宗敕令有二。前者送绢三千匹，用途内容有三，一是造等身阿育王像作为高宗崇奉佛指的功德，二是修补塔寺，三是开发佛指。后之敕令是给智琮、弘静名籍，住会昌寺。智琮和弘静本非长安僧人，因开发佛指之功，遂令鸿胪寺将其列入京城僧人的名籍，隶属于京城的会昌寺。按会昌寺，据《两京新记》，在长安金城坊西南隅。原址并非佛寺，为隋海陵公贺若谊宅第。义宁元年（618），唐军入关，李世民屯兵于此，隋灭，遂立为佛寺，因此会昌寺也是一座与李唐朝廷关系比较密切的寺院。

这次奉迎佛指，与前次不同，前次佛指没有入京，这是第一次将舍利迎入长安。据道宣所见，佛指被迎入京后，"京邑内外，道俗连接，二百里间往来相庆。"官府主持，无论人力、财力，均有官府支付，所以影响与上次不可同日而语。舍利入京后，留置时间较长，先后在大内内道场、长安各大寺供奉，供士庶百姓瞻仰礼拜。可以肯定的是，佛指也在皇室寺院西明寺供奉过，并且由上座法师道宣来主持供奉法会。

佛指舍利在长安供奉了五个月，之后下敕将舍利运至洛阳继续供奉。在洛阳供奉结束后，下令还归扶风法门寺瘞藏。道宣是佛指舍利还归瘞藏的主持者，在《集神州三宝感通录》卷上中作了完整的记载：

显庆五年，春三月，下敕取舍利往东都入内供养。时周又献佛顶骨至京师，人或见者。高五寸，阔四寸许，黄紫色。将往东都驾所。时又追京师僧七人，往东都入内行道。敕以舍利及顶骨出示行道。僧曰：此佛真身，僧等可顶戴供养。经一宿，还收入内。皇后舍所寝衣帐，直绢一千疋，为舍利造金棺银椁。数有九重，雕镂穷奇。以龙朔二年，送还本塔。至二月十五日，奉敕令僧智琮、弘静京师诸僧，与塔寺僧及官人等无数千人，共藏舍利于石室掩之。

---

① 《集神州三宝感通录》卷上，大正藏 52 册，407 页。

三十年后，非余所知，后有开瑞，可续而广也。①

从以上道宣的记述中我们得知，这次活动是佛指舍利开发迎奉时间最长的一次。显庆四年（659）十月开发，在长安供奉五个月之后，次年三月迎奉至东都洛阳，在洛阳将近两年，至龙朔二年（662）二月归藏法门寺，共约两年零五个月。

所云："皇后舍所寝衣帐，直绢一千疋，为舍利造金棺银椁。数有九重，雕镂穷奇。"已经被上世纪九十年代的考古发掘所证实，武则天所舍的"衣帐""金棺银椁""九重"宝函，历历在目，证明当年道宣的记载是客观而准确的。

（三）道宣的责任

这次迎奉由皇帝亲自指示安排，是初唐时期最为隆重的一次佛教信仰活动，影响深远。高宗李治和皇后武则天身体力行，率先垂范，高宗作等身阿育王像，武则天施舍所寝衣帐，为舍利造九重金棺银椁，影响所至，遍及全国，大大提高了佛教信仰的地位。

道宣虽然参加了这次盛典，但他在自己的著作中并没有具体写到参加的过程和承担的什么责任。从上述记载来看，这次的迎送舍利活动是国之大典，亦以佛事活动的最高规格进行，皇室大寺的上座不可能置身事外。事实上，道宣应负有某种主要的责任。

其一，道宣曾将佛指舍利戴在小手指上示众，极不寻常：

其舍利形状如小指初骨，长寸二分，内孔正方，外楞亦尔。下平上圆，内外光净。余内小指于孔中恰受，便得胜戴以示大众。②

将佛指舍利戴在小手指上，非等闲人不能为之。"以示大众"，表明这种行为实际上是在验证，代表佛门人士予以认可。

其二，奉命送还舍利入法门寺塔。

佛指在两京的供奉结束之后，朝廷令道宣负责送还法门寺。《宋高僧传》

① 按，"时周又献佛顶骨"，恐传抄有误。据《法苑珠林》卷三十八，佛顶骨应为"西域"所献。

② 《集神州三宝感通录》卷上，大正藏 52 册，407 页。

记载道，道宣"送真身往扶风无忧王寺"①。《佛祖统纪》则记得稍为具体：

> 显庆五年，诏迎岐州法门寺护国真身塔释迦佛指骨，至洛阳大内供养。皇后施金函九重，命宣律师送还法门寺。②

文中的"宣律师"即道宣，说明道宣在这次活动中负有主要责任。而道宣自己没有明确记载自己，仅云"龙朔二年，送还本塔。至二月十五日，奉敕令僧智琮、弘静京师诸僧，与塔寺僧及官人等无数千人，共藏舍利于石室掩之"。突出了智琮和弘静，道宣自己应该包含在"京师诸僧"内，一笔带过。

其三，《集神州三宝感通录》的详细记述。

关于第一次和第二次迎奉佛指舍利，最完整、具体的材料就是道宣在《集神州三宝感通录》卷上中所载。如此的具体、详细，没有亲历亲为是难以记录的。

其四，道宣是当时最合适的负责人。

当时玄奘法师去了玉华宫译场，集中全部精力翻译《大般若经》，道宣为高宗敕令建造的西明寺上座，在当时的京城，从影响与地位上来衡量，高宗敕令迎奉佛指，道宣应该是最合适的负责人人选。

在道宣的研究著作中，除了可以了解到佛指的来历以及唐代以前法门寺的历史变迁外，还可以得到以下三点启发。

其一，李渊在隋代批准重建法门寺并予以命名，是法门寺发展沿革上的重大事件，可谓殊胜因缘。次年，李氏推翻杨隋，建立大唐，于是法门寺便获得了李氏新朝的支持。唐代屡次奉迎佛骨，其基本原因盖由于此。

其二，太宗李世民首次批准开发供奉佛指，确立了佛指舍利在唐代的崇高地位。

其三，高宗时期的第二次迎奉舍利，则为此后的屡次迎奉定下了皇室亲为的基调。

---

① 《宋高僧传》卷十四《道宣传》，《大正藏》第50册，790页。
② 《佛祖统纪》卷三十九，《大正藏》第49册，367页。

第七章　护法领袖

佛教在中国的发展不能不受皇权文化的影响和制约，但在皇权这种强势文化的压力下，佛教也在做本能的抵抗。这种抵抗常常被称为"护法"。尤其在京城长安地区，佛教为了争取自己的利益，维护自己的地位，争夺生存的空间，常常要和各种势力抗衡，佛道论衡便是矛盾争执的一条主线。在轰动全国的法门寺佛指舍利迎奉供养刚结束，矛盾便公开化，由佛道次序的争执发展至朝廷敕令出台。在京城各方面利益交错的复杂环境中，道宣不仅亲历其事，而且被拥戴为京城大德护法的领袖，以其卓越的智慧领导佛门弟子执理抗争，迫使王权后退。在中国佛教的发展史上，仅此一例。

一、佛道地位之争

佛教传入中国后，两晋南北朝时期，随着僧众人数的增加和寺院经济的发展，倡导出世的佛教开始与中国的政治伦理发生冲突，即教权和皇权的关系问题发生了矛盾。和平时期，相安无事，激烈时期，佛教便遭到皇权的无情镇压。北魏太武帝和北周武帝的禁断佛教便是这种矛盾冲突的爆发。此外，随着佛教势力的不断扩大，也与儒教、道教发生矛盾。多数情况下，儒教和道教的立场比较一致，"外来的"、倡导出世的佛教成为遭受打击的主要对象。道宣的人生舞台主要在唐代的长安，时间是太宗、高宗和则天时代，各种矛盾在京城有集中的反映，道宣自然成为这些矛盾斗争的见证者。

（一）"道先释后"的由来

在世俗社会上，佛教和道教孰先孰后？唐代之前各抒己见，并无定论。一般来说，唐承隋制，但在宗教政策上恰恰相反，隋代大兴佛教，而甫入李唐，便有"道先释后"政策的出台。制定这个政策的不是别人，恰恰是由命名法门寺之名的唐高祖李渊所定，即道教在前，佛教在后。一石激起千层浪，引起了广泛的争议。在矛盾争议的漩涡中，道宣亲身经历了这一场大辩论。

"道先释后"由唐高祖李渊在武德后期才提出。李渊是杨隋旧臣，且独孤皇后是李渊的从母，文帝于全国推行佛教信仰，世风所被，李渊也不能免。开皇三年（583），京城大修佛寺，李渊舍旧宅建清禅寺。任郑州刺史时，李世民患病，李渊在荥阳大海寺为子祈福，世民病痊愈后造一尊石佛像作功德。同时，李渊还在京城附近的草堂寺为儿子祈福。李世民疾病痊愈后，李渊来寺造像还愿，作《祈疾疏》，云："蒙佛恩力，其患得捐。今为男敬造石碑像一铺，愿此功德，资益弟子男及合家大小，福德具足，永无灾障。"① 还有，隋末的时候李渊亲自批准重修法门寺并命名。同时代的法琳法师对高祖的这些崇佛事迹作了归纳，计有京师造会昌寺、胜业寺、慈悲寺、证果尼寺、集仙尼寺。又舍旧第为兴圣尼寺，并州造义兴寺。为太祖元皇帝、元贞太后造栴檀等身像三躯，于慈悲寺供养。还曾命沙门、道士各六十九人，于太极殿七日行道，散席之日设千僧斋，等等。② 但武德后期，李渊的宗教态度作了调整。诏书中有如下新的变化：

　　老教、孔教，此土先宗，释教后兴，宜崇客礼。令老先、此孔，末后释。③

以道教为先，以儒教为后，以佛教为末，这就是影响到太宗、高宗时期的道先释后政策。

需要注意的是，李渊并不是要废除佛教，像北魏和北周那样禁断佛教流行，而是对儒、释、道三教社会地位的调整和整顿，即确立次序，沙汰消减。还有，整饬并不仅仅是针对佛教，道教也包括在内。至于《旧唐书》所记为因京师寺观不甚清净而下诏，《新唐书》则记载为废除佛教和道教，前者为尊者回护，后者则为作者揣测之意，离题甚远。

李渊的宗教态度为什么会发生变化？前恭而后倨，这要从李渊的社会角色转变的角度来分析。

首先，为了提高门第。取得天下之后，需要以老子李聃为先祖，光大门风，提高地位，增强李唐政权的合法性。李氏集团出自关陇，且杂有胡风，与中原、

---

① 《金石萃编》卷十四《唐高祖为子祈疾疏》。
② 见法琳《辨证论》卷四，大正藏 52 册，511 页。
③ 见《全唐文》卷十一，又见《集古今佛道论衡》卷丙、《续高僧传》卷二十四，等。

齐鲁、三晋的世家大族相比，门第不高。

其次，佛教势力过于强大。经隋代的大力倡导，全国推行佛教信仰，普诏天下，任听出家，佛教文化普及海内，信众人数众多。李杨革命，佛教势力强大，甚至有不服新朝而造反者。①

再次，整顿经济和社会秩序。隋末兵燹连年，社会经济遭到极大破坏。如京城之地，隋代寺、观数百，出家者数以万计，而经历了隋末的战乱，僧众散逃，寺院破败，一片萧条。唐朝建立初期，这种状况没有改变多少，长安出家者数量已大为减少，所存寺院数量仅有隋文帝时的半数，且没有经济来源的保证。尤其是隋代皇室贵族、官僚们修建的佛寺，失去了施主的供养，导致诸寺烟火不续，僧人则饥馁不堪，流离失所。

最后，反对佛教的观点对李渊的影响。李渊对佛教态度的改变还有一个因素，就是社会上有一批反对佛教的思想，以李渊的旧识、太史令傅奕为代表。傅奕多次上疏言佛教之非，请予以废除。傅奕深得李渊赏识，撰《高识传》，上《减省寺塔僧尼益国利民事》十一条，其中有云：

> 僧、尼六十巳下，简令作民，则兵强农劝。《易》曰：男女构精万物化生。此则阴阳父子，天地大象，不可乖也。今卫壮之僧，婉娈之尼，失礼不婚，夭胎杀子减损户口，不亦伤乎。今佛家违天地之化，背阴阳之道，未之有也。请依前条。寻老子至圣尚谒帝王，孔丘圣人犹跪宰相，况道人无取德义未隆，下忽公卿抗衡天子。如臣愚见，请同老孔弟子之例拜谒王臣编于朝典者。

> 大唐丁壮僧尼二十万众，共结胡心，可不备预之哉。请一配之，则年产十万。

> 请减寺塔，则民安国治者。由妖胡虚说造寺之福，庸人信之争营寺塔。小寺百僧，大寺二百，以兵率之，五寺强成一旅。总计诸寺，兵多六军，侵食生民国家大患，请三万户州且留一寺。②

李唐初立，百废待兴，莫衷一是，傅奕的观点尽管荒诞，可也有一定的代表性。傅奕将所说摹写多本，在朝野广为散布，有反对者，也有赞成其

---

① 　如《资治通鉴》卷一八六所载，武德元年（618），山东僧众数千人杀县令自立，改元"法轮"云云。

② 　《广弘明集》卷七，大正藏 52 册，134 页。

论者。

综上所述，高祖李渊的整顿自有自己多方面的考虑，并非昏聩臆断。但新政并没有来得及实施便被"宣武门事变"阻断，"事竟不行"。尽管没有实施，但其禁斥佛教的思想并未消弭，而且以李聃为先祖则成为定制，"道先释后"的政策也被太宗、高宗所继承，成为初唐时代朝廷宗教态度的基本格调。

（二）太宗的宗教态度

太宗李世民，通过"宣武门事变"登上帝位之后，也循例事佛，建造寺院，组织国立译场，但维持"道先释后"的政策不变。度过了执政初期的动乱，随着秩序的恢复，社会的稳定，贞观十一年（637），下诏书重申"道先释后"：

> 老君垂范，义在清虚；释迦贻训，则理存因果。求其教也，汲引之迹殊途，求其宗也，弘益之风齐致。然大道之兴肇于遂古，源出无名之始，事高有形之外，迈两仪而运行，包万物而亭育，故能经邦致治，反朴还淳。至如佛教之兴，基于西域，逮于后汉方被中土。神变之理多方，报应之缘匪一，洎于近世，崇信滋深。人冀当年之福，家惧来生之祸，由是滞俗者闻玄宗而大笑，好异者望真谛而争归。始波涌于间里，终风靡于朝廷，遂使殊俗之典郁为众妙之先，诸华之教翻居一乘之后，流遁忘返，于兹累代。今鼎祚克昌，既凭上德之庆，天下大定，亦赖无为之功。宜有解张，阐兹玄化。自今已后，斋供行立，至于称谓，道士、女道士可在僧、尼之前，庶敦反本之俗，畅于九有贻诸万叶。[①]

诏书中首先肯定了佛道两教都有益于治世，"汲引之迹殊途"，"弘益之风齐致"，与高祖的态度是一致的。其次，强调道教的传播在先，佛教的传播在后。道教源于本土，历史久远，"肇于遂古"，可"经邦致治，反朴还淳"，而佛教发源于西域，后汉时才传入中土。再次，洎于近世，佛教才"崇信滋深"。因之"殊俗之典郁为众妙之先，诸华之教翻居一乘之后"是不对的。新朝建立，"亦赖无为之功"，所以应"敦反本之俗"，道教居佛教之前。

---

① 《集古今佛道论衡》卷丙，大正藏52册，382页。

虽然太宗强行下诏书推行，但佛门弟子不断上书抗争，议论纷纷。曾有为了道先释后而与太宗在朝堂上公然抗拒的公案，参与者法琳几乎被杀。

法琳，俗姓陈，熟通三教典籍，也是初唐京城的一代名僧，道宣对其评价甚高。傅奕的废佛论发表后，法琳即撰《破邪论》、《辩证论》反驳，在朝野之间广为宣传，获得不少支持。太宗即位，立国立译场，法琳奉召入选。太宗废南山太和宫为佛寺，法琳性喜幽静，欣然求住，并被推举担当寺任。贞观十三年（639）冬，有道士秦世英告发法琳在谤讪皇宗，罪当调上，惹恼了太宗。道宣在《续高僧传》中记载，太宗大怒，问法琳曰：

> 周之宗盟，异姓为后。尊祖重亲，实由先古。何为追逐其短，首鼠两端？广引形似之言，备陈不逊之喻，把毁我祖祢，谤黩我先人。如此要君，罪有不恕。①

实际上，李氏攀附李聃为先祖，并无可靠的根据，佛教徒为了保护自己的根本利益，只好触动李氏朝廷的敏感点。再加上偏偏法琳倔强异常，引经据典，丝毫不肯退让。英明武勇如太宗者为了维护"祖宗"的颜面，自然不会屈服于僧徒，于是矛盾急剧恶化。法琳呈上自己的著作，条分缕析，引经据典辩护。法琳博学多才，熟知三教，太宗如何能反驳，便恼羞成怒，借题发挥。

法琳的《辩证论》中有信毁交报篇，云"念观音者，临刃不伤"。太宗强判法琳杀头之罪，令且将法琳关在监狱，允许法琳念七日观音，七日后行刑。七日之后，遣使问法琳，时间已到，当该行刑，有何所念？念有灵不？法琳答曰：七日以来，不念观音，唯念陛下。问：有诏令念观音，为何不念？答曰：观音就是陛下，陛下就是观音。太宗略为宽容，敕令免除死罪，将法琳流放于四川。途中，法琳因疾而卒，终年六十九，有著作三十多卷行世，尤以《辩证论》著名。

太宗执政虽然秉承"道先释后"之策，但在个人的宗教态度上并非一定厚此薄彼。

贞观十五年（641）五月十四日，太宗来到弘福寺设斋，手制《愿文》，自称"皇帝菩萨戒弟子"，来纪念母亲太穆皇后。在这里，太宗与弘福寺僧道懿等有一番对话。这番对话包含着太宗的表白，很能代表其真实的意愿。

---

① 《续高僧传》卷二十四《法琳传》，大正藏 50 册，638 页。

道宣在所著《集古今佛道论衡》中对这段话作了详细的记录：

> 帝谓僧曰：比以老君是朕先宗，尊祖重亲有生之本，故令在前。师等大应恨恨？
>
> 寺主道懿奉对：陛下尊重祖宗，使天下成式，僧等荷国重恩安心行道。诏旨行下咸大欢喜，岂敢恨恨。
>
> 帝曰：朕以先宗在前，可即大于佛也。自有国已来，何处别造道观？凡有功德并归寺家。国内战场之始，无不一心归命于佛。今天下大定，战场之地并置佛寺，乃至本宅先妣唯置佛寺。朕敬有处，所以尽命归依，师等宜悉朕怀。彼道士者，止是师习先宗，故位在前。今李家据国，李老在前，若释家治化则释门居上，可不平也。
>
> 僧等起谢。帝曰：坐，是弟子意耳，不述不知。天时大热，房宇窄狭，若为居住，今有施物可造后房，使僧等宽展行道。①

太宗先对僧众说，以老子为李氏先祖，故有道先释后之例，僧等"大应恨恨"。"恨恨"者，悲愤之意。"大应恨恨"，则极为不满。寺主道懿等，答曰"荷国重恩安心行道"，不敢"恨恨"。接下来太宗详细介绍了自己的真实用意。虽然因"先宗在前"，致有道先释后，但自新朝建立以来，并未"别造道观"。"凡有功德并归寺家"，"战场之地并置佛寺，乃至本宅先妣唯置佛寺"。并很明白地说："今李家据国，李老在前，若释家治化则释门居上，可不平也。"

太宗所云种种"营造功德"都在佛教方面，"别造道观"很少，是符合事实的。在救度众生脱离苦海方面，佛教的"法门"比老子道教要多，在社会民众中的影响更为广泛。如太宗在谒并州兴国寺的诗中所云，佛教更具"超然离俗尘"的向往：

> 回銮游福地，极目玩芳晨。
> 梵钟交二响，法日转双轮。
> 宝刹遥承露，天华近足春。
> 未佩兰犹小，无丝柳尚新。

① 《集古今佛道论衡》卷丙，大正藏 52 册，386 页。

圆光低月殿，碎影乱风筠。

对此留余想，超然离俗尘。①

二、"二圣"与佛教

　　道宣身处京城，历隋至唐，身经隋文帝、炀帝、唐高祖、太宗和高宗五朝，随着地位与影响的上升，自然越来越频繁地与朝廷官府发生关系，虽然经常在终南山静修撰述，但树欲静而风不止。太宗之后的高宗李治，继承了父、祖的政策。李治性格懦弱，体弱多病，皇后武则天地位迅速上升，参政预政，代行诏敕，一时之间，宫中称为"二圣"。李治继承祖、父的"道先释后"国策，在原则问题上立场明确，拟制佛教；武则天则崇信佛教，借助佛教的势力壮大自己的力量。在这两股力量的博弈中，道宣被推到了风口浪尖。

　　李治恪守祖规，非常孝顺。李治是太宗李世民的第九个儿子，母亲是长孙皇后。贞观十七年（643），废太子承乾，魏王泰亦以罪黜，太宗与长孙无忌、房玄龄、李勣等商议，立李治为太子。为什么立李治为太子，是因为李治"岐嶷端审，宽仁孝友"，特别本分、孝顺。李治九岁时，母亲文德皇后去世，李治"哀慕感动左右，太宗屡加慰抚，由是特深宠异"。甚至"太宗患痈，太子亲吮之，扶辇步从数日"。②因此太宗对李治非常看重，亲加指导。贞观二十三年（649），太宗去世，李治即帝位，时年二十二岁。即帝位之后，李治严格按照祖父和父亲立下的规矩执政，处理国务，严格谨慎。

　　高宗恪守祖父、父亲所立制度，继承道先释后原则，虽然也作了不少佛事，即位后，改父皇的玉华宫为玉华寺，在埋葬太宗的昭陵营建佛寺，迎奉佛指，为玄奘译经写《圣教序记》，建西明寺，改高祖故居为天宫寺，等等，但仍坚持老子李聃为"朕之本系，爰自伏羲之始，暨乎姬周之末"，上尊号为太上玄元皇帝，圣母为先天太后。③在社会地位上仍将佛教排在道教之后。

　　李氏三代皇帝确定的原则似乎不可动摇，但在朝廷上意见并不完全一

---

① 《广弘明集》卷三十《太宗文皇帝谒并州兴国寺二首》，大正藏 52 册，360 页。

② 《旧唐书》卷四《高宗本纪》上。

③ 参见高宗：《上老君玄元皇帝尊号诏》，《全唐文》卷十二。

致，特别是声势骤起的皇后武则天，对佛教却有特殊的感情。

武则天，并州文水人。隋时，李渊镇守晋地，行军于汾、晋间，每休止其家。义旗初起，则天之父武士彟从平京城，立有功劳。太宗时，武士彟累迁工部尚书、荆州都督，封应国公。则天年十四岁时，太宗闻其年轻貌美，召入宫，立为才人。据《旧唐书》所载：

> 及太宗崩，遂为尼，居感业寺。大帝于寺见之，复召入宫，拜昭仪。时皇后王氏、良娣萧氏频与武昭仪争宠，互谗毁之，帝皆不纳。进号宸妃。永徽六年，废王皇后而立武宸妃为皇后。高宗称天皇，武后亦称天后。后素多智计，兼涉文史。帝自显庆已后，多苦风疾，百司表奏，皆委天后详决。自此内辅国政数十年，威势与帝无异，当时称为"二圣"。①

则天幼年时就跟随其母信仰佛教，被太宗召入宫后，虽立为才人，但并不得宠。则天貌美有才干，"素多智计，兼涉文史"，于是被高宗李治又召入宫中，先后拜昭仪，进号宸妃。到永徽六年（655），高宗废王皇后，立则天为皇后。从此，则天步入朝堂，执掌国柄，与高宗地位相埒。

李治虽贵为皇帝，但体弱多病，身体状况很差，上述引文中有"多苦风疾"之语，史书中还有"风疹不能听朝"的记载②。数十年来一直如此，而且随着时间的推移，越来越严重，甚至不能行动，国之大典也无法举行。例如：

> 封中岳礼，上疾而止。上苦头重不可忍，侍医秦鸣鹤曰："刺头微出血，可愈。"天后帷中言曰："此可斩，欲刺血于人主首耶！"上曰："吾苦头重，出血未必不佳。"即刺百会，上曰："吾眼明矣。"

病情如此严重，需刺血方可略感轻松，高宗的身体状况可想而知。在这样的情况下，高宗自然越来越依赖皇后则天的帮助。何况武则天确实聪慧干练，能力出众。

需要强调的是，高宗对则天是信任的，数十年来没有大的改变。直至去世，高宗在《遗诏》中还叮嘱："军国大事有不决者，取天后处分。"③

---

① 《旧唐书》卷六《则天皇后》。
② 《旧唐书》卷四《高宗本纪》上。
③ 以上见《旧唐书》卷四《高宗本纪》。

理清了初唐诸帝与佛道的关系之后，才能探讨佛道之争的本质问题以及与道宣的关系。这种争论由来已久，从佛教传入中土就一直存在，只不过各个历史时期有各自不同的特点。道宣是当事人，亲自参与了辩论，为了维护佛教的利益，专门作有《集古今佛道论衡》，搜集了之前的有关文件，编为四卷，在当时的争论中发挥了重要作用，也为后人留下了一份珍贵的资料。

三、拜俗之争

初唐的佛道之争是表面现象，背后的实质问题是"拜俗"问题。所谓"拜俗"，即与佛教不拜白衣的戒律相违背，同时，也映衬出政教关系博弈的影子。既然与戒律相关，无论是作为西明寺上座，拟或是国内闻名的律师，道宣都作出了回应。

（一）致拜君亲敕

就在佛指舍利瘗藏法门寺的两个月之后，风云突起，"致拜君亲事件"爆发，皇权和佛教势力进行了一次面对面的较量。道宣是这次事件的主要参与者，率领长安僧众抵制朝廷令僧人致拜君亲的政策，并取得了完全的胜利。由于玄奘在玉华寺翻译《大般若经》到关键处，无暇分身，所以道宣领导这次活动就有了特别的意义。在唐代佛教的历史上，佛教势力公然与皇权抗争并取得了胜利，次数并不多。

道先释后成为一种既定国策后，虽然对佛教的发展有所限制，但事实上由于有隋代打下的基础，并没有因为这种限制而放慢了发展的速度。同时，朝廷的意见并不完全统一，支持佛教者颇多。唐高宗继承了道先释后原则，为了加强皇权的地位，在显庆年之后又强行推行僧人拜君亲的政策。龙朔二年（662）四月十五日，即佛指舍利归藏于扶风法门寺仅两个月之后，敕令"沙门等致拜君亲"。敕令致拜君亲的对象虽然也包括道教信徒，但实际针对的是社会影响日益强大的佛教。

佛教戒律制度和中国世俗礼教的冲突由来已久，并不是一个新的问题。高宗在下僧人致拜君亲的诏令以前，数次召僧道入宫讲论，显庆二年（657）二月还颁发过一个《僧尼不得受父母拜诏》，从比较委婉的角度对僧尼与君亲的关系作了界定。诏书中说，"释典冲虚，有无兼谢，正觉凝寂，彼我具亡"，不能"岂自尊崇，然后为法"。因为"圣人心主于慈教，父子君臣之际，长幼仁义之序，与夫周礼之教异轸同归。"①

这个诏书颁发后，如同在水中投下一颗小石头，微微泛起了几圈涟漪，波动不大。一则出家人与俗家双亲的关系是个人的事情，官方难以强迫和监督。二则毕竟中国的出家人是在中国传统文化的土壤中成长的，骨肉亲情无法完全消灭。三则佛教并不反对孝养双亲，特别大乘佛教更把孝纳入戒制。但致拜君亲则与不得受父母拜完全有着性质上的不同，直接关系到佛教的社会地位问题，其实质是教权与皇权的关系。

四月十五日，高宗正式颁布《沙门等致拜君亲敕》，明确要求佛道两教的出家人向皇室和父母行致拜之礼：

> 敕旨：君亲之义，在三之训为重，爱敬之道，凡百之行攸先。然释、老二门，虽理绝常境，恭孝之触事叶儒津，遂于尊极之地不行跪拜之礼。因循自久，迄乎兹辰。宋朝暂革此风，少选还遵旧贯。朕禀天经以扬孝，资地义而宣礼，奖以名教，被兹真俗，而濑乡之基克成天构，连河之化付以国王，裁制之由，谅归斯矣。今欲令道士女冠、僧尼，于君、皇后及皇太子、其父母所致拜。或恐爽其恒情，宜付有司详议奏闻。②

高宗令僧尼致拜，以加强皇权至上的地位，但考虑到沿习已久，并无十分的把握，所以诏书的最后又加了"或恐爽其恒情，宜付有司详议奏闻"。意思是敕令并非立即执行，只是表达了高宗的意思，着有关方面讨论后回奏。

尽管高宗没有直接下令致拜君亲，令有司详议，但其中的敏感却使六十多岁的道宣被迫迎来了自己人生的另一个高潮。

（二）僧众的抗辩

诏下之后，各方展开了热烈讨论，赞成致拜的和反对者聚讼纷纭，甚至还有主张兼拜的。影响与范围迅速扩大，成为朝野议论的热点。敕令中已将道士女冠排列在僧尼之前，且李唐与老子李聃已联为本宗，所以在道教徒中争议不大。至于佛教徒，远的北周武帝禁灭佛教尚未忘记，二十年前法琳

---

① 《唐大诏令集》卷一一三。

② 《集沙门不应拜俗等事》卷三，大正藏 52 册，455 页。又见《广弘明集》卷二十五。

几乎被朝廷处死则仍记忆犹新，所以"僧徒惶惑，网知所裁"。当时玄奘法师远在坊州（治所在今陕西黄陵）玉华寺，正在尽最后一点气力翻译巨著《大般若经》，无法分身回京。这样，作为西明寺上座、又是著名律师的道宣便责无旁贷，联络引领四众弟子积极讨论申诉。

据现有的资料记载，敕令颁布六天后，首先是大庄严寺威秀法师联名了二百多位僧人，上《沙门不合拜俗表》。

表文中首先申明了"伏奉明诏，令僧拜跪君父，义当依行"的立场，由此出发，尊"儒释明教，咸陈正谏之文"。然后申述不拜的理由，主要有以下数端。

一者："自古帝王齐遵其度，敬其变俗之仪，全其抗礼之迹。"

二者："今若返拜君父，乖异群经"。"君父"为俗人，佛教戒律规定出家人不得拜俗人。

三者："宋武晚季，将隆虐政，制僧拜主，寻还停息。良由事非经国之典，理约天常之仪"。

四者"夏勃敕拜，纳上天之怒。魏焘行诛，肆下疠之责。"[1] 大夏赫连勃勃敕令拜俗，招致"上天之怒"，北魏太武帝灭佛，得"下疠之责"。

随同表文一同上奏的，还有摘录诸经典中不应拜俗的条文若干，说明言之有据，作为附录呈上，以供参考。

这四条内容有三条是从历史的角度申诉，"自古帝王齐遵其度，敬其变俗之仪"。但也有发生命令僧众致拜者，但都没有成功，"寻还停息"，因为"事非经国之典，理约天常之仪"。更有甚者，强行敕令致拜，如大夏的赫连勃勃、北魏的拓跋焘等帝王，都遭受天谴，没有好下场。第二条"今若返拜君父，乖异群经"，意思是与佛教的戒律有违。

弘福寺彦悰法师编有《集沙门不应拜俗等事》，对这次"致拜君亲事件"的有关文件搜罗甚详，记载有当时威秀等上呈表章的经过：

> 时京邑僧等二百余人，往蓬莱宫申表。上请左、右相云：敕令详议，拜、不未定，可待后集。僧等乃退。于是大集西明，相与谋议，共陈启状闻诸僚采云。[2]

---

[1] 《广弘明集》卷二十五《沙门不合拜俗表》，大正藏52册，284页。
[2] 《集沙门不应拜俗等事》卷三，大正藏52册，455页。

所云"京邑僧等二百余人"，只有前文大庄严寺威秀，没有其他具体人名，也没有出现道宣的名字。这二百余人应该是京城各寺共同推举，即使道宣没有参加，也必然有西明寺的代表。尤其返回后"大集西明，相与谋仪"，显然与西明寺上座道宣有直接的关系。又，数百人赴皇宫上表申诉，此举前所未有，必然轰动京城。而高宗答复拜与不拜尚未确定，则给了僧众继续努力的希望。于是京城僧众大集西明寺，共同商议对策，决定"共陈启状闻诸僚采"。意思是大家都根据情况向官员们书写呈送启状，申述理由，争取支持，以期影响这些官员在讨论拜与不拜时的立场。既然高宗答复尚未决定，尚待"有司详仪"，西明寺群僧聚集，俨然成为领导佛门四众弟子抗议拜俗的策源地。

四、护法领袖

道宣生长在京城，又是皇室寺院的上座，对朝廷内部的情况是比较了解的。此时此刻，对各种势力的对比和形势的发展进行了认真的分析。由于拜与不拜要由朝廷决定，而朝廷百官也意见分歧，正拟召集百官会议，所以，道宣把工作的重点放在争取皇室内戚与阁僚的同情和支持上，在皇宫之外展开了繁忙的活动。

（一）三篇文启

作为领袖，道宣自然要最大限度地发挥自己的作用，亲自写了三道文启。四月二十五日，呈送《上雍州牧沛王论沙门不应拜俗启》：

> 僧道宣等启：
>
> 自金河徙辙，玉关扬化，历经英圣，载隆良辅，莫不拜首请道归向知津，故得列刹相望，仁祠棋布。天人仰福田之路，幽明怀正道之仪，清信之士林蒸，高尚之宾云结。是使教分三法，垂万载之羽仪。位开四部，布五乘之清范。顷以法海宏旷，类聚难分，过犯滋彰，冒尘御览，下非常之诏，令拜君亲。垂恻隐之怀，显疏朝议。僧等荷斯明命，感悼涕零，良由行缺光时，遂令上沾忧被。且自法教东渐，亟涉窊隆，三被屏除，五遭拜伏，俱非休明之代，并是暴虐之君。故使布令，非经国之谟乖常致良史之诮。事理难返，

还袭旧津。

伏惟大王，统维京甸，摄御机衡，道俗来苏，繁务攸静。今法门拥闭，声教莫传，据此静障拔难之秋，拯溺扶危之日，僧等叫阍难及，徒鹤望于九重，天陛罕登，终栖遑于百虑。所以千冒，陈款披露，冀得俯被鸿私载垂提洽。是则遵崇付嘱，清风被于九垓，正像更兴，景福光于四海。不任穷塞之甚，具以启闻。

尘扰之深，惟知惭惕。

谨启　四月二十五日 ①

雍州牧沛王，即章怀太子李贤，高宗第六子，则天第二子。李贤好文，知书达理，且容止端雅，当时正得高宗、则天器重。永徽六年（655）之后，李贤地位迅速上升，先后封潞王、授岐州刺史，加雍州牧、幽州都督。龙朔元年（661），徙封沛王，加扬州都督，兼左武威大将军，雍州牧如故。敕令致拜君亲的这一年，李贤又加扬州大都督。道宣在启文中并没有具体陈事，谦谨行文，叙述佛教自传入之后，"天人仰福田之路，幽明怀正道之仪"，但"类聚难分"，可能有所冒犯，以至"下非常之诏，令拜君亲"。关键的词语是佛教传入之后，曾"三被屏除，五遭拜伏，俱非休明之代，并是暴虐之君"。李贤好文，自然知道并同意道宣所述。皇室贵族很多，为什么道宣给李贤上书？分析背后的因素，从名义上看，应该有三方面的原因。

其一，李贤及其集团对佛教有好感，了解西明寺和道宣，应该是反对"致拜君亲"的。这次令僧人致拜君亲的事件平息后，李贤为西明寺造万斤巨型铜钟，后又舍宅造千福寺等，即可看出端倪。

其二，李贤是高宗、则天正得宠的儿子，且身居高位，"统维京甸，摄御机衡"，在朝野都有广泛影响，上可影响"二圣"，下可影响百官。

其三，李贤是李弘之弟，李弘这时正是皇太子，西明寺正是因为李弘病愈而建。道宣身为西明寺上座，不向李弘写启文却向李贤写，分明是想借李贤向皇太子转达自己的意见。

其四，关键还在于武则天。李弘、李贤都是则天所生，此时依其年龄、阅历，都唯母命之所从。

道宣给沛王上启文，借以影响皇太子集团，争取支持，分明是经过了

① 《集沙门不应拜俗等事》卷三，大正藏52册，455-456页。

缜密的研究。

道宣的另一篇文章是《上荣国夫人杨氏请论沙门不合拜俗启》，在递上给沛王启文之后的第二天呈送，也是一篇精心之作。文曰：

> 僧道宣等启：
>
> 自三宝东渐六百余年，四俗立归戒之因，五众开福田之务，百王承至道之化，万载扇惟圣之风，故得环海知归，生灵回向。然以慧日既隐千载有余，正行难登严科易犯，遂有秭稗涉青田之秽，少壮怀白首之征。备列前经，闻于视听。且圣人在隐，凡僧程器，后代住持非斯谁显。故金石泥素，表真像之容，法衣剃发，拟全僧之相。衣而信毁，报果两分，背此缮修，俱非正道。又僧之真伪，生熟难知，行德浅深，愚智齐惑。故经陈通供，如海之无穷，律制别科，若涯之有际。宗途既列，名教是依，设出俗之威议，登趣真之圆德。固使天龙致敬，幽显归心，弘护在怀，流功不绝。
>
> 比以时经浊染人涉凋讹，窃服饰诈之徒，叨幸凭虚之侣，行无动于尘俗，道有翳于宪章。上闻御览，布君亲之拜。乃回天眷，垂朝议之敕。僧等内省惭惧，如灼如焚，相顾失守，莫知投厝。
>
> 仰惟佛教通嘱，四部幽明，敢怀窃议，夫人当斯遗寄。况复体兹正善，崇建为心，垂范宫闱，成明道俗。今三宝沦溺，成济在缘，辄用咨陈，希垂救济。如蒙拯拔，依旧住持，则付嘱是归，弘护斯在。
>
> 轻以闻简，追深悚息。
>
> 谨启 四月二十七日 ①

这位荣国夫人更不是等闲之辈，她就是天后武则天的母亲杨氏。杨氏嫁于武士彟后，生有三女，则天为第二女。武士彟去世后，母女境遇窘迫不已，历经坎坷，于是向佛法寻求慰藉，母女崇佛甚笃。则天为皇后之后，追赠其父为司徒、周忠孝王，封杨氏为代国夫人。不久又加赠武士彟为太尉，杨氏改封荣国夫人，享尽荣华富贵。则天对她的母亲很孝顺，在当年经历坎坷时母女都皈依了三宝，而且此后从未改变过信仰。如显庆元年（656），则天生李显时，请玄奘大师以佛法加佑。玄奘判断所生是男，并且圣体平安和无苦，唯愿皇子生后能皈依佛门。为此，皇后施舍袈裟和服玩百余件。至

---

① 《集沙门不应拜俗等事》卷三，大正藏 52 册，456 页。

诞日，果如玄奘所言。新皇子遂披袈裟服，受三归，赠号曰佛光王。到满月时，敕令为皇子度僧七人，并且请玄奘大师入宫为其剃发。说明武则天尽管知道儿子"本系"是道教的祖师李聃，但仍公然携领李氏之后崇信佛教。而高宗不仅没有阻止，反而为皇子诞生度僧七人，可见则天在宫内的地位与影响。还有迎奉佛指时，武则天捐赠布施颇多。如道宣所言，荣国夫人，"敬崇正化，大建福门，造像书经，架筑相续"，因此僧众们"内省惭惧，如灼如焚"，"辄用咨陈，希垂救济"。① 可以看出，道宣如果不便直接向"二圣"之一的武则天上表文，给武则天的母亲上书，则更显得匠心独运了。

启文中首先回顾了佛法东传六百多年，"四俗立归戒之因，五众开福田之务，百王承至道之化，万载扇惟圣之风，故得环海知归，生灵回向。"然毕竟是"慧日既隐"一千多年的末法时期，"正行难登严科易犯"，所以"法衣剔发，拟全僧之相"。假如"衣而信毁"，则"报果两分"，徒劳无功，故而戒律所制，别有深意。但也有不尊经教者，致使"上闻御览，布君亲之拜"。因之道宣等僧众"内省惭惧，如灼如焚，相顾失守，莫知投盾"。特此上书，寄希望于夫人"当斯遗寄"，予以"拯拔"。

道宣还写了一篇《序佛教隆替事简诸宰辅等状》向百官散发，洋洋洒洒两千余言。

这篇文章与前两文不同。前两文是对皇室贵族，一位是皇子沛王，一位是天后之母。两位都属于倾向于不拜俗者，认同佛教界的观点，因此文章言简意赅，表意即可。而这篇文章是针对朝廷百官广泛散发，因此道宣在文中引经据典，据理力争。文中列举了《列子》、《汉书》等文献，追述从周穆王后佛教东传的种种圣迹，包括刘向检书，汉明感梦求法，然后记叙两晋、南北朝及隋代有关敕令拜俗均未成功的案例，最后引《梵网经》、《涅槃经》、《佛本行经》中佛陀有关沙门不敬俗的教诲，"出家法，不礼拜国王、父母、六亲，亦不敬事鬼神。"

文中首先对佛教入中国后与帝王统治者的关系作了回顾。从后汉明帝永平中，直到隋炀帝，"自大化东渐六百余年，三被诛除，五令致拜，既乖经国之典，又非休明之政"。凡是"诛除"佛教，"令致拜"者，俱"非休明之政"说的基本符合事实，令对方难以反驳。在这"三被诛除，五令致拜"时，

---

① 以上见《广弘明集》卷二十五《上荣国夫人杨氏请论沙门不合拜俗启》，大正藏52册，284—285页。

许多朝廷宰辅挺身而出，护持正法，如"孙皓虐政，将事屏除，诸臣谏之乃止"，"东晋……庾冰辅政，帝在幼冲，为帝出诏令僧致拜。时尚书何充、尚书谢广等，议不合拜。往返三议，当时遂寝。""安帝元初中，太尉桓玄，以震主之威下书令拜，尚书令桓谦、中书王谧等抗谏……又致书庐山远法师……远答以方外之仪，不隶诸华之礼，乃著《沙门不敬王者论》五篇，其事由息"。"太武真君七年，听谗灭法，经于五载感疠而崩。""赫连勃勃据有夏州，凶暴无厌，以杀为乐，佩像背上，令僧礼之。后为震死，寻为北代所吞。""（北周武帝）存废理乖，遂双除屏，不盈五载，身殁政移。"等等。然后引佛经所说的规定，声明僧人是按律制行事，说明若"削同儒礼，则佛非出俗之人，下拜君父，则僧非可敬之色。是则三宝通废，归戒绝于人伦"。最后写道："僧等荷国重恩，开放出家，奉法行道，仰承圣则。忽令致拜，有累深经，俯仰栖惶，网知投庇。谨列内经及以故事，具举如前，用简朝议，请垂详采。"①

这篇文章内容丰富，有理有据，层次分明，有很强的逻辑性，加上道宣西明寺上座的身份，所以文章既为支持者提供了依据与思路，也使得反对者读后不得不思考再三。

（二）中台都堂辩论

在诏令下达一个月后，由于无法形成一致的意见，于是下令五月十五日在中台都堂召集百官大会讨论，据称文武官僚九品以上，及京城之外的州官、县官，总计一千余人。可谓济济一堂，盛况空前。大会在中台大堂举行，由中台六部中的司礼、司元、司戎、司刑、司平五部负责，职责所在，由司礼担当主持，并负责将会议结果上奏朝廷。

在堂内，负责主持这次大会的是司礼太常伯、陇西郡王李博乂。李博乂是皇室显贵，高祖时就任过宗正卿、礼部尚书，门第非常显赫。李的父亲是高祖李渊的兄长，算起来李博乂应该是高宗李治的本家伯父了。请年高位尊掌管司礼的陇西郡王李博乂来主持，应该是各方面都能接受的人选。

在中台都堂百官大会讨论之前，京城僧众在道宣领导下，已经于西明寺商议多次。十五日当日，道宣亲自率大庄严寺威秀、大慈恩寺灵会、弘福寺会隐等京城各寺的三百余僧众，手捧记载不应拜俗的文书典籍和表启，也来到中台都堂外，诣阙申诉。门官转告了李博乂后，李云：敕令由俗官详

---

① 以上见《广弘明集》卷二十五《序佛教隆替事简诸宰辅状》，大正藏52册，285—286页。

细讨论，法师们可暂退，等候结果。

中台大堂内的会议有千余官员参与讨论，议论纷纷，阵线分明，各执一端，热烈而激烈，显然，短期内无法达成一致意见，也不可能达成一致意见。据彦悰记载，最后采取了议状归类的办法：

> 时群议纷纭，不能画一。陇西王曰：佛法传通，帝代既远。下敕令拜君、亲，又许朝议。今众人立理，未可通遵。司礼既曰：职司可先建议，同者署名，不同则止。时司礼大夫孔志约执笔述状如后，令主事大读讫，遂依位署。人将大半，左肃机崔余庆曰：敕令司别立议，未可辄承。司礼请散，可各随别状送台。时所送议文扬驳杂，今谨依所司上下区以别之，先列不拜之文，次陈兼拜之状，后述致拜之议。①

由于各抒己见，无法统一，陇西郡王认为情况复杂，既敕令致拜，又允许百官讨论，难以达成一致意见，众说纷纭，"未可通遵"。于是，采取了"同者署名"的办法，司礼先拟述状，令主事作大会宣读，然后同意者依位次署名。

就在署名过半的时候，又发现了问题。敕令的要求是"司别立议"，即各司分别写出自己的意见，这样混同署名，不符合敕令要求。最后，陇西郡王李博乂决定解散大会，参加者按各司之别将自己的意见用书面的方法呈交上来。

借此机会，道宣率领京城僧众又四处奔走呼吁，通报消息，向各位与会官员陈述理由。

（三）百官意见

收齐议状后，统计众官僚的意见，按照各部区分，以三大类统之，即建议不拜俗者、建议兼拜者和同意拜俗者三类，统计结果如下：

其一，统计的结果，仅就应拜和不应拜者，认为应该拜君亲的官员有三百五十四位，而持反对意见的有五百三十九人之多。

其二，筹办百官大会的五司各自都发表了意见。

主持大会的司礼太常伯、陇西郡王李博乂等，代表司礼，主张以不拜

---

① 《集沙门不应拜俗等事》卷三，大正藏 52 册，457 页。

为宜。

司元太常伯窦德玄、少常伯张仙寿等代表司元，主张不拜。

司戎少常伯郑钦泰、员外郎秦怀恪等代表司戎，主张不拜。

司刑太常伯刘祥道代表司刑，主张应拜。

司平太常伯阎立本代表司平，主张应拜。

也就是说，在尚书省的六部中，除了吏部没有参加外，其余礼、户、兵、刑、工五部，前三部认为不应拜，而后两部认为应该拜君亲，即多数认为佛、道不应致拜君亲。

陇西郡王将百官大会讨论意见的整理结果和五司的意见上报高宗，具体的两种意见分别由令狐德芬和阎立本整理。

议请不拜君亲的共有五百三十九位官员，其理由由德高望重的令狐德芬整理。

关于佛教，认为"佛之垂法，事越常规。剔发同于毁伤，振锡异乎簪绂，出家非色养之境，离尘岂荣名之地。功深济度，道极崇高，何必破彼玄门，牵斯儒辙。披释服而为俗拜，践孔门而行释礼，存其教而毁其道，求其福而屈其身。详稽理要恐有未惬。"道教不拜的理由，认为"道之为范，虽全发肤，出家超俗其归一揆。加以远标天构，大启皇基，义藉尊严，式符高尚"。"孔子曰：因人所利而利之。老子曰：圣人无常心，以百姓心为心。二教所利，弘益多矣，百姓之心，归信众矣。革其所利，非因利之道，乖其本心，非无心之谓，请遵故实不拜为允。"

议请应拜君亲的有三百五十四位官员，其意见由司平太常伯阎立本整理为文。

应拜君亲的理由是，"刚折柔存，扇玄风之妙旨，苦形甘辱，腾释路之微言，故能开善下之源，弘不轻之义。以是声闻降礼于居士，柱史委质于周王。此乃成缁服之表缀，立黄冠之龟镜。""况太阳垂曜在天，标无二之明。大帝称尊御宇，极通三之贵。且二教裁范虽绝尘容，事上出家，未能逃国……岂有抗礼宸居，独高真轨。然轻尊傲长，在人为悖，臣君敬父，于道无嫌，考详其议跪拜为允。"①

双方的理由都十分充分。实际上，自从佛教传入中国之后，在印度形成的超然于物外的戒律制度与中土的政治伦理一直有冲突。以上的两种意见

---

① 以上见《集沙门不应拜俗等事》卷六，大正藏 52 册，472 页。

只是两晋以来政教关系矛盾冲突的继续与重复，不可能统一划一，只是在不同的历史条件下各有侧重。

（四）朝廷收回成命

唐高宗揽状后颇费踌躇，有鉴于多数的意见，只好后退一步，六月八日，下了一个君可以不拜但父母却要拜的《停沙门拜君诏》。

诏书中有云：

> 朕席图登政，崇真导俗……前欲令道士女冠、僧尼等致拜，将恐振骇恒心，爰俾详定。有司咸引典据，兼陈情理，沿、革二途纷纶相半。朕商榷群议，沈研幽赜，然箕颍之风，高尚其事，遐想前载，故已有之。今于君处，勿须致拜。其父母所，慈育弥深，祗伏斯旷，更将安设。自今以后，即宜跪拜。[①]

诏下之后，道宣等深受鼓舞，于是又纷纷上表，阐述不拜父母的理由。道宣还特别又向荣国夫人写了一篇论拜亲无益的启文，"若不早有申闻，恐遂同俗法"，"伏乞慈覆，特为上闻"。远在玉华寺助玄奘译经的靖迈也上了一道《拜父母有损表》。对于僧人拜俗一事，玄奘态度明确，一直表示反对。所以，靖迈表章有可能是得到玄奘的同意并反映了玄奘的意见。静迈的表文中强调了两点。一是"心敬君亲"，不在于跪伏。二是拜俗违背戒律。"若令反拜父母则道俗俱违佛戒，颠没枉坑，轮回未已。"[②]

最后，令僧人拜亲一事也不了了之，道宣率领京城僧众护法成功。

这次敕令致敬君亲牵扯面极广，可以说上至朝廷皇亲国戚，下至庶民百姓，影响所及，遍于全国，无论是佛教信徒还是道教信徒，都极为关心，成为全社会热议的焦点。但有两位不会置身事外者，遍阅史书，却没有发现其只言片语。这两位一位是武则天，另一位则是玄奘大师。为何如此？下面略作分析。

武则天辅佐高宗执政，为"二圣"之一，下令致拜君亲，则天亦必然参与。道宣等僧众或联名上书，或单独联络，甚至向则天的儿子和母亲呼吁，但始终不涉及天后则天本人。察其实，不是道宣等僧众不愿，而是不便。则

---

① 《广弘明集》卷二十五，大正藏 53 册，289–290 页。
② 《集沙门不应拜俗等事》卷六，大正藏 52 册，473 页。

天有自己思想，必然不会置身事外，但"素多智计"，也是不便公开出面耳。高宗去世后改唐为周，则天旋即下令改道先释后政策为释先道后：因佛教"开革命之阶"，"自今以后，释教宜在道法之上，缁服处黄冠之前"①。则天的心迹，于此可见一斑。因而在敕令致拜君亲时，尽管没有任何表现，但无疑是倾向于佛教的，内心并不认同致拜君亲。

另一位未见公开表态的是玄奘。其时奘师正在玉华寺翻译《大般若经》，数年努力，正在毕其功于一役，加之年老体衰，确实无法分身回京。两年多后，玄奘即去世。但兹事体大，玄奘不会置身事外。从玄奘当初归国在洛阳谒见太宗后，为了译经传法大业，恪守信诺，一心翻译。尽管对道先释后不满，对勘同俗法不满，然尽力周旋，在条件适当的时候，玄奘也发表自己的意见。如关于译场规格低，无人监护问题，曾直接向朝廷大臣反映，并得到了解决。这次致拜君亲事件不光是佛门的大事，已演变成全社会的大事，玄奘自然关心，盖其意图应该是通过弟子们来表达。例如，积极参与辩论并编写《集沙门不应拜俗等事》的彦悰，正是玄奘的弟子。还有跟随玄奘在玉华宫译经的静迈，即是助手，也是玄奘多年的入室弟子。静迈直接向皇帝上了一道《僧尼拜父母有损表》，送至京城。如果说这道表章起码有玄奘的意思在里面，应在情理之中。再者，玉华宫与长安经常有来往，保持着联系，玄奘对京城各界非常熟悉，对当时的形势应该是了解的，也有可能是相信道宣等大众的努力会护法成功，故而没有亲自出面。

总之，此次事件虽然波澜四起，最后又复归平静，却有不平凡的文化意义。

一者，以百官投票的方式驳回朝廷成命，隋唐时代仅此一例。在中国封建时代的政治制度历史上恐怕也非常罕见。

二者，多达三百余僧众手捧文启在朝堂外请愿，诣阙申诉，最后竟然成功，隋唐时代仅此一例。在中国佛教的发展历史上也是非常罕见。

论者有谓，是人创造了历史，此其谓欤。

---

① 《唐大诏令集》卷一一二。

第八章 著史存文

道宣毕生笔耕不辍，著作宏富，给后人留下大量作品。在中国佛教的历史上，道宣不仅是律宗的实际创始人，而且知识渊博，勤于思考，还是个人著作最丰富、最多的学问僧，在律学专著之外，留下大量文史类作品。更可贵的是，道宣的这些作品史料价值非常高，而且绝大多数都保存到现在，仍然发挥着重要作用，仍然具有不可替代的价值。

一、道宣著作概述

道宣著述颇丰，归纳其作品，从三十岁之后，即日严寺废弃，随师尊迁到崇义寺之后开始不断有著作问世，一直到去世之前，三十余年从未间断。身为著名律师，持戒精严，自然包括三业在内，妄语、妄言，乃根本大戒。所以对这些作品，从今天来看，纵有个别错谬之处，因时代所限，应与道宣主观无涉。

道宣著作宏富，究其原因，为后世所重者，乃有必然因果。

首先由道宣主观所致。勤奋之外，天赋聪颖也是一个重要原因。从幼年起，道宣就喜欢读书，涉猎的范围也非常广泛。其次，客观的有利因素亦不可忽视，即天时、地利、人和。道宣所处之时代，正是佛教在中国发展步入一个新的历史时期，时代需要。由隋文帝的大力倡导，全国一统，佛教大兴，与儒、道鼎足而三，佛教成为中国传统文化核心支柱。地利者，身处全国统一之后的京城，丝绸之路起点，人文荟萃，群贤毕至，信息通畅，自然得风气之先。人和者，由入日严寺到西明寺，屡遇名师，境遇非凡，至西明寺上座，各方面有利之条件，非他人可比。所以，道宣的成就，不独为个人努力的结果，乃时代使然。其著作，也不仅仅为个人作品，也是时代的作品。

观察道宣的生平，其研究著述的轨迹大致上分三个阶段。

第一个阶段在唐高祖后期和太宗时代，基本上是三十岁到五十岁，以律学的研究为主，其代表作是"南山五大部"。第二个阶段在高宗时代，以历史文献编撰为主，而在"致拜君亲"事件之后，则转入第三个阶段，即道宣的晚年，以律学实践的研习为主。也就是说，道宣的著述从律学的理论研究开始，中途出于护法护教的原因，作了大量的文献历史类著作的编撰，而晚年的著作则又以律仪践行类作品为主。

道宣著述虽多，但续有散佚者。道宣自己在《大唐内典录》中记载自己的作品，共十八部，一百一十余卷：

《注戒本》（一部二卷并疏记四卷）

《注羯磨》（一部二卷疏记四卷）

《行事删补律仪》（一部三卷或六卷）

《释门正行忏悔仪》（一部三卷）

《释门亡物轻重仪》

《释门章服仪》

《释门归敬仪》

《释门护法仪》

《释氏谱略》

《圣迹见在图赞》

《佛化东渐图赞》（一部二卷）

《释迦方志》（一部二卷）

《古今佛道论衡》（一部三卷）

《大唐内典录》（一部十卷）

《续高僧传》（一部三十卷）

《后集续高僧传》（一部十卷）

《广弘明集》（一部三十卷）

《东夏三宝感通记》（一部三卷）

右诸注、解、仪、赞、传记，一十八部，一百一十余卷。①

《大唐内典录》是道宣麟德元年（664）于长安西明寺完成，所统计的数量并不完整，当时道宣自己即有"遗失不无"的遗憾。另外，以上是编《大唐内典录》时所收录的著作，道宣晚年续出的著作自然未包括在内。

---

① 《大唐内典录》卷五，大正藏 55 册，282 页。

道宣去世之后的次年，总章元年（668），道世的《法苑珠林》问世。道世与道宣同门，同为西明寺大德僧，相知相识多年。《法苑珠林》中记有道宣的著作目录，比《大唐内典录》多了四部，曰"二十二部，一百一十七卷"：

《注僧尼戒本》二卷（疏记四卷）

《注羯磨》二卷（疏记四卷）

《行事删补律仪》三卷

《释门正行忏悔仪》三卷

《释门亡物轻重仪》一卷

《释门章服仪》一卷

《释门归敬仪》一卷

《释门护法仪》一卷

《释氏谱略》一卷

《圣迹见在图赞》一卷

《佛化东渐图赞》二卷

《释迦方志》二卷

《古今佛道论衡》四卷

《大唐内典录》十卷

《续高僧传》三十卷

《后集续高僧传》十卷

《广弘明集》三十卷

《东夏三宝感通记》三卷

《西明寺录》一卷

《感通记》一卷

《祇桓图》二卷

《遗法住持感应》七卷

右此二十二部一百一十七卷，皇朝西明寺沙门释道宣撰。①

至唐玄宗时代智升编撰《开元释教录》时，智升所见道宣的著作"其本并在"者仅有八部八十一卷：

---

① 《法苑珠林》卷一百，大正藏53册，1023页。

《四分律删补随机羯磨》一卷（序题云昙无德部四分律删补随机羯磨，见《内典录》）。

《释迦氏略谱》一卷（或无略字，见《内典录》，麟德二年九月十八日于西明寺撰讫）。

《释迦方志》二卷（见《内典录》，永徽元年撰）。

《大唐内典录》十卷（见《内典录》，麟德元年于西明寺撰）。

《集古今佛道论衡》四卷（见《内典录》，前三卷，龙朔元年于西明寺撰，第四卷，麟德元年撰。或二卷）。

《东夏三宝感通录》三卷（亦云《集神州三宝感通录》，见《内典录》，麟德元年夏六月于清官精舍集）。

《续高僧传》三十卷（见内典录）。

《广弘明集》三十卷（见内典录）。

右八部八十一卷其本并在。①

同书中还有"《内典录》中更有《后续高僧传》十卷，寻本未获，故阙"。《开元录》书成于开元十八年（730），所收录道宣的著作只是道宣自己的《内典录》，简单比对，智升自己并未作其他的考校，甚至对道宣晚年的作品完全不录。此时距道宣去世仅六十年，智升未收道宣《内典录》之外的作品，似乎难以理解，姑且存疑。

至贞元十一年（795），圆照编《续开元录》时，得《京师西明寺录》三卷，《释氏道宣感通记》一卷，《关中创立戒坛图经》一卷，共三部五卷，"未入《一切经》藏，今请编入目录。"②

《宋高僧传》卷十四《道宣传》统计道宣的著述：

撰法门文记，《广弘明集》、《续高僧传》、《三宝录》、《羯磨戒疏》、《行事钞》、《义钞》等二百二十余卷。

按，"法门文记"，似为"佛门文献汇编记录"之意，非专著之名。赞宁编《宋高僧传》时，客观条件比较好，所收集资料比较多，故道宣的著作卷数达"二百二十余卷"。有些著作也被正史著录，如《旧唐书》之《经

① 《开元释教录》卷八，大正藏55册，561–562页。
② 《贞元续开元释教录》卷中，大正藏55册，765页。

籍志》，收有道宣《续高僧传》①、《统略净住子》二卷、《集古今佛道论衡》四卷、《通惑决疑录》二卷、《广弘明集》三十卷。

至南山后裔的元照律师，整理祖师的著作，编为《南山律师撰集录》，曰"总五十七件，计二百六十七卷"，分为宗承律藏部、弘赞经论部、护法住持部和礼敬行仪部四类。②经过后人不断地搜集整理，汇编校对，虽然难免仍有错讹之处，但能比较全面反映道宣著作面貌的，以元照《南山律师撰集录》所统计的"二百六十七卷"比较完整。

需要说明的是，道宣写作多半生，作品繁多，不独他在世时就有"遗失不无"的遗憾，就是后世至今，也难以准确统计。宋代四分门下元照律师总结曰：

> 有云草稿才成，便为他窃，未暇缉缀，此昔所通，亦一意也。又唐室衰末，涉于五代，天下纷扰，释侣逃散，诸宗经训，因之残缺，次二意也。又祖教流衍，本于关辅，江浙相辽，过数千里，传文至此，讹脱叵知，此三意也。又撰述至今，岁时悠远，或传写遗漏，或纸素零脱……此四意也。③

以上四点原因确实符合事实，实际还可以换一个角度，有两点认知。

其一，个人作品保存不易。

道宣的作品非奉敕编纂，把道宣与玄奘作一比较就清楚了。两人同时代，又同样著作宏富，但今天两人的著作玄奘的作品目录清楚，道宣的不清楚。问题是玄奘是译作，而且是奉敕翻译，作品的管护有专门的机构。而道宣的作品则性质不同，属于个人的著述。玄奘在临去世前令弟子普光将平生所翻译的作品作了整理，编了目录，清清楚楚，一目了然。而道宣则不同，四十多年，流寓各处，边写作，边流通，边"遗失"，晚年也没有自己编定的作品总目。不少作品流通之后又有改订，随之同一作品出现了另一版本，甚至第三个版本。还有的作品，先写一部分成型流通，后又补充一部分，两

---

① 按，《旧唐书·经籍志》所载道宣著作乃当时流行者，如《续高僧传》有两本，一为二十卷，一为三十卷。

② 见《芝苑遗编》卷下，新纂续藏经59册，650页。

③ 《校勘义钞·序》，卍续藏经71册，59页。据卷末《新罗国寄还书》与法宝律师批语，此《钞》之草稿初传新罗，会昌五年（845）唐左神策军李元佐于海东求归。

部分作品可以各自单独流通，也可以合为一书，等等。

其二，与入《藏》时间有关。

中土大藏经的编纂历来有非常严格的规定，入《录》容易，入《藏》难。有赖于经录之编纂，为经典著作的保存提供了方便，但早期传抄不易，费时费力。从编经录之后约六百年后，才有刻本《大藏经》的问世，才使得经典著作的保存有了可靠的载体。但是此时整理典籍，困难可想而知。反言之，也幸有刻本《大藏经》的问世，才使得道宣的这些作品成为"经典"。

无论如何，道宣著作的主体都存留至今。这些著作不只是奠定了中土律宗的基础，而且有很强的资料性和学术性，是了解中国佛教历史不可或缺的参考书，弥足珍贵。

二、第一部问世的文史作品《释迦方志》

《释迦方志》，二卷，是道宣最早问世的一部文史类著作，时在唐高宗永徽元年（650）。

道宣离开玄奘译场后，复回终南山研习著述。编撰此书之因缘有以下数端。一者隋代彦悰著有十卷《西域传》，记述西域风土较详，而佛教流传事迹却简略。二者玄奘著有《大唐西域记》，乃应太宗经营西域之请而作，天竺佛事非其重点。有感于此，此书乃根据佛教传说，以佛陀圣迹结合西域地里为中心展开叙述，篇幅虽短，但重点突出，简明扼要。

全书共分八篇，卷上：封疆，统摄，中边，遗迹。卷下：遗迹篇之余，游履，通局，时住，教相。

封疆篇。

概述佛所统领之娑婆世界疆域范围。

统摄篇。

娑婆世界铁轮山内所摄万亿国土，以及须弥山、大海、东洲毗提诃、南洲赡部、西洲瞿陀尼、北洲拘卢等三千大千世界。

中边篇。

广引典籍，从名、里、时、水、人五个方面叙述佛所生国迦毗罗城为世界之"中国"，此"中国"即印度。又述及印度与中华的地理关系。

遗迹篇。

从中华到印度的三条道路，分别是东道、中道和北道。详细记述各条道路从长安出发后的行程，沿途经过的国家、佛教圣迹及五印各国佛事圣迹。

如从长安出发之"北道"：

> 其北道入印度者，从京师西北行三千三百余里至瓜州，又西北三百余里至莫贺延碛口，又西北八百余里出碛，至柔远县。又西南百六十里至伊州，又西七百余里至蒲昌县。又西百余里至西洲，即高昌故地，汉时宜禾都尉所治处也，后沮渠凉王避地于彼，今为塞内。又西七百余里至阿耆尼国（即乌耆也），东西六百余里，南北四百余里，都城周六七里。僧寺十余，二千余人并学小乘说一切有，戒行精勤食三净肉。①

游履篇。

采撷史料，记述中土至西域的十六件事。最早者为张骞，次有汉明感梦，竺法护西游十六国，宝云、法显等西行，智猛西行，智严西行等，最晚者为玄奘西行。如张骞通西域事：

> 前汉武帝遣博望侯张骞寻黄河之源，从北道入大宛。至大夏，见筇竹杖、蜀布。国人云之身毒，身毒即天竺之讹语也。后汉书云：其国殷平和气，灵智所降，贤懿挺生，神迹诡怪理绝人区，感验明显事出天外。②

通局篇。

记述佛教东传的各种事实与灵应事迹。起自《周书异记》水涨山动有圣人生于西方，周穆王五十三年西方圣人灭，商太宰嚭问孔子圣人事，汉武帝甘泉宫金人事，汉哀帝遣景宪往大月氏事等，终益州三学山神灯、凉州南洪崖窟圣僧。

时住篇。

据经中所载，叙述佛法住世的劫期以及正法、像法和末法时期的变化，最后，"经归龙宫，像自颓坏，诸比丘等同俗流，唯有剃发袈裟而已。"③完成一个成住坏空的循环。

---

① 《释迦方志》卷上，大正藏 51 册，952 页。
② 《释迦方志》卷下，大正藏 51 册，969 页。
③ 《释迦方志》卷下，大正藏 51 册，973 页。

教相篇。

记述西晋至隋代各朝帝王的崇佛事迹及各代寺数、译经数和僧尼数。

各代综述归纳如下。

西晋二京，寺 180 所，译经 13 人，译出 73 部，僧尼 3700 人。

东晋 104 载，立寺 1768，译经 27 人，译出 263，僧尼 24000 人。

南朝：

宋世，寺 1913 所，译经 210 部，僧尼 36000 人。

齐世，寺 2015 所，译经 72 部，僧 32500 人。

梁世，寺 2846 所，译经 248 部，僧尼 82700 人。

陈世，寺 1232 所。国家新寺 1700，官造者 68，郭内大寺 300 余，僧尼 32000 人，译经 11 部。

北朝：

元魏，国家大寺 47 所。北台恒安镌石置龛，连三十里。王公等寺 839 所，百姓所造寺者 30000 余所。总度僧尼 200 余万，译经 49 部。"佛教东流此焉为盛。惟太武世，信用司徒崔皓佞说，凌废正教，潜隐七年。后知诈妄，戮诛崔氏，还复佛教光阐于前。"①

高齐，皇家立寺 43 所，译经 14 部，度人与魏相接。

周世，寺 931 所，译经 16 部。

隋代，寺 3985 所，僧尼 236200，译经 82 部。

本书中记述了佛教创始人释迦牟尼的诞生地以及佛教信仰当时流布的情况，书的名字类似法显的《佛国记》。道宣没有去过西域和印度，这部著作的完成是依靠采访西方来的传法僧以及中土的求法僧、赴印度的使者等，并参考了大量这些人的著作才完成的，因此书中保存了大量的珍贵史料。例如，书中的"遗迹篇"可以与玄奘的《大唐西域记》参校，对研究中西交通史很有帮助。

三、佛道之争记文记事：《集古今佛道论衡》

《集古今佛道论衡》，四卷，两唐书均著录。内容为有史以来关于佛

---

① 　《释迦方志》卷下，大正藏 51 册，974 页。

道关系争论的记述，共三十件事，是了解早期佛道关系以及政教关系必不可少的一部重要参考书。据《开元录》卷八，前三卷龙朔元年（661）于西明寺撰，第四卷，麟德元年（664）续出。

关于此书编撰的初衷，有鉴于长期以来三教互有争论，各陈名理，道宣从弘法护法澄清事实出发，"商确由来，铨衡叙列，笔削芜滥，披图藻镜"①，记录从佛教传入后到道宣时代佛道论衡有代表性的三十次争论事件。

卷甲，编录佛教传入后至北齐，共记述七件事：

后汉明帝感梦金人，腾、兰入洛，道士等请求角试事。

前魏时吴主崇重释门，为佛立塔寺，因问三教优劣事。

附魏陈思王曹植，《辩道论》。

附晋孙盛，《老聃非大贤论》。

附晋孙盛，《老子疑问反讯》。

元魏君临释、李双信，致有兴废，故述其由事。

宋太宗文皇帝朝会群臣，论佛理治致太平事。

魏明帝登极，召沙门、道士对论，叙佛、道先后事。

梁高祖先事黄老后归信佛，下敕舍奉老子事。

北齐高祖文宣皇帝下敕废道教事。

卷乙，北周至隋代，共六件事：

周高祖登朝论屏佛法，安法师上论事。

周祖平齐，集论毁法，远法师抗诏事。

周祖东巡，灭法已久，任道林请兴佛事。

周天元皇帝纳王明广表开佛法事。

隋高祖下诏，述绛州天火焚老君像事。

隋两帝事宗佛理禀受归戒事。

卷丙，唐高祖、太宗时十件事：

大唐高祖问僧形服利益事。

高祖幸国学，统集三教问道是佛师事。

道士李仲卿著论毁佛，琳师抗辩事。

太宗敕道先佛后，僧等上谏事。

皇太子集三教学者详论事。

① 《集古今佛道论衡·序》，大正藏52册，363页。

辛中舍著《齐物论》，净、琳二师抗释事。

太宗问琳师《辩正论》信毁交报事。

太宗幸弘福寺，手制愿文，并叙佛道后先。

太宗敕道士《三皇经》不足开化令焚除事。

太宗诏奘师翻道经为梵文，与道士辩核事。

卷丁，高宗时代七事。

高宗召佛、道二宗入内详述名理事。

高宗以西明寺成，召僧、道士入内论义事。

高宗以冬雪未降内立斋祀，召佛、道二宗论义事。

高宗幸东都，召西京僧、道士等于彼论义。

高宗在东都，令洛邑僧静泰与道士李荣对论。

高宗在西京蓬莱宫，令僧灵辩与道士对论。

高宗在司成宣范义頵宅难《庄》、《易》义。

另，卷末有《续附》一篇，为高宗时"西华观道士郭行真舍道归佛事"。盖前代整理者无法断定是否为道宣之作，舍去又恐流失不存，故附于书末。

书中所述三十件事，多以帝王参与主持为核心，以僧、道各述事理为基本内容，实为三十篇相对独立的记叙文章。每篇文章均有时间、地点、人物、争论的焦点，以及争论开端的缘由、过程和结果，保存了非常珍贵的史料。

四、鸿篇巨制：《广弘明集》

《广弘明集》，三十卷，书成于麟德元年（664），是道宣继承南朝僧祐律师《弘明集》之后编撰的一部力作，也是道宣的代表性作品之一。

（一）编著本书的背景

《广弘明集》全书为文献汇编，总计收入各种文献三百多篇，作者一百三十多人。其中南北朝一百余人，唐三十多人。保存史料之翔实、全面、丰富，历来为学者所称道。

僧祐在《弘明集》的序言中说："道以人弘，教以文明，弘道明教，故谓之《弘明集》。"道宣很推崇《弘明集》，"诚智者之高致"：

> 然以时经三代，弊五浊之沉沦，识蒙邪正，铨人法之天网。

是以内教经纬，立法依以摄机；外俗贤明，垂文论以弘范。昔梁钟山之上定林寺僧祐律师，学统九流，义包十谛，情敦慈救，志存住法。详括梁、晋，列辟群英，留心佛理，构叙篇什，撰《弘明集》一部一十四卷。讨颜、谢之风规，总周、张之门律。辩驳通议，极情理之幽求；穷较性灵，诚智者之高致。

又云：

余博访前叙，广综《弘明》，以为江表五代，三宝载兴，君臣士俗情无异奉，是称文国，智籍文开。中原周魏，政袭昏明，重老轻佛，信毁交贸，致使工言既申，佞幸斯及。时不乏贤，剖心特达，脱颖拔萃，亦有人焉。

《弘明集》十四卷，主要集录了东晋到南朝一百余人的作品，以分卷领之；而道宣则更广而大之，以篇领卷，且内容从全国范围内搜集，并加上自己的评论，记文且记事。道宣编撰此书的目的，仍在于弘法护教，且主要针对儒、道两教。如序言中所云：

若夫天无二日国无二王，惟佛称为大圣，光有万亿天下。故今门学日盛，无国不仰其风，教义聿修，有识皆参其席。彼孔、老者，名位同俗，不异常人，祖述先王自无教训，何行比佛以相抗乎。①

（二）《广弘明集》的基本内容

《广弘明集》全书三十卷，共分十篇，每篇有道宣自序。以下是各篇基本内容的概要：

第一归正篇（推崇佛法，明佛为大圣，凡俗攸归，二仪三五，不足师敬），卷一至卷四，基本内容是：

商太宰问孔子圣人，子书中以佛为师，汉《法本内传》，《后汉书·郊祀志》，吴主孙权论佛化三宗，宋文集朝宰叙佛教（前集略），元魏孝明述佛先后，元魏书《释老志》，高齐书《述佛志》，《魏书·释老志》，《遂古篇》，《归心篇》，《七录序》，南梁《舍事李老道法诏》，北齐《废李老道法诏》，《通极论》。

---

① 以上见《广弘明集》卷一，大正藏52册，97页。

上述内容系分别从前代文献中摘要记述。如《后汉书·郊祀志》条:

> 《志》曰:佛者,汉言觉也,将以觉悟群生也。统其教,以修善慈心为主,不杀生类,专务清净。精进者为沙门,汉言息心。剔发去家,绝情洗欲,而归于无为也。又以人死精神不灭,随复受形。所行善恶,后生皆有报应。所贵行善,以练其精神,练而不已,以至无生,而得为佛也。身长一丈六尺,黄金色,项中佩日月光,变化无常,无所不入,故能化通万物而大济群生也。有经书数千卷,以虚无为宗,包罗精粗,无所不统。善为宏阔胜大之言,所求在一体之内,所明在视听之表,归依玄微,深远难得而测。故王公大人观生死报应之际,无不惧然自失也。《魏书》云:其佛经,大抵言生生之类皆因行业而起,有过去、当今、未来三世也。其修道阶次,等级非一,皆缘浅以及深,藉微以为着。率在于积仁,顺蠲嗜欲,习虚静而成通照也。云云。①

第二辩惑篇(解疑答惑,明正邪互举,狂哲相陵,较而考定,不劳龟镜),卷五至卷十四,编撰方法,如上文所述。本篇的基本内容如下:

魏陈思王《辩道论》,晋孙盛《圣贤同轨老聃非大贤论》,晋孙盛《叙道反讯老子疑问》,南齐沈休文《均圣论》并难及解,《叙列王臣滞惑解》,元魏太武《废佛法诏》,周高祖集僧论废立,周沙门释道安《二教论》,周甄鸾《笑道论》,周高祖《废二教诏》,周武平齐集僧论废立,周前沙门任道林抗帝论,周前沙门王明广《请兴法表》,唐傅奕上《废佛法表》事,唐李少卿《十异九迷论》(并答),唐沙门释法琳上《破邪论》(并表启),唐沙门释明概上立法事,唐李师政《内德论》,晋戴安释疑并姚主《释疑论》(及外问答往反十首),唐沙门释慧净《折疑论》。其中《叙列王臣滞惑解》篇幅最长,载于卷六、卷七,广引史料,备列文献,综述各代帝王对佛教态度政策的变化及重要事件。

第三佛德篇(颂扬佛德,开济在缘,从其化者,言行攸别),卷十五至卷十七。本篇的基本内容如下:

晋支道林《佛菩萨像赞》,晋释慧远《佛影铭》,宋侍中谢灵运《佛法铭赞》,梁沈约《佛记序》(并敕答),《晋代已来佛像感应相》,梁高祖《出育

---

① 《广弘明集》卷一,大正藏 52 册,99 页。

王舍利诏》，梁晋安王《菩提树颂》（并表），梁简文《唱导佛德文》（十首），梁简文《谢佛事启》（十首），梁沈约《佛刹塔像诸铭》（十首），梁王僧孺唱导佛文，隋高祖于国内《立舍利塔诏》（并瑞应表谢）。本篇有两处记述比较详细，一是南朝崇佛事迹，二是隋代普建舍利塔。其中隋代普建舍利塔事道宣最为关注，篇幅也较长，除了广泛搜集资料外，部分内容为道宣亲笔所写。

第四法义篇（佛法义理，宝乘独运，摄度迷津，得其趣者，心照遐举），卷十八至卷二十二。基本内容如下：

《序历代贤明释诸疑惑义》，晋戴安公《释疑论》，晋戴安公《与远法师书》（并答），周道祖《难释疑论》，戴重《与远法师书》，戴《答周居士难论》（并答），远法师《与戴书》（并答），何承天《报应问》（刘少府答），宋谢灵运与诸道人《辩宗论》（并书），后秦主姚兴《与安成侯书》述佛义，《通三世》等论（并罗什法师答），姚嵩《表》问诸义（并兴答等），唐沙门释惠净《折疑论》（并释法琳述），齐竟陵王《与隐士刘虬书》（三首），齐沈约《内典序》，齐沈约为皇太子《解讲疏》，齐沈约为竟陵王《发讲疏》（并颂），齐沈约为竟陵王《解讲疏》（二首），梁太子纲请帝讲（并答往返六首），梁陆云述《御讲金字波若序》，梁萧子显《叙讲波若义》，皇太子《谢讲竟启》（并答），梁太子纲《上大法颂》（并表答），晋安王《上太子玄圃讲颂》（并启答），梁武帝《涅槃经疏序》，梁湘东王《法宝联璧序》，梁简文《成实论序》，梁元帝《内典碑铭集林序》，唐沙门释玄则《禅林妙记集序》（二首），唐司元大夫李俨《法苑珠琳序》，梁昭明太子《答请讲书》（并启答三首），昭明《谢敕赍水犀如意启》，昭明《立二谛义》（并道俗二十二人难及解），昭明《立法身义》（并僧六人往反问答），昭明《谢敕看讲解》二启，昭明《谢敕赍涅槃经疏讲启》，昭明《谢敕赍大集经讲疏启》，梁晋安王《与广信侯书》（并答），齐沈约《立佛法义论》（五首），齐沈约《难范缜〈神灭论〉》，陈沙门真观《因缘无性论》（并朱世卿《自然论》），魏收《北齐三部一切经愿文》，王褒《周藏经愿文》，隋炀帝《宝台经藏愿文》，唐太宗《三藏圣教序》（并表请谢答），皇太子李治《述三藏圣教序》（并谢答），唐褚亮述《注般若经序》，唐柳宣《与翻经大德书》（并答）。

本篇之内容非常丰富，其中的问和答也很重要。如唐太宗、高宗有关《圣教序》的文章，表请者和答谢者均为玄奘，且收有玄奘向太宗上呈的《请御制经序表》和向皇太子李治的《谢敕赍经序启》。

第五僧行篇（人能弘道，明绍踪圣种，各代高僧，名沾三宝，实副一归），卷二十三至卷二十五。基本内容如下：

东晋丘道护《支昙谛诔》（并序），后秦释僧肇《罗什诔》（并序），宋释慧琳《释法纲诔》（并序），宋释慧琳《竺道生诔》，宋谢灵运《释昙隆诔》，宋谢灵运《释慧远诔》，宋张畅《若邪山敬法师诔》，南齐释慧林《释玄运诔》，南齐律师《释智称诔》，南齐虞羲《景法师行状》，梁沈约《净秀尼行状》，宋孝武《沙汰僧尼诏》，元魏孝文《褒崇诸僧诏》（七首），南齐沈休文《述中食论》，沈休文《述僧会食论》，北齐文宣《沙汰僧议诏》（并答），梁简文《吊道澄法师亡书》，梁王筠《与东阳盛法师书》，梁释智林《与汝南周颙书》，梁刘孝标《与举法师书》，梁王曼颖《与皎法师书》（并答），梁刘之遴《吊震法师亡书》，梁刘之遴《吊震兄李敬胐书》，梁刘之遴《吊京正亡书》，《金华山栖志》，陈释真观《与徐仆射书》，陈徐陵《谏仁山深法师罢道书》，周释昙积《上武帝止沙汰表》，戴逵《贻书仙城命禅师》，幽林沙门释惠命《誷书北齐戴先生》，隋内史薛道衡《吊延法师亡书》，隋释彦《琼福田论》，唐高祖《问僧出家损益诏》（并答），唐高祖《沙汰佛道诏》，唐太宗《令道士在僧前诏》（并表），唐高宗《令议沙门敬三大诏》（并百官驳议表、启、状等，及诏"拜亲"表、启、论等）。

本篇的前部分诔文保存了珍贵的资料，最末的唐高宗《令议沙门敬三大诏》（并百官驳议表、启、状等，及诏"拜亲"表、启、论等）篇幅最长，详细记述了高宗致拜君亲事件的来龙去脉，为道宣所亲身经历。在朝廷的诏书之外，还收录有二十余篇僧俗人等不应拜俗的表章启文。

第六慈恻篇（在生所重，厚身宝命，恕己则怜，明慈为觉本），卷二十六。基本内容如下：

《究竟慈悲论》（齐沈休文），《与何胤书论止杀》（梁周颙），《断杀绝宗庙牺牲诏》（梁武帝并表请），《诫杀家训》（北齐颜之推），《断酒肉文》（梁武帝）。

本卷篇幅不长但比较集中，与戒律中禁酒戒杀有直接关系，其中篇幅最长且比较为人所知者为梁武帝的《断酒肉文》。于印度自然环境与人文环境中形成的戒律制度，在传入异地的东土后，自然会发生变化，由此篇可窥见佛教戒律与东土伦理道德、民俗生活的交涉过程。如《断酒肉文》文中记录有关于食肉的"渐制""永断"思想：

律中无有断肉法，又无忏悔食肉法，诸律师从来作若为开导，使人致有此疑？法超奉答：律教是一，而人取文下之旨不同。法超所解，律虽许啖三种净肉，而意实欲永断。何以知之？先明断十种不净肉，次令食三种净肉，未令食九种净肉。如此渐制，便是意欲永断。①

第七戒功篇（情寄惩约，纵则憍陵，明欲阶圣捡，匪戒不振），卷二十七。基本内容如下：

慧远《与刘遗民书》，梁元帝《与萧咨议等书》，梁简文《与湘东王书》，陈律师昙瑗《与朝士书》，释慧津《与瑗律师书》（并答），隋炀帝《与智者顗禅师书》，隋炀帝《受菩萨大戒文》，隋智者师《与炀帝书》，唐终南山释氏《统略齐文宣净行法门》。

本篇篇幅最长者是《统略齐文宣净行法门》，分二十门叙述，与在家持戒有关，是道宣所编，并作有《序》。肖子良所著名《净住子净行法》，道宣录入时略有改动。

第八启福篇（慈济利众，福号乐门，准酌乘时，行而不著），卷二十八。基本内容如下：

诸帝《与泰山朗法师书》（并答），《与林法师书》（晋王洽），南齐皇太子《礼佛愿疏》（沈休文），《舍身愿疏》（沈休文），南齐南郡王《舍身疏》（沈约），《千僧会愿文》（沈约），《四月八日度人出家愿文》（梁简文），《八关斋制序》（并制十条梁简文），《为人造寺疏》（梁简文），《谢敕赉袈裟启》（三首，梁简文），《为诸寺作檀越愿疏》（梁简文），《设无碍福会教》（梁萧纶），《答湘东王书》（梁简文），《与琰法师书》（二首，梁简文），《与刘智藏书》（梁元帝），《与约法师书》（沈约），《与印阇梨书》（梁刘之遴），《与云僧正书》（梁王筠），《与长沙王别书》（梁王筠），《答云法师书》（梁刘孝绰），北齐武成帝《以三台为寺诏》（魏收），周明帝《立陟岵、陟岵二寺诏》，北齐《辽阳山寺愿文》（卢思道），隋高祖《为太祖造寺碑诏》（李德林），隋高祖《于相州战场立寺诏》，隋炀帝《行道度人天下敕》，唐太宗《于行阵所立七寺诏》，周武帝《二教钟铭》，唐太宗《为战亡人设斋行道诏》，唐太宗《大兴善寺钟铭》，唐太宗《度

---

① 《广弘明集》卷二十六，大正藏 52 册，299 页。

僧于天下诏》，唐太宗《舍旧宅为寺诏》，唐太宗《断卖佛像敕》，唐太宗《为穆后追福手疏》，唐东宫皇太子《西明寺钟铭》，《与暹律师等书》（褚亮），唐太宗《造兴圣寺诏》。

按，本书所录南朝文献较多，其中又以萧梁诸帝作品较突出。南梁诸帝均有较高文学造诣，且崇佛甚笃，梁武帝舍道归佛，倡导禁断酒肉，广建寺宇，甚至数次"舍身"同泰寺。萧统、萧纲亦上行下效，多有崇佛事迹。

第九灭罪篇（罪为摧折，起必快心，佛门广大，明忏悔功用），书内标题为"悔罪篇"，在卷二十八启福篇之后。基本内容如下：

《谢敕为建涅槃忏启》（梁简文），《六根忏文》（梁简文），《悔高慢文》（同上），《忏悔文》（沈约），《陈群臣请武帝忏文》（江总一名沈约），梁、陈皇帝《依经悔过文》（十首）。

第十统归篇（奉正闲邪，赞颂佛德，神解既畅，陈词咏歌），卷二十九至卷三十。

关于编撰这最后一篇的宗旨，与其他各篇不同，在于歌功颂德，"殷鉴遐迩"，道宣在卷首云：

> 广弘明者，言其弘护法网开明于有识也。自上九篇，随时布现，筹度理路，其缘颇悉。然于志之所之，未备详睹。如不陈列，颂声何寄，故次编之，殷鉴遐迩。且法王御宇，歌颂厥初，梵王天主，声闻菩萨，咸资偈赞，用畅幽诚，无经不有，彰于视听。东夏王臣，斯途不惑，拟伦帝德国美，无不称焉。

本篇的基本内容如下：

梁高祖《净业赋》，梁高祖《孝思赋》，梁宣帝《游七山寺赋》，梁王锡《宿山寺赋》，魏高允《鹿苑赋》，魏李颙《大乘赋》，梁仙城释慧命《详玄赋》，梁萧子云《玄圃苑讲赋》，《梦赋》释真观，梁江淹《伤弱子赋》、《无为论》，《伐魔诏》并书檄文（并魔答），《平心露布文》（唐蒲州普救寺沙门行友），晋沙门支道林《赞佛诗》（八首），晋沙门支遁《咏怀》、《大德》禅思山居诗（十首），晋沙门释慧远《念佛三昧诗序》（并佛菩萨赞），晋王齐之《念佛三昧诗》，齐王元长《法乐哥词》（十二章），梁武《述三教诗》，梁昭明《开善寺法会诗》，梁简文《望同泰寺浮图诗》（并和五首），简文《咏五阴识文》，梁刘孝绰《百论舍罪福诗》，梁简文《蒙华林园戒诗》，梁昭明《讲讫赋三十韵诗》，梁简文《预忏直疏诗》

（并和），梁简文《出兴业寺讲诗》，梁元帝《和五明集诗》，梁昭明《钟山解讲诸人和诗》，梁皇太子《八关夜述游四城门诗》（并和），梁简文《游光宅寺诗》，梁简文《被幽述志诗》（四首），梁沉隐侯《临终遗上表》，宋谢灵运《临终诗》，陈沙门释智恺《临终诗》，陈何处士《游山寺并杂诗》（四首），陈姚察《游明庆寺怅然怀古》，陈尚书令江总《游摄山寺诗》（并序和十首），陈江令《游武窟山寺诗》（并和），北齐卢思道《从驾大慈照寺诗》（并序），陈张君祖《杂诗》（三首并赞和），周沙门释亡名《五苦诗》（六首），隋炀帝《游方山灵岩寺诗》（并和），隋炀帝《升楼望春灯诗》（并和），隋著作王胄《述净名诗》，隋薛道衡《入风林寺诗》，唐太宗《游并州大兴国寺》（二首诗），唐高宗《游京师大慈恩寺》（并和诗），唐常州宣法师《咏高僧》，唐宣法师《游东山寻殊、昙二法师》。

五、唐代的第一部经录：《大唐内典录》

佛教东传，依靠翻译而流衍。时日稍久，翻译渐多，便有汉译经典目录的编纂，以明"正经"源头。隋代一统，编有《法经录》、《长房录》等，道宣《大唐内典录》为唐代第一部经录。

（一）编集本书的背景

《大唐内典录》，十卷，麟德元年（664）出。全书共收210位翻译者，并附有翻译者的小传。所收经典2232部、7200，失译经310部、538卷。

按，佛经流传至今有三不易。佛教东传，先有传法僧东来，后有求法僧西行，是为求法取经不易。次为翻梵为汉不易，"必假时君弘传声略"，"然则西蕃五竺祖尚天言，东夏九州聿遵鸟迹。故天书天语，海县之所绝思。八体六文，大夏由来罕觌。"① 再次则为年代久远，历经劫难，保存传抄不易。故此各代都有编制经录之举。

道宣在序言中云：

> 故尊者迦叶，集四篋于崛山。大智文殊，结八藏于围表。遂能流被来际，终七万之修龄，余波东渐，距六百之嘉运。详夫爰

---

① 《大唐内典录》卷一，大正藏55册，219页。

始梵文，负之亿计香象，今译从于方言，大约五千余卷。迁贸更袭，浇薄互陈，卷部单重，疑伪凡圣，致使集录奔竞，三十余家。举统各有宪章，微核不无繁杂。今总会群作以类区分，合成一部，开为十例，依条显列，无相夺伦。①

至道宣时代，佛教东传已六百余年，所翻经典"五千余卷"。但时移事迁，致使"卷部单重"不一，"疑伪凡圣"混杂。编经典目录者不乏其人，但"集录奔竞，三十余家，举统各有宪章，微核不无繁杂。"于是，道宣借担任西明寺上座之便，利用西明寺《一切经》及所藏典籍资料编就了这部大唐的第一部经录。从某种程度上看，这部经录也是道宣对初唐佛教典籍的全面综述。

本经录对前代祐录参考较多，而祐录则对道安经录特别看重："昔安法师以鸿才渊鉴，爰撰经录，订正闻见，炳然区分。自兹以来，妙典间出，皆是大乘宝海，时竞讲习。"道安经录重在考订经典，"年代人名，莫有诠贯"②。加之岁月弥久，因此僧祐作《出三藏记集》补之。至隋代，有《长房录》、《众经录》等，时间仓促，不够完善。而本《录》则在前代经录的基础上体例不断完善，所收典籍考订之详尽也超过了前代。

（二）《内典录》内容概要

全书共分十个部分，即十录，每录前有道宣的序言，写明编录本类典籍的理由。

第一录，历代众经传译录，卷一至卷五。总括各代所出。

后汉，传译道俗 12 人，所出经律等 334 部，416 卷。失译经 125 部，148 卷。

曹魏，传译僧 6 人，所出经、律等 13，24 卷。

孙吴，传译道俗 4 人，所出经、传等 148 部，185 卷。失译经 110 部，291 卷。

西晋，传译道俗 13 人，所出经、戒等 451 部，717 卷。失译经 8 部，15 卷。

东晋，传译道俗 27 人，所出经、传等 263 部，585 卷。失译经 53 部，56 卷。

前秦，传译僧 8 人，所出经、传等 40 部，239 卷。

西秦，传译僧 1 人，所出经 14 部，21 卷。并失译经 8 部，11 卷。

---

① 《大唐内典录·序》，大正藏 55 册，219 页。
② 以上见《出三藏记集》卷一，大正藏 55 册，1 页。

后秦，传译僧 8 人，所出经、传 124 部，662 卷。

北凉，传译道俗 8 人，所出经、传 32 部，224 卷。失译经 5 部，17 卷。

刘宋，传译道俗 23 人，所出经、传 210 部，490 卷。

萧齐，传译道俗 19 人，所出经、传 47 部，346 卷。

南梁，传译道俗 21 人，所出经、律、传等 90 部，780 卷。

元魏，传译道俗 13 人，所出经、论、传、录 87 部，302 卷。

北齐，传译道俗 2 人，所出经、论 7 部，53 卷。

北周，传译道俗 11 人，所出经、论、天文等 30 部，104 卷。

南陈，传译道俗 3 人，所出经、论、传、疏等 40 部，347 卷。

隋朝，传译道俗 20 余人，所出经、论等 90 余部，510 卷。

唐朝，传译僧等 11 人，所出经论等 200 余部，1500 余卷。

在综述各代翻译典籍的基本概况后，按照翻译者顺序，记录各位译师小传及翻经因缘，附所翻译典籍的部数和卷数。如汉译的第一部经，道宣称为"经祖"的《四十二章经》，"后汉沙门迦叶摩腾，一部一卷经"：

> 《四十二章经》一卷。右一经，后汉明帝世，中天竺国婆罗门沙门迦叶摩腾所译。或云竺摄摩腾。群录互存，未详孰是。先来不译，故备叙之。以永平十年随汉使蔡愔东返至雒邑，于白马寺翻出此经。依录而编，即是汉地之经祖也。旧录云：其经本是天竺经抄，元出大部。撮引要者，似《孝经》十八章也。道安《录》元出在旧《录》，及士行《汉录》、僧祐《出三藏集记》又载。但大法初传，人少归信，使摩腾蕴其深解不复多翻。后卒洛阳。载其委由，备朱士行《录》及《高僧传》诸杂录等。宝唱《录》云竺法兰所出者，此或据其同来时耳。

时间，地点，经过，资料来源等等，如实记载，非常清楚。

第二录，之一，历代大乘藏经翻本单重人代存亡录，卷六。

教本无相，何谓大乘？序云：

> 通曰大乘，无教不摄。据此而叙，无别小乘。是知大能摄小，如海之纳百川，小不容大，若庭不游龙象。……故始自后汉，至于皇运龙朔之元，一十八代，六百余纪，总有四百九十八部，

二千三百六十三卷，以为大乘菩萨藏摄。①

本录依次列入经名、卷数、纸数和时间、译者。如第一部典籍《华严经》：

> 《大方广佛华严经》（六十卷、一千八十七纸，或五十卷者，南本），东晋义熙年佛陀跋陀罗于杨都译。②

本录共计大乘经 280 部、1152 卷，大乘律 34 部、110 卷，大乘论 72 部、500 卷。合计大乘经单重翻本并译有无录 386 部 1152 卷。

之二，历代小乘藏经翻本单重传译有无录，卷七。

别分二乘，乃佛陀"乘机权设"，道宣序曰：

> 所云小乘藏者，谓诸佛随缘赴机之渐教也。……讨论教主，曲引释迦。托八相而垂光，寄三界而称号。胎诞右胁，引同类而摄生。舍位若遣，接染爱之迷客。四十九载，三轮现于人天，方八十年，四谛扬于生趣。斯道被俗开诱实繁，非佛本怀，乘机权设。故经云：十方佛土，惟有一乘，随宜方便故说三教。③

本录所收，小乘经 544 卷，小乘律 274 卷，小乘论 676 卷。共计 272 部、1494 卷。按，有关圣贤集传等 184 卷，因内容庞杂，且兼大小二乘，暂列入本录末。以上四类，共计 319 部 1678 卷。

按，关于失译经，即翻译者不详的经典，或者是翻译时间不详，但附有纸数或卷数，说明道宣态度之慎重。

第三录，历代众经见藏录，卷八。

本录详细叙述典籍入《藏》的编目归类及其顺序，从帙入藏以类相从，即序言所谓"随乘大、小，据译单、重，经、律、论、传，条然取别。犹依旧例，未敢大分"。以便使用检索方便："依别入藏，架阁相持。帙轴签榜，标显名目。须便抽捡，绝于纷乱。"④ 总计分类如下：

众经、律、论、传，共计 800 部（3361 卷，56170 纸），326 帙。

大乘经一译，204 部（685 卷，11042 纸），66 帙。

---

① 《大唐内典录》卷六，大正藏 55 册，285 页。
② 《大唐内典录》卷六，大正藏 55 册，285 页。
③ 《大唐内典录》卷七，大正藏 55 册，296 页。
④ 《大唐内典录》卷八，大正藏 55 册，302 页。

大乘经重翻，202 部（497 卷，7290 纸），49 帙。

小乘经一译，108 部（435 卷，6690 纸），39 帙。

小乘经重翻，96 部（114 卷，977 纸），6 帙。

小乘律，35 部（274 卷，5813 纸），28 帙。

大乘论，74 部（502 卷，9130 纸），52 帙。

小乘论，33 部（676 卷，12177 纸），68 帙。

贤圣集传，49 部（184 卷，2808 纸），18 帙。

第四录，历代众经举要转读录，卷九。

据道宣的序言，编辑此录缘于西明寺真懿律师的困惑和建议。盖经典品类繁多，加之单本重译，一经有多本，读诵者各执己见，无法取舍，于是道宣编就此简要经录："举大部而摄小经，撮本根而舍枝叶。文虽约而义广，卷虽少而意多。能使转读之士，览轴日见其功。"①

本录基本内容如下。

大乘经，790 卷，13079 纸。

大乘律，32 卷，430 纸。

大乘论，445 卷，8115 纸。

总计大乘经、律、论合 337，1267 卷，21625 纸。

每部经典在经名之后有简短说明，即卷数，纸数，朝代，年代，译者，译地。若一经多名，或重译多次，亦有说明。

按，本录卷末有"《大唐众经录》，十卷二百八十纸，唐龙朔二年，终南山释氏于京师西明寺撰"②。"终南山释氏"乃道宣自谓，此《大唐众经录》即道宣《大唐内典录》。时间在龙朔二年（662），而《内典录》问世在麟德元年（664），可见《大唐众经录》乃《大唐内典录》的稿本。

第五录，历代众经有目阙本录，卷十。

本录比较特殊，有名无实。序曰：

> 自佛经之流东夏也，六百余载，三被诛除。值弘护者观机而作，先隐岩穴，固守至真。云雾沾渍，又被淹烂。及后兴法，方事拾遗，百不存一，且存纲领。赖值江表五代，奉信无亏，遂使传度法本，

---

① 《大唐内典录》卷九，大正藏 55 册，313 页。

② 《大唐内典录》卷九，大正藏 55 册，325–326 页。

周流寰宇。而西晋之末，天下分崩，译人遭难寄死无地焉。使经本独得安全。又汉灵栖遑，东西临幸，佛经俗典于此沦亡，故致目、本俱遗，其数不少。今总会群录，鸠聚结之，勘本则无，校目便有。恐后获者，据现录无，便委弃之，同于疑伪。是以寻阅古今诸录，校定经本有无，有则依而入藏，无则题目拟访，庶有同舟之士怀斯而广集云。寻群录阙本，其类繁多。试以现经，校阅定录，居然显异。今欲列名广示，且已备在前篇，纸墨易繁终为词费，故略而不叙。①

察道宣之意，盖屡遭劫难，经本保存不易，大量毁坏散佚，致使"勘本则无，校目便有。恐后获者，据现《录》无，便委弃之，同于疑伪"。拳拳之心，溢于言表。此类典籍之名已在前四录中，因之本录存名而已，警励后人，勿轻易委弃，故略而不叙。

第六录，历代道俗述作注解录，卷十。

所谓道俗述作注解，意为本录所收全部为华文作品，序言曰：

《大智度论》明十二部经中，乃至后代凡圣解释佛语，斯即是第十二部优波提舍经。据唐言，译云论议也。深有所以名之为议，义取慧解，通敏能之，非彼庸疏而得陈迹。②

优波提舍为十二部之一，唐译"论议"。前十一部为契经、应颂、授记、讽诵、自说、因缘、譬喻、本事、本生、方广、未曾有，为佛教典籍十二大类，于此可见道宣对历代论议文的重视。但细检之，《论议》之外，实际入录者为所有华文作品。

入选本录的内容分两部分。

其一，转录祐录《杂录》的《法论》。南朝宋明帝敕令中书侍郎陆澄编辑各代论议文，分法性、觉性、般若、法身、解脱、教门、戒藏、定藏、慧藏、杂行、业报、色心、物理、缘序、杂论、邪论共十六集，即十六秩。

其二，道宣所搜集编辑，其范围已大为扩大，几乎为所有能搜集到的华文作品。有补充《法论》的作品如东晋杨都瓦官寺竺僧敷《神无形论》，

---

① 《大唐内典录》卷十，大正藏 55 册，326 页。
② 《大唐内典录》卷十，大正藏 55 册，326 页。

189

有僧人传记如晋竺法济《高逸沙门传》、南齐王巾《僧史》、慧皎《高僧传》，有经注如晋昙诜《注维摩诘经》，有抄经如南齐箫子良《抄妙法莲华经》等等，尤其是义学僧的作品，基本上都收入，其至包括信行的《三阶集录》、玄应《众经音义》、玄奘《大唐西域记》，最后是彦悰《大唐京寺录》。范围虽然扩大，但保存了许多有价值的资料。

第七录，历代诸经支流陈化录，卷十。

本录与第五录相同，但立录名而无具体内容。第五录立录之原因是有其经名而无其经本，恐后获者依《录》鉴之无名而同于疑伪委弃之。本录立录的原因是别生诸经，"不可轻削"：

> 单品别卷，曲写时心，未曰绍隆，抑惟离本。故淳味流变，明于涅槃极诫，抄略非具，固涉邪求之缘。然本其启化之辰，非无其理。以经教初传，译人创列，梵本雕落，全部者希。《华严》、《涅槃》尚三分获一，况余群部，宁不品卷支离。故安法师云：得略翻略，得广翻广。斯言是也。一四句颂闻之而启惑。一四谛言闻之而生天。①

道安法师所云"得略翻略，得广翻广"确为早期佛经翻译真实情况，所以不得以这些作品不是全本而忽略之。又，这些单品别卷各有时代意义，与圣量无异，称之为"别生"。

道宣只在本录中列出"别生经"的大概总量：

小乘别生经，221 部、263 卷。

小乘别生经，341 部、346 卷。

另外道宣还对小乘别生经的来源作了考订，其中25经出自《增一阿含》，40经出自《中阿含》，128经出自《杂阿含》，4经出自《长阿含》，50经出自《生经》，5经出自《贤愚经》，12经出自《道地经》，8经出自《义足经》，其余则出自《本起经》、《普曜经》等，给后人留下了珍贵的线索。

第八录，历代所出疑伪经论录，卷十。

本录分疑伪经、疑经和伪经三类，多数根据前代经录所定。

选自道安疑伪《经录》26 部 30 卷，祐《录》21 部 27 卷（其中《药师六义》、《六根名数要览》等存疑），长房《录》31 部 84 卷，法经《录》

---

① 《大唐内典录》卷十，大正藏 55 册，333 页。

28 部，以上皆为伪经。

疑经有齐竞陵王抄经 23 部 29 卷，南梁僧法诵出净土经 35 部。

另有不见于前代经录的《诸佛下生大法王经》、《占察经》等 25 部经论，均为伪经。这些经论虽有长房《录》、法经《录》记载，实际应为道宣所勘定。

第九录，历代众经录目，卷十。

佛教经典在华译传的时候，随即即有经典目录的编撰。道宣对之非常感兴趣，自云：

> 余少沐法流，五十余载。宗匠成教，执范贤明，每值经诲德
> 能无不目阅亲谒。至于经部大录，欣悟良多，无论真伪思闻其异。

又对各代经录有所评论，同时也道出了自己编这部《内典录》"望革前弊"的旨趣和后继者"复雅正之"的愿望：

> 自方朔睹昆明之灰，刘向校佛经天阁，故知周汉久已闻之，
> 非后显宗，方流此地。故法兰创出章本，世高广译众经，余部相
> 从无非通道。故魏晋之后腾译郁蒸，制录讨论，居然非一。或以
> 数列，或用名求，或凭时代，或寄参译，各纪一隅，务存所见。
> 斯并当时稽古，识量修明。而缀撰笔削不至详密者，非为才不足
> 而智不周也，直以宅身所遇天下分崩，疆场关艰，莫阅经部，虽
> 闻彼有，终身不窥。今则九围静谧，八表通同，尚绝追求诸何纂
> 历，上集群目，取讯僧传等文，勘阅详定，更参祐、房等《录》。
> 祐《录》徵据，文义可观，然大、小雷同，三藏糅杂，抄集参正，
> 传记乱经，考括始终，莫能通决。房《录》后出，该赡前闻，然
> 三宝共部，伪真淆乱。自余诸录，胡可胜言。今余所撰，望革前
> 弊。然以七十之年，独运神府，捡括漏落，终陷前科。具述所怀，
> 示其量据，庶有同好，复雅正之，可不同舟相从怀古。①

本录分两部分，即未见其本者和现存者。

未见其本者，起自《古经录》（疑似秦时释利防所赍经录），终作者
不详的《众经都录》，包括朱士行《汉录》、聂道真《众经录》、《二赵录》、
道安《综理众经目录》、僧叡《二秦录》等，共计 24 部，查阅纪传有之，

---

① 《大唐内典录》卷十，大正藏 55 册，338 页。

但未见其本。

现存者，起自不详作者的《众经别录》，终此《内典录》，包括僧祐《录》、李廓《元魏众经目录》、宝唱《梁代众经目录》、法上《齐代众经目录》、法经《录》、长房《录》等，共计10部。其中"《大唐京师西明寺所写正翻经律论集传等（显庆三年）入藏正录》，合七百九十九部三千三百六十一卷（五万六千一百七十五纸）"，当为西明寺《一切经》的目录。此《入藏正录》所收的典籍，应该就是以本《大唐内典录》前三录的经录为基础而选入。

第十录历代众经应感兴敬录，卷十。

本录并非经典目录，而是记录各代写经、诵经的感应事迹，共计30则。

最早之事迹是转载慧皎《高僧传》刘宋黄龙沙弥昙无竭诵念观音事，最晚为龙朔三年（663）正月二十七日高表仁孙子诵《法华经》事。高表仁孙子诵《法华经》事也是本《内典录》所收最晚、最新的内容。

六、用时最长的作品：《续高僧传》

《续高僧传》也是道宣的代表性作品之一。本书是道宣用时最长的一部著作，乃平生所搜集资料的积累，贞观十九年（645）完成初稿，之后陆续补充，实际补至麟德二年（665）。与梁、宋、明《传》相比，《续高僧传》内容最丰富，所收范围也最广。

（一）《续高僧传》的渊源

《续高僧传》，今本作三十卷，或四十卷。考其用意，为"续"慧皎《高僧传》而作，为慧皎之后的高僧立传。与其他著作不同，道宣编撰《续高僧传》并无时代针对性。书前的《序》言，道出了道宣编著此传的初衷：

> 昔梁沙门金陵释宝唱撰《名僧传》，会稽释惠皎撰《高僧传》。创发异部，品藻恒流，详核可观，华质有据。而缉裒吴越，叙略魏燕，良以博观未周，故得随闻成采。加以有梁之盛，明德云繁，薄传五三，数非通敏。斯则同世相侮，事积由来。中原隐括，未传简录，时无雅赡，谁为谱之？致使历代高风，飒焉终古。余青襟之岁有顾斯文，祖习乃存，经纶攸阙，是用凭诸名器，伫对杀青，而情计栖遑各师偏竞，遽听成简，载纪相寻。而物忌先鸣，藏舟遽往，

徒悬积抱，终掷光阴。敢以不才，辄陈笔记，引踪闻见，即事编韦。
谅得列代因之，更为冠冕。自汉明梦日之后，梁武光有已前，代
别释门，咸流传史。考酌资其故实，删定节其先闻，遂得类缵前
驱，昌言大宝。季世情繁，量重声华，至于鸠聚风猷，略无继绪。
惟隋初沙门魏郡释灵裕，仪表缀述有意弘方，撰《十德记》一卷，
偏叙昭玄师保，未奥广嗣通宗。余则孤起支文，薄言行状，终亦
未驰高观，可为长太息矣。故沾预染毫之客，莫不望崖而庹止，
固其然乎。今余所撰，恐坠接前绪，故不获已而陈之。或博咨先
达，或取讯行人，或即目舒之，或讨雠集传。南北国史，附见徽音，
郊郭碑碣，旌其懿德，皆撮其志行，举其器略。言约繁简，事通
野素，足使绍胤前良，允师后听。始岠梁之初运，终唐贞观十有
九年，一百四十四载。包括岳渎，历访华夷，正传三百四十人，
附见一百六十人。序而伸之，大为十例：一曰译经，二曰解义，
三曰习禅，四曰明律，五曰护法，六曰感通，七曰遗身，八曰读诵，
九曰兴福，十曰杂科。凡此十条，世罕兼美。①

虽然没有其他用意，仅为高僧立传，然用时最多，用工最勤。历代编
辑僧传者非一，能流传至今者不多，而能流传至今且精要者则更少。道宣之
前有宝唱《名僧传》、慧皎《高僧传》，虽然"详核可观"，但仅"缉裒吴越，
叙略魏燕"，"中原隐括，未传简录"，因而"博观未周"，"致使历代高风，
飒焉终古。"至隋代灵裕法师，编撰有《十德记》一卷，但"偏叙昭玄师保，
未奥广嗣通宗"。道宣发愿继之，"或博咨先达，或取讯行人，或即目舒之，
或讨雠集传。南北国史，附见徽音，郊郭碑碣，旌其懿德，皆撮其志行，举
其器略。""包括岳渎，历访华夷"，成此《续高僧传》。虽然为"续"，
但与慧皎《传》相比，不仅篇幅宏阔，而且道宣之作立意更深，范围更广。

关于道宣所云入《传》者"正传三百四十人，附见一百六十人"。并
非今本《续高僧传》的入传人数，而今本的入传人数要多于此数的三分之一。
原因有二。

其一，今本《续高僧传》并非道宣手订，因此存在一些难以确定的问题，
如入传人数等等，没有准确的数字。

---

① 《续高僧传·序》，大正藏 50 册，425 页。

  道宣自《序》中云"终唐贞观十有九年",即书中所收内容终止于贞观十九年（645）,意即道宣在被征召遴选入玄奘译场时截稿问世。但在道宣自编《大唐内典录》中关于自己的著作,在《续高僧传》三十卷后有"《后集续高僧传》（一部十卷）",即《后集》为贞观十九年之后所补充编撰。也就是说道宣自己尚未将前集的三十卷和《后集》的十卷合编为四十卷全本。察其意,应是《后集》尚未最后定稿,仍在继续搜集补充。这样一来,三十卷的定本和《后集》的稿本两本分离,也导致了智升编《开元录》时只确定为三十卷的记载,

  其二,《后集续高僧传》已被后人汇编入今本《续高僧传》中。经过整理的有金陵刻经处本,名《唐高僧传》,未整理者有《大正藏》本等。但是,终究没有经过作者亲手汇校定稿,加之两稿分离已久,经一千多年的传抄,所以今本的基本内容虽无误,但细处仍有无法确定处。

  全书分译经、义解、习禅、明律、护法、感通、遗身、读诵、兴福和杂科声德等共十篇。每篇末尾都有道宣的归纳总结,名曰《论》。其中义解篇篇幅最大,而《玄奘传》最长。慧皎作《高僧传》的时候,由于历史条件的限制,所收录偏重南方,而道宣的时代全国统一,所收则着眼于全国范围,特别是长安地区。篇末的《论》语为道宣的研究综述,为慧皎《传》所无,追本溯源,以正视听,很值得研究。这部著作不仅仅是僧人的传记,其中有不少史料可以弥补正史的不足,其价值超过了之前的慧皎《传》和之后的赞宁《传》。

（二）入《传》名录

  下面依据《大正藏》第50册将《续高僧传》有名有传文者梳理如下。

  第一篇译经,卷一至卷四,共计本传十五人,附见三十五人:

  梁僧伽婆罗（附曼陀罗、木道贤、僧法、道命）,释宝唱（附梁武帝、僧朗、梁简文、僧昭）,魏昙曜传（附昙靖）,菩提流支（附常景、李廓、宝意、觉定、法场、智希、杨炫之、昙显、智贤、法希、藏称）,陈拘那罗陀（附高空、德贤、善吉）,陈法泰（附智恺、曹毗、智敫、道尼）,隋那连耶舍（附万天懿）,阇那崛多（附僧就、法智）,达摩笈多（附侯君素、徐同卿、刘凭、费长房）,彦琮（附行矩）,唐波颇,慧赜,慧净,玄奘,那提。

  道宣与玄奘为同时代人,同处京城,且同在译场共事,经常相处,知之甚深,故《玄奘传》述之甚详。对玄奘的离世,卷末道宣特别惋惜曰:

随其游历塞外海东百三十国，道俗邪正，承其名者莫不仰德归依，更崇开信，可以家国增荣，光宅惟远。献奉岁至，咸奖之功。若非天挺英灵生知圣授，何能振斯鸿绪，导达遗踪。前后僧传往天竺者，首自法显、法勇，终于道邃、道生，相继中途一十七返，取其通言华梵，妙达文签，扬导国风，开悟邪正，莫高于奘矣。恨其经部不翻，犹涉过半，年未迟暮，足得出之。无常奄及，惜哉！①

又，关于卷末之《那提传》，文中据传那提之无相与玄奘之有相相龃龉，故那提有抱麟之叹，似乎道宣有为那提鸣不平之意，故而或有认为此《传》非道宣手笔。道宣与玄奘相知甚深，不必回护。此《那提传》为道宣所写，秉笔直书而已。

第二篇义解，卷五到卷十五，共计本传一百六十一，附见七十七人：

梁法申（附道达、慧命），僧韶（附法朗、法亮），法护（附智远、僧达），智欣，僧若（附僧令、法度、慧梵、慧朗），法宠（附智果、僧淑），僧迁，僧旻（附道超），法云，慧澄（附慧朗、慧略、法生、慧武），法令（附慧泰、慧篡），智藏，慧超，慧约，魏昙峦，梁慧韶，慧皎，魏道辩（附昙永、亡名），道登，梁僧密，昙准（附智深），道超（附慧安），僧乔（附慧生、僧整、慧济），慧开（附昙隽），明彻，法开，道宗，（附法敞），魏法贞（附僧建、慧聪、道寂），梁宝渊（附法文、法度、法护），僧询（附道遂、道摽），慧超，齐真玉，后梁僧迁，陈洪偃，法朗，慧勇，宝琼（附明解），警韶，安廪，慧布（附僧诠、玄辩），周亡名（附僧琨），魏道宠，齐慧嵩，僧范，昙遵，慧顺，道凭，灵询，法上（附法存），道慎，周僧妙，慧善，宝象，齐昙衍，陈慧荣，隋昙延，慧远（附僧猛），周宝海，隋智方，罗云，法安，慧哲（附道琼、洪哲、慧向、慧嵩），慧暅，慧弼，灵裕，慧藏，智脱，法澄，道庄，法论，僧粲（附僧鸾、僧凤），靖嵩，靖玄（附明则），智闰，智聚，慧旷，智琳，净愿，智凝（附灵觉、道卓），法彦，法总，僧昙（附慧重），灵璨，法瓒，宝儒，慧最，僧朗，慧畅（附僧温），志念，智矩（附慧感、慧赜），慧海，辩义，明舜（附慧相），智梵，彭渊。

唐道宗，普旷，保恭，法侃（附道抚），吉藏（附慧远），隋慧隆，慧海，慧觉，道判，净业，童真，灵干（附灵辩），敬脱，唐善胄（附慧威），辩相，

①　《续高僧传》卷四，大正藏50册，458页。

宝袭，（附昙恭、明洪），慧迁，慧觉，智琚，道庆，慧因，慧嵩，法祥，静藏（附道删），圆光（附圆安），海顺（附行友），昙藏，神迥（附玄究），僧凤（附法位），道岳（附明旷、明略），功迥，释神，道杰，神素，法护，玄绪，慧壁，智琰，道基（附慧景、宝暹），道愻（附道谦），慧頠，道宗，三慧，慧頵，法恭，智正，（附智现），慧棱，智拔（附法长），慧瑜，慧持，智凯，法敏，慧璇，慧眺，灵睿，僧辩，法常，智徽，玄鉴，玄会，行等，志宽，慧休（附昙元、灵范），灵润（附净元、智衍），道洪，义褒。

第三篇习禅，卷十六至卷二十，共计本传九十五人，附见三十八人：

梁僧副，慧胜（附慧初），道珍（附法归、慧景），魏佛陀，齐菩提达摩（附道宵），僧可（附向居士、化公、廖公、和公、法林、僧那、慧满），僧达，僧稠，后梁法聪，陈智远，后梁法常，法京，法懔，惠成，法忍，周僧实，僧玮，昙相，隋道正，昙询，法充，信行（附裴玄证），慧意（附法永、岑阇梨、智晓），周慧命（附戴逵、慧朗、慧晓），陈慧思，隋智顗，昙崇，慧越，慧实，僧善（附僧袭、僧集），玄景（附玄觉），智舜附（智赞），智锴，智越（附波若、法彦），昙迁，僧渊，真慧，慧瓒，法纯（附慧昂），法进，静端，道舜，慧欢，智通，本济（附善智、道训、道树），僧照，唐洪林，僧定，道林，法应，智周，法藏，慧超，智晞，智满，僧邕，灌顶（附智晞、光英），智璪，普明，智藏，法喜，道昂（附灵智），道哲（附道成、静安），昙荣，静琳，慧斌，志超，昙韵，慧思，道绰（附道抚），明净（附慧融），慧熙，世瑜，智聪，僧彻，惠祥，昙伦，普明，昙献，无碍，道昭，法显，玄爽（附惠普），惠仙，惠宽，僧伦，静之，智岩，善伏，解脱（附普明、僧崟），法融，惠方，法向，道信，惠明。

第四篇明律，卷二十一至卷二十二，共计正传二十八人，附见十九人：

梁法超，道禅，齐慧光（附道云、道晖、冯居士），昙隐（附洪理、道乐），陈昙瑗，智文，隋法愿（附道禽、道行），灵藏，通幽，道成，洪遵（附道洪、法胜、洪渊），觉朗（附海藏、法锵），慧主，智保，慧选，智首，慧琲（附满德、真懿、善智、敬道），法砺，玄琬，慧萧，慧满，慧进，道亮（附道胄），慧旻。道胄，道兴，明导，昙光。

按，《大正藏》本另附有"明律下"及"明律下之余"智首等十四人，与正本卷二十二对勘，道胄，道兴，明导，昙光等四人为正本所无，故录入。此之另附内容，应为道宣当年补续《续高僧传》的内容。

第五篇护法，卷二十三至卷二十四，共计正传十七人，附见九人：

魏昙无最，齐昙显，周静蔼（附慧宣），道安（附慧俊、慧影、宝贵），僧傮，隋僧猛，魏道臻，周智炫，唐明赡，慧乘（附道璋），智实（附普应、法行），法琳（附慧序），唐新罗国慈藏（附圆胜），隋昙选，弘智，道会，智勤。

第六篇感通，卷二十五至卷二十六，共计正传一一八人，附见九人：

魏勒那漫提，超达，慧达，道泰，梁僧融，魏法力，梁植相，僧林，慧简，魏僧朗，僧意，僧照，齐道丰，圆通，慧宝，僧云，僧远，周慧瑱，隋洪献，慧云（附傅大士），法朗，道仙，陈慧峰，隋慧岩，法安（附法济），慧侃，唐转明，贾逸，法顺（附智俨），道英，又德智则，通达，魏明琛，齐僧安，周香阇梨，猷禅师，僧度，卫元嵩，前梁尚圆，后梁法行，道穆，隋智旷，无相，童进，富上，明恭，法进，道幽，岑阇梨，通阇梨，法庆（附单道琮），德山（附旭上），道悦，慧耀，道辩（附神辩），慧琳，洪满，慧聪，法通，慧因，法施，慧岸，法运，帝示阶，智显，法聪，僧明，明隐，法空，明濬，明解（附宋尚礼），法冲，隋道密，智隐，阇提斯那，明诞，明璨，慧重，宝积，道端，道粲，明芬，僧盖，昙琯，道贵，僧顺，法显，僧世，法周（附景晖），慧诞，智光，智教，圆超，慧藏（附法顺），宝宪，法朗，昙遂，昙观，灵达，僧昕，玄镜，智揆，僧范，宝安，宝岩，明驭，道生，法性，辩寂，静凝，法楷，智能，昙良，智巘，道嵩，道颜，净辩。

按，篇名曰"感通"，同样内容慧皎《高僧传》作"神异"，收佛图澄、杯度等。道宣解释道，所谓"感通"，乃圣人权巧方便之法门，"故圣人之为利也，权巧众途，示威雄以摄生。为敦初信，现光明而授物。情在悟宗。"道宣改"神异"之现象为"感通"之本质，又与三业因果相联系，"儒之所云命也，释之所云业也。命系于业，业系于心。心发其既参差，业成故亦无准。是以达命业之开士，知报熟而无辞。迷因果之恒人，谓徒言而不应。"①

第七篇遗身，卷二十七，共计正传十二人，附见二人：

南齐法凝，周僧崖，普圆，隋普济（附另一普济），普安，大志，唐知命，玄览，法旷，会通，绍阇梨，道休。

按，"遗身"，慧皎《传》作"亡身"。"身"者五大和合而成，"达人，知身城之假合，如尘无性，鉴命算之若流，惟心生灭。由斯以降，同是幻居。"不同处在于道宣以戒律来定义诠释，并涉及中印丧葬传统的差异。

---

① 《续高僧传》卷二十六《论》，大正藏 50 册，677 页。

第八篇读诵，卷二十八，共计正传十四人，附见七人：

魏志湛，法建，慧恭，法泰，唐慧超，伯济国慧显，唐道积（附洪远、僧思、智晔），宝琼，善慧，法诚，空藏，慧铨（附智证、宋公），遗俗（附玄秀、史担），宝相（附法达）。

第九篇兴福，卷二十九，共计正传十二人，附见五人：

梁明达，周僧明（附僧护），隋慧达，唐僧晃，住力，智兴（附善因），道积，德美（附静默、昙献），慧胄（附法素），智通，慧震，慧云。

第十篇杂科声德，卷三十，共计正传十二人，附见八人：

陈慧明，高齐道纪，隋法称（附智云），真观，法韵，立身（附慧宁、广寿），善权（附法纲），智果（附玄应、智骞），慧常（附道英、神爽），唐法琰，智凯，宝岩。

按，"杂科声德"，即慧皎《传》之"经师""唱导"，所谓"若夫声学既丰，则温词雅赡。才辩横逸，则慧发邻几"。①

本书卷末，道宣对四众法属仍告以谆谆之意："法流所被非人不弘"，但自梁慧皎《高僧传》以后，世风浇离，僧史荒芜，"高行明德湮埋难纪"：

> 尝以暇日遍访京贤，名尚不闻，何论景行！抚心之痛，自积由来，相成之规，意言道合。仰托周访，务尽搜扬，勿谓繁多，致乖弘略。世之三史，卷余四百，尚有师寻，岂喻释门三五帙也。故当微有操行，可用师模，即须缀笔，更广其类。②

今本《续高僧传》所收人数，从南梁初到唐麟德二年（665），实际人数多于道宣在《续高僧传》序言中所说的人数，高丽藏本所收正传四百一十四人，附见二百零二人。明藏本所收，正传四百九十二人，附见二百一十五人。③

道宣的文史类著作除了以上五部有代表性的作品外，还有叙述佛祖释迦牟尼传记的《释迦氏谱》和《佛化东渐图赞》、《圣迹现在图赞》、《京师西明寺录》等。可惜后面的三部著作已经佚失，只能从书名上了解到书的

---

① 《续高僧传》卷三十《论》，大正藏50册，706页。

② 《续高僧传》卷三十，大正藏50册，707页。

③ 参见陈士强主编：《中国学术名著提要·宗教卷》，复旦大学出版社，1997年4月版，196页。

大概内容。

《释迦氏谱》一卷，又名《释迦氏谱略》、《释氏谱略》，为继僧祐《释迦谱》而作。追本溯源，备引典籍，分述释迦牟尼出世的经过、释迦族之族源、释迦牟尼创立佛教的地区、传教的经过和圆寂后佛教的流衍。全文简明扼要，征引资料比较多，分所依贤劫、氏族根源、所托方土、法王化相、圣凡后胤五科叙述。

七、灵验奇迹：《集神州三宝感通录》

在完成了律学典籍的撰写之后，道宣并没有停笔，陆续有大量著作问世，如《广弘明集》、《续高僧传》、《大唐内典录》等，实为学者案头常备的典籍。道宣还有一类著作关注者不多，即感通类作品。写这类作品的出发点当然是护法弘教，是有感而发的应"时"而作，但真实地记录了当时佛教在中国发展演变的轨迹，特别是佛教文化在社会中广泛的发展细节，因此有不同于其他两类作品的价值。《集神州三宝感通录》就是其中比较有代表性的一部。

（一）编集本书的背景

《集神州三宝感通录》又名《东夏三宝感通记》，其基本内容，是对东土佛教灵异感通事迹的记录与汇编，三卷。从书中的内容与道宣的其他著作来比较，本书资料的搜集时间应该比较长，而完成的时间比较晚，是在道宣的晚年。书成于终南山净业寺，时在高宗麟德元年（664）六月二十日，即道宣去世的三年之前。这时，道宣已经年届七十，去日方长，来日不多。如道宣自云曰："恐奄忽泫露灵感沉没，遂力疾出之。"①

为什么道宣在晚年急于编集此书，"力疾出之"？道宣在《序》中写道：

> 夫三宝利见，其来久矣，但以信毁上竞，故有感应之缘。自汉洎唐，年余六百，灵相胅蠁，群录可寻，而神化无方，待机而扣。光瑞出没，开信于一时，景像垂容，陈迹于万代。或见于既往，

---

① 《集神州三宝感通录》卷中，大正藏52册，404页。

或显于将来，昭彰于道俗，生信于迷悟，故撮举其要，三卷成部云。①

佛教传入中国六百多年，期间有相信者，也有怀疑者，所以屡屡以"感应"生缘，备见前代记述。而"信毁上竞"，也是道宣有感而发。隋代佛教大兴，盛况空前，入唐，有"道先释后"的约束。特别是在本《录》书成之前的几年，先是朝廷下令奉迎法门寺佛指舍利，引发了崇佛热潮，但随之朝廷又下令致拜君亲，僧众惶然不知所从。作为皇室寺院西明寺上座的道宣，率领京城僧众奋力抗争，终于使朝廷收回了成命。道宣亲自参与了这次事件的全部经过，虽然最后护法成功，但无疑感触甚深，触发了颇多顾虑。所以，道宣欲尽快编集此书，收集各地佛法感应事迹，以便"昭彰于道俗，生信于迷悟"。

还有，道宣"恐奄忽泫露灵感沉没"的紧迫感恐怕还与玄奘的去世有关。此书完成于六月，玄奘于此前的二月去世。玄奘回国后，从设立弘福寺译场开始，道宣被遴选为译场缀文大德，两人便相知相交数十年。两人同在京城长安，都是义学大德，年历资格也相差无几，也都是京城最有影响力的高僧大德，领袖群伦。玄奘去世后，道宣深表痛惜，并对玄奘进行了高度的评价，推崇为"季代之英贤，乃佛宗之法将"，在《续高僧传》中专门用一卷的篇幅为奘公立传，字里行间，洋洋洒洒，尽显崇敬之情。对于玄奘的离世，道宣还有特别的遗憾："恨其经部不翻犹涉过半，年未迟暮，足得出之，无常奄及，惜哉！"②痛惜之情溢于言表。由玄奘想到自己，推人及己，韶光不再，所以才有"恐奄忽泫露灵感沉没"的紧迫感。

由于是"力疾出之"，书成之后，道宣又对本《录》还不够完善作了说明：

> 直笔而疏，颇存大略而已。庶后有胜事，复寄导于吾贤乎。
> 其余不尽者，统在西明寺道律师新撰《法苑珠林》百卷内，具显之矣。③

"直笔而疏，颇存大略而已"云云，意思是时间无多，尽量将资料汇编在一起，保存大概情况以待后来者。其余更多感通事迹，可阅读西明寺道律师新撰《法苑珠林》。"道律师"，"道"之后佚一"世"字，即道世，又称玄恽，追随道宣多年，常住西明寺，也是初唐著名的义学僧，除《法苑

---

① 《集神州三宝感通录》卷上，大正藏 52 册，404 页。
② 以上见《续高僧传》卷四《玄奘传》。大正藏 50 册，458 页。
③ 《集神州三宝感通录》卷下，大正藏 52 册，435 页。

珠林》外，还有《四分律讨要》、《四分律尼钞》、《金刚经集注》等著作行世。其《法苑珠林》流传至今，以全面、详尽为人所称道。

（二）《集神州三宝感通录》的内容

从文体来看，本书是一部记事集，总记 153 件事。据各卷目录，记的是历代佛法僧"三宝"在全国各地的 150 件灵异感应事迹。全书共分为三卷：卷上记录有关舍利佛塔的 21 件事；卷中记佛像、菩萨像的灵异事迹 50 事；卷下是有关佛寺、经典、神僧等三类共 82 件事迹。据内容计算，实际应为 153 事。所记之事，尽量附以时间、地点和经过等，其中有些是籀录自其他文献，有些是道宣自己考察或经历的文字记录。

本书参考了大量的他人著作，在十四种以上，有《宣验记》（刘度）、《幽明录》（宋临川）、《冥祥传》（王琰）、《僧史》（王巾）、《三宝记》（萧子良）、《高僧传》（裴子野）、《名僧传》（宝唱）、《征应传》（祖台）、《搜神录》（陶元亮）、《旌异记》（侯君素）、《内典博要》（虞孝敬）、《法宝联壁》（萧纲）、《述异志》等等①。

以下分述各卷基本内容。

（1）卷上的基本内容。

卷上内容有二，一是阿育王塔故事，二是各地佛舍利感应事迹。

记述阿育王役使鬼神造八万四千塔之东土遗迹有 20 则，另各地佛塔感应 1 则：

西晋会稽鄮县塔，东晋金陵长干塔，石赵青州东城塔，姚秦河东蒲阪塔，周岐州岐山南塔，周瓜州城东古塔，周沙州城内大乘寺，周洛州故都西塔，周凉州姑臧县塔，周甘州删丹县塔，周晋州霍山南塔，齐代州城东古塔，隋益州福感寺塔，隋益州晋源县塔（雒县塔附），隋郑州起化寺塔，隋怀州妙乐寺塔，隋并州净明寺塔，隋并州榆社县塔，隋魏州临淄县塔，杂明神州山川藏宝等。

观其所述，每则遗迹之发轫都与阿育王有关，但之后的修建则各有事实。如石赵青州东城塔：

> 青州古城寺塔者，代历周秦，莫知其地。石赵时，佛图澄者在邺，

---

① 按，《述异志》或为《述异记》，祖冲之撰。另部分撰作者姓名或有出入，如《幽明录》（刘义庆），《搜神记》（干宝），《搜神后记》（陶潜）。据《隋书·经籍志》。

勒、虎敬重，广置寺塔而少露盘。方欲作之，澄曰：临淄城中有阿余王寺，犹有佛像露盘在深林巨树下，上有伏石，可寻而取也。虎使求之，依言指授，入地二十丈获之。至邺，阿育、阿育声之转耳，须访故地处所。故慧达在冥中告云：雒阳、临淄、建邺、鄮县、成都，五处并育王塔，礼者不入地狱。故知此塔不虚名也。

又如姚秦河东蒲阪塔：

> 河东蒲阪古塔者，后奏（秦）姚略叔父为晋王，镇于河东。古老传云：蒲阪古塔即阿育王所立也。疑之，屡有光现，依掘得佛骨于石函银匣中，照耀殊常。送以上略，略乃亲迎，睹于灞上。今蒲州东阪有救苦寺，僧住，立大像极宏冠，而古塔不树云。①

其中有些遗迹道宣亲自考察过，如晋州霍山南塔、益州福感寺塔、并州净明寺塔，还有金陵长干塔的佛舍利、佛发、佛爪流落长安的经过，也是道宣所亲身经历。

其中叙述较详的是西晋会稽鄮县塔、东晋金陵长干塔、周岐州岐山南塔、隋魏州临淄县塔。

本卷的第二部分内容是各地佛舍利感通事迹，序言云：

> 原夫大圣谋权，通济为本，容光或随缘隐，遗景有可承真，故将事拘尸，从于俗化，入金刚定，碎此金躯欲使福被天人，功流海陆。至于牙齿、发、爪之属，顶盖、目精之流，衣钵瓶杖之具，坐处足蹈之迹，备满中天，罕被东夏，而齿、牙、发、骨，时闻视听。昔育王土中之塔略显于前，而偏感别应之形，随机又出，自汉洎唐，无时不有。既称灵骨，不可以事求，任缘而举，止得以敬，及通信之士，举神光而应心，怀疑之夫，假琢磨而发念。所以讨寻往传及以现祥，故依缵序，庶有披者识释门之骨鲠，万载之后难可尘没矣。②

东土属于"边地"，所以佛之舍利圣物相对于天竺比较少，"时闻视听"。

---

① 《集神州三宝感通录》卷上，大正藏 52 册，406 页。
② 《集神州三宝感通录》卷上，大正藏 52 册，410 页。

阿育王舍利塔之感应事迹备述于前，"而偏感别应之形，随机又出，自汉洎唐，无时不有。"这就是圣物之不可思议处，"不可以事求，任缘而举，止得以敬"，其作用乃在于启发信仰，使"通信之士，举神光而应心，怀疑之夫，假琢磨而发念"。

文中首先记述汉明、孙吴、两晋及刘宋舍利生出之事迹。其次，叙述隋代文帝一百一十余州普建舍利塔的舍利感应事，以及立塔之时各地的感应祥瑞，最后，简单记述仁寿三年（603）五十三州舍利塔事。

（2）卷中的基本内容。

卷中记述佛像灵应事迹共有 50 则：

其中南北朝之前 13 则。起东汉洛阳画释迦像，终东晋庐山文殊金像。

南北朝 22 则。起元魏凉州石像山裂出现，终周襄州岘山华严行像。

隋唐 15 则。起隋蒋州兴皇寺焚像移，终唐辽口山崩自然出像。

本卷虽然记述佛像灵应故事，但时间、地点、寺院变迁、人物等，均尽可能追溯历史，理清发展线索。如至今仍存遗迹的泰山神通寺：

> 西晋泰山金舆谷朗公寺者。昔中原值乱，永嘉失驭，有沙门释僧朗者，姓李，冀人，西游东返，与湛、意两僧俱入东岳，卜西北岩以为终焉之地。常有云荫，士俗咸异。其祯感声振殊国，端居卒业。于时天下无主，英雄负图，秦、宋、燕、赵莫不致书崇敬，割县租税以崇福焉。故有高丽、相国、胡国、女国、吴国、昆仑、北代七国所送金铜像，朗供事尽礼，每陈祥瑞。今居一堂，门牖常开，鸟雀莫践，咸敬而异之。其寺至今三百五十许岁，寺塔基构如其本焉。隋改为神通道场，今仍立寺。①

上述朗公寺的时代、地址，僧朗与官府关系等情况，与其他典籍所记基本相符。今该寺遗址仍存留，位于"四门塔景区"内。该"景区"有四门塔、龙虎塔和神通寺遗址。朗公寺以竺僧朗得名，法化颇盛。随文帝开皇三年（583），改朗公寺为神通寺，后全国普建舍利塔，这里即其一。

再如"唐雍州蓝田金像出石中"条，所载蓝田悟真寺事，位置、时代均无误。

（3）卷下的基本内容。

---

① 《集神州三宝感通录》卷中，大正藏 52 册，414 页。

卷下分别记述"圣寺""灵教""神僧"的灵应感通事迹。

"圣寺"共 13 处：

临海天台山石梁圣寺，东海蓬莱山圣寺，抱罕临河唐述谷仙寺，相州石鼓山竹林圣寺，岩州林虑山灵隐圣寺，晋阳冥寂山圣寺，岱州五台山太孚圣寺，西域黑蜂山石窟圣寺，雍州太一山九空仙寺，终南山大秦（泰）岭竹林寺，梁州道子午关南独圣寺，终南山折谷炬明圣寺（库谷缘附）。

"灵教"，即受持读诵佛经的感应事迹，僧、俗、士、庶均有，共 38 则：

昙无竭、释道安、释僧生、释道冏、释普明、释慧果、释惠进、释弘明、孙敬德、释道琳、释志湛、范阳僧、并东看山、魏阉官、周经上天、隋扬州僧、释道积、释宝琼、释空藏、释遗俗、史呵誓、令狐元轨、释昙韵、释僧彻、河东尼、释昙延、释道逊、释智苑、严恭、李山龙、李思一、陈公太夫人、岑文本、苏长姜、董雄、益州空经、高文、崔义起。

"神僧"。所谓"神僧"，并无"常准"：

> 僧之真伪唯佛明之，自余凡小，卒未能辩。良由导俗化方，适缘不壹，权道难谋，变现随俗，不可以威仪取，难得以事相求。通道为先，故无常准。①

共记 30 则 31 位"神僧"：

安世高、朱士行、耆域、佛调、捷陀勒、抵世常、阎公则、滕并、竺法进、李恒、佛图澄、释道安、单道开、何充僧、桓温尼、杜愿僧、庐山僧、竺僧朗、梁法相、杯度、释道冏、求那跋摩、仑两尼、释慧全、刘凝之、释昙始、释慧远、释慧明、释宝志、释慧达。这些"神僧"或见于其他记载，如《高僧传》等，道宣根据特点整合在一起。

（三）《集神州三宝感通录》的评价

灵验神异之事，天人感通之闻，古已有之，从原始崇拜以来，世界各个民族无一例外。中国的古代典籍，如《山海经》、《诗经》、《楚辞》等等，所载甚多，不足为奇。但是，和佛教有关的神通、神异和一般的情况有所不同，是一种修行的情况，有经典的依据。同时，和戒律又有关系。

定中生"慧"，到了一定层次上，"慧"中就有神异感通出现。如《大

---

① 《集神州三宝感通录》卷下，大正藏 52 册，430 页。

乘义章》卷二十中对"神通"有详尽的记述，分别为天眼通、天耳通、他心通、宿命智通和漏尽通六神通。以假名色身运变者为眼、耳等"身通"，依其所能称呼，则"所为神异，目之为神；所用无壅，谓之为通"。而在大乘教法看来，佛、菩萨更是神力无边："诸佛菩萨六根互用，一一根中具一切用，说通无过。又佛菩萨法身自在用无障碍，一切诸根悉皆是通，不得取彼将难六通。""大乘六通用如实慧以之为体，彼体即定。断离烦恼内证寂灭如实定时即得彼定通。"①

道宣所云"唯佛明之"，和"通道为先"，实际上是道宣所建立的两点原则，有深刻的含义。

道宣的著作能广泛地流传于后世，与道宣圆满的僧格和宗师的身份有关。或者可以说阅读这类作品应该从道宣的立场与角度来进行研究，这正是有中国特色的"中国佛教"的真实的面貌，合理的面貌。三学圆满，乃圆满僧格之必然途径。名高如玄奘者，晚年仍有因专精教义，于四禅九定工夫不到的遗憾。道宣无论持戒、禅定还是研味经义，都是同时代僧伽中的佼佼者。《南山五大部》，奠定律宗基础，虽仍有《僧祇》、《十诵》、《根有》等的此起彼伏，但南山《四分》为主流，已不可动摇，且绵延至今。

要说印度佛教的中国化，其实律宗的成立是一个很重要的标志。道宣没有在印度留过学，虽然入过译场，但梵文也并不是道宣的擅长，但他解决了印度佛教中国化中的一个最难的问题。佛教的学派、宗派虽多，但与践行关系最紧密者，则只有律宗，同时，也只有道宣的两乘会通理论得到了公认。因而从中国佛教律宗大师的角度来研判这些著作，应该有独特的启发。

道宣好学覃思，博闻强记，自幼即喜欢阅读神异鬼怪书籍，终生兴趣不减，搜集资料颇多。所以此书保存了大量的神异文化信息，在历代僧尼著作中别树一帜，借助神异而存事迹，乃古代通行的一种文化载体。

道宣曾自谓云：

> 余少乐多闻希世拔俗之典籍，故《搜神》、《研神》、《冥祥》、《冥报》、《旌异》、《述异》，志怪录幽，曾经阅之，故非疑虑。况佛希人之说，心进勇锐之文，护助形神，守持城塔，事出前闻，

---

① 《大乘义章》卷二十，大正藏44册，858页。

非为徒说。①

"事出前闻，非为徒说"，道出了道宣编纂此类著作的知识背景。

道宣虽然是著作大家，但作品已有佚失，所以存留至今，殊属不易。道宣在世时，道宣对自己的作品就有"遗失不无"②的遗憾。当然，年代久远，存留至今的传抄舛误无法避免。本书共计记述了153事。这些事在道宣《广弘明集》、《续高僧传》、《集古今佛道论衡》等著作中亦有出现，因而要了解更清楚的情况，最佳者应将这几部著作的有关内容进行对比校勘，会得出更为准确的印象。

---

① 《道宣律师感通录》，大正藏52册，436页。按，《研神》一书，待考。
② 《大唐内典录》卷五，大正藏55册，282页。

第九章　南山圣地

南山，即终南山。与京城长安近在咫尺，不独担当拱卫京城重任，佛寺众多，也是长安佛教的重要组成部分。道宣常在终南山静修，潜心著述，弘扬《四分律》，并在净业寺创新法为天下岳渎沙门重新受戒，绵延不绝，独盛天下。于是，道宣所创一脉遂成中国汉传佛教律宗主流，被称为"南山宗"。

一、终南山

终南山是人文渊薮之地，但其文化的发达不是孤立的，是秦岭的一部分，代表的是秦岭文化。秦岭东西走向，位于我大陆腹地的正中，而终南山又位于秦岭的正中心。秦岭与黄河一起，庇佑呵护，孕育了中华文明的曙光，所以如果称黄河为母亲河，则秦岭可以称为父亲山。

（一）秦岭与终南山

秦岭是昆仑山脉的延伸，西以岷迭山系与昆仑山脉为界，东至河南伏牛山麓，横亘于陕西省中部，海拔在 1500 至 3500 米之间，面积占今天陕西省总面积的四分之一还要多。秦岭北面是黄河最大的支流渭河，南面却是长江最大的支流汉江，因而秦岭又是长江、黄河两大水系的分水岭，成为我国南北地质、气候、生物、水系、土壤等五大自然地理要素的天然分界线。独特的自然环境使这里拥有非常丰富的资源。

秦岭的物产十分丰富，与山下的渭河平原被称为"天下陆海之地"，是秦国完成统一大业的物质基础。如《汉书》评论道：

> 夫南山，天下之阻也。南有江淮，北有河渭，其地从汧陇以东，商雒以西，厥壤肥饶。汉兴，去三河之地，止灞浐以西，都泾渭之南，此所谓天下陆海之地，秦之所以虏西戎兼山东者也。其山

出玉、石、金、银、铜、铁，豫章、檀、柘，异类之物，不可胜原，此百工所取给，万姓所仰足也。又有粳稻、梨栗、桑麻、竹箭之饶，土宜姜芋，水多蛙鱼，贫者得以人给家足，无饥寒之忧。①

从中华文明发展史来看，不独秦国的建立有赖于秦岭、渭河丰富的资源与有利的环境支持，考古发现的大荔人、蓝田人都于此有关，还有半坡的母系聚落、开启父系社会的黄帝、尊崇礼制的西周等等，都是由这一方水土所滋养。之后的西汉、新莽、东汉、西晋、前赵、前秦、后秦、西魏、北周、隋和唐，都是中华文化史上浓墨重彩的篇章，簇拥着中华文化发展至一个又一个高潮。

秦岭南麓山势较低缓，而北麓是造山运动中的断层陷落地段，谷深山高，雄伟壮观，从东向西，依次有华山、骊山、终南山、首阳山、太白山等等，绵延不断。横贯东西的山脉为众多南北走向的山谷切割，据清代学者毛凤枝《南山谷口考》统计，从潼关到宝鸡，秦岭共有一百五十处谷口②，从东至西展开。这些谷口深入进去，有的横穿秦岭，成为关中向南面的通道，地理位置十分险要，如陈仓、褒斜、傥骆、子午、武关等，是联系关中和巴蜀、荆襄的要道。

秦岭是关中的屏障，拱卫着京城地区的安全。秦岭横亘在中华大地的腹部，其北侧则是富饶的渭河平原，号称八百里秦川。八百里秦川四周布满关隘，遂成为易守难攻的"关中"。

终南山是秦岭的一部分，但两个概念却有很大的不同。从古至今，秦岭概念的变化不大，与八百里秦川相对应，人们都知道何所指，但终南山概念的内涵却比较丰富，时代不同，所指也有区别。

如《括地志辑校》云：

终南山，一名中南山，一名太一山，一名南山，一名橘山，一名楚山，一名泰山，一名周南山，一名地脯山，在雍州万年县南五十里。③

自古以来各有所指，众说纷纭，所以需要厘清。

① 《汉书》卷六十五。
② 毛凤枝：《南山谷口考》，李之勤校注，三秦出版社，2006年。
③ 贺次君辑校：《括地志辑校》卷一。

概括起来，终南山的内涵大致有广义、中义和狭义三类。

广义的终南山指的就是秦岭，《史记》有"秦岭，天下之大阻也"的记载，这和《括地志》中提到的终南别名"秦山"相一致。《魏略》在记述魏延建议诸葛亮由子午谷入关中攻取长安时，也将终南山称为秦岭。《雍录》卷五《南山》说："终南山横亘关中南面，西起秦、陇，东彻蓝田，凡雍、歧、郿、鄠、长安、万年，相去且八百里，而连绵峙据其南者，皆此之一山也。"①

中义的终南山，在今周至、长安、户县、蓝田一区四县境内，在行政区划上今属西安市管辖，即所谓"京城之南"，是古都长安南面的主要屏障。

狭义的终南山在今户县，长安一带，《类编长安志》记云：终南山，在咸宁县南五十里，东至蓝田县界，西入县界石鳖谷（今作石砭峪），以谷水与长安县为界，东西四十里。②

我们这里所说的终南山、南山，指的是中义，即与山下的京城地区关系最密切的地区，也就是杜甫《卖炭翁》中"伐薪烧炭南山中"的"南山"，就是今天归西安市管辖的南面长安区、蓝田县、周至县和户县一区四县。

习惯上终南山被分为三段，基本上是按行政区划来分的，即：蓝田段（东段）、长安段（中段）、户县—周至段（西段）。三段当中，以净业寺所在的中段最具有终南山的性格特征。这一段的终南山，是整个秦岭最为狭窄的地方，从山前峪口到达山脊的直线距离约为10公里，最窄处只有5公里。

终南山山峦重叠，到底有多少个峰峦？没有定论。就其高度而言，两千米以上者，东段有玉山、紫云山、五凤山等；中段有麦秸磊、终南峰、太兴山；西段有静峪垴、首阳山、四方台、老君岭、一脚踏三县（2824米）等。这些山峦或在峪垴，或在两峪之间，或在大梁，或在小岭的纵横交织处。有高就有低，低处名叫峪，是大而贯通的山沟，多数常年有流水。大概数来，东段有流峪、蓝峪、辋峪、岱峪、汤峪、扯袍峪。中段有库峪、大峪、小峪、太乙峪（太峪）、石砭峪、子午峪、沣峪、高冠峪。西段有紫阁峪、太平峪、皂峪、涝峪、甘峪、耿峪、田峪、黑河峪和西骆峪。

（二）唐人咏终南山

追本溯源，恐"终南山"之起源不亚于"秦岭"。《尚书·禹贡》在

① 程大昌：《雍录》卷五。
② 《类编长安志》卷六。

记述雍州就列举了今陕西省境内终南、惇物两座山，《左传》则云："终南，九州之险也。"《诗经》曾多次提到终南山，如《秦风·终南》写道"终南何有，有条有梅……终南何有，有纪有堂"。《小雅·节南山》："节彼南山，维石岩岩。"《小雅·天保》："如终南之寿，不骞不崩。"此即"寿比南山"的来源。又，《山海经》简称其为"南山"，而西晋的《关中记》则直接得多："终南山，一名中南，言在天中，居都之南，故曰中南山。"意思是终南山位于天下之"中"、京城之"南"，故又名"中南山"。

"中南山"之称，又如柳宗元在《终南山祠堂碑》中写道：

> 惟终南据天之中，在都之南，西至于褒、斜，又西至陇首，以临于戎。东至于商洛，又东至于太华，以距于关。实能作固，以屏王室。其物产之厚，器用之出，则璆、琳、琅、玕，《夏书》载焉。纪、堂、条、梅，《秦风》咏焉。今其神又能对于祷祝，化荒为穰，易沴为和。厥功章明，宜受大礼。①

唐人对这些都非常熟悉。终南山文化丰富多彩，在唐人的诗句中有集中的表现，堪称京城长安的生活花园与精神花园，盖交通便捷，环境幽雅，更加之寺院众多，底蕴深厚，梵呗钟声，清风明月，历来是长安人向往之地。

终南山与长安城，在储光羲的诗中可以"合二为一"，山光水色，五彩缤纷，交相辉映。山水之清净，空气之明爽，恍兮惚兮，如置身于画图之中：

天静终南高，俯映江水明。
有若蓬莱下，浅深见澄瀛。
群峰悬中流，石壁如瑶琼。
鱼龙隐苍翠，鸟兽游清泠。
菰蒲林下秋，薜荔波中轻。
山戛浴兰阯，水若居云屏。
岚气浮渚宫，孤光随曜灵。
阴阴豫章馆，宛宛百花亭。
大君及群臣，宴乐方嘤鸣。
吾党二三子，萧辰怡性情。

① 柳宗元：《终南山祠堂碑并序》，《全唐文》卷五八七。

逍遥沧洲时，乃在长安城。①

　　尤其对文化士人，终南山乃是一个极佳的栖心之所。李白倦归终南山松龛旧隐曰：

> 我来南山阳，事事不异昔。
> 却寻溪中水，还望岩下石。
> 蔷薇绿东窗，女萝绕北壁。
> 别来能几日，草木长数尺。
> 且复命酒樽，独酌陶永夕。②

　　孟郊游终南山，感"山中人自正，路险心亦平"。"到此悔读书，朝朝近浮名"：

> 南山塞天地，日月石上生。
> 高峰夜留景，深谷昼未明。
> 山中人自正，路险心亦平。
> 长风驱松柏，声拂万壑清。
> 到此悔读书，朝朝近浮名。③

　　"到此悔读书，朝朝近浮名。"道出了读书人追求功名的矛盾心理，也道出了京城生活的无奈。卢纶追求功名，落第后，始悟"为名所误"，"交疏贫病里，身老是非间"，怅然归终南别业：

> 久为名所误，春尽始归山。
> 落羽羞言命，逢人强破颜。
> 交疏贫病里，身老是非间。
> 不及东溪月，渔翁夜往还。④

　　王维最洒脱，其意境具有代表性，在《答张五弟》中咏道：

---

① 　《全唐诗》卷一三八，储光羲：《同诸公秋霁曲江俯见南山》。
② 　《全唐诗》卷一八二。
③ 　《全唐诗》卷三七五，孟郊：《游终南山》。
④ 　《全唐诗》卷二八零，卢纶：《落第后归终南别业》。

　　终南有茅屋，前对终南山。

　　终年无客常闭关，终日无心长自闲。

　　不妨饮酒复垂钓，君但能来相往还。①

王维有终南别业，其"行到水穷处，坐看云起时"，最为人所称道：

　　中岁颇好道，晚家南山陲。

　　兴来每独往，胜事空自知。

　　行到水穷处，坐看云起时。

　　偶然值林叟，谈笑无还期。②

帝王也不例外。英武如唐太宗李世民者，面对终南山也生发出了"对此恬千虑，无劳访九仙"的感喟：

　　重峦俯渭水，碧障插遥天。

　　出红扶岭日，入翠贮岩烟。

　　叠松朝若夜，复岫阙疑全。

　　对此恬千虑，无劳访九仙。③

唐代，入终南静修成为时尚，并衍生出"终南捷径"的典故。《新唐书》批评这种走捷径的行为乃"高尚之节丧焉"：

　　唐兴，贤人在位众多，其遁戡不出者，才班班可述，然皆下概者也。虽然，各保其素，非托默于语，足崖壑而志城阙也。然放利之徒，假隐自名，以诡禄仕，肩相摩于道，至号终南、嵩少为仕途捷径，高尚之节丧焉。④

事实上隐修有各种原因，有立志隐修者，也有不得已隐居者，有长期隐修者，也有短期隐修者。也有各种形式，有固定于山中一处者，也有游走于各地者，有山洞栖身者，也有筑房屋居住者。虽然《新唐书》批评"高尚之节丧焉"，但毕竟"足崖壑而志城阙"者是多数，"假隐自名"的"放

---

① 《全唐诗》卷一二五。
② 《全唐诗》卷一二六，王维：《终南别业》。
③ 《全唐诗》卷一，李世民：《望终南山》。
④ 《新唐书》卷一九六，《隐逸传》。

利之徒"是少数，鱼龙混杂，泥沙俱下，亦属难免。"长安米贵，白居不易"，世态炎凉，徒呼奈何!

正如白居易的诗中所感喟曰：

> 王门岂无酒，侯门岂无肉。
> 主人贵且骄，待客礼不足。
> 望尘而拜者，朝夕走碌碌。
> 王生独拂衣，遐举如云鹄。
> 宁归白云外，饮水卧空谷。
> 不能随众人，敛手低眉目。
> 扣门与我别，酤酒留君宿。
> 好去采薇人，终南山正绿。①

终南山中佛寺众多，士人们不仅向往不已，而且也常常拜访流连，有李端《题云居寺上人房》为证：

> 高僧居处似天台，锡杖铜瓶对绿苔。
> 竹巷雨晴春鸟啭，山房日午老人来。
> 园中鹿过椒枝动，潭底龙游水沫开。
> 独夜焚香礼遗像，空林月出始应回。②

与山下滚滚之红尘相比，山上寺院如精神花园，徜徉于其间，放松神情，修养身心，确有重识自我、返璞归真之效。贾岛可以和户县李廓在净业寺同宿，"前日犹拘束，披衣起晓钟。"③闫防可以在沣德寺借住读书。"深林度空夜，烟月资清真"④。赵嘏与李侍御同宿华严寺，"相逢一宿最高寺，半夜翠微泉落声。"⑤王维答好友裴迪曰："山中多法侣，禅诵自为群。"⑥储光羲则幽居终南，期盼"何当见轻翼，为我达远心"⑦。孟浩然拜访翠微

---

① 《全唐诗》卷四二四，白居易：《送王处士》。
② 《全唐诗》卷二八六。
③ 《全唐诗》卷五七三，贾岛：《净业寺与前鄠县李廓少府同宿》。
④ 《全唐诗》卷二五六，刘昚虚：《寄闫防，防时在终南沣德寺读书》。
⑤ 《全唐诗》卷五五零，赵嘏：《李侍御归炭谷山居，同宿华严寺》。
⑥ 《全唐诗》卷一二八，王维：《答裴迪辋口遇雨忆终南山之作》。
⑦ 《全唐诗》卷一三六，储光羲：《终南幽居献苏侍郎三首》。

寺，"遂造幽人室，始知静者妙。"① 李白望终南山紫阁寺，叹曰："何当造幽人，灭迹栖绝巘。"② 岑参云际寺寻法澄上人，"昨夜云际宿，旦从西峰回。不见林中僧，微雨潭上来。"③ 吕温晚居终南寺院，月中闻磬声，"偶来游法界，便欲谢人群。竟夕听真响，尘心自解纷。"④ 孟郊游龙池寺，"步出白日上，坐依清溪边。地寒松桂短，石险道路偏。"⑤

罗邺的诗表达了京城士人的普遍心情：

> 九衢终日见南山，
> 名利何人肯掩关？
> 唯有吾师达真理，
> 坐看霜树老云间。⑥

从古到今，终南山佛教一直非常盛行，是这一地区主要的信仰。尤其唐代，终南山的北麓地区，大小寺院分布广，信众人数多，修禅持戒，创宗立派。《开元释教录》卷八记载道宣"常于终南山，以坚其志"。道宣所居寺院除了京城日严寺、崇义寺和西明寺，只要有条件，便直赴南山，追随前贤遗踪，寻觅静地修行。同时，思考学业，撰作著述，不少作品都是在终南山完成的。

二、终南山佛教略说

在道宣的时代，终南山的佛教和长安城的佛教是一个整体，本质上没有差别，即长安佛教由长安城的都市佛教和终南山的山林佛教组成，是一而二、二而一的关系。由于客观条件的不同，两地的佛教呈现出不一样的特点，互为补充，相辅相成。

---

① 《全唐诗》卷一五九，孟浩然：《题翠微寺空上人房》。
② 《全唐诗》卷一七二，李白：《望终南山，寄紫阁隐者》。
③ 《全唐诗》卷一九八，岑参：《终南云际精舍寻法澄上人不遇，归高冠东潭石淙，望秦岭微雨，作贻友人》。
④ 《全唐诗》卷三七零，吕温：《终南精舍月中闻磬声诗》。
⑤ 《全唐诗》卷三七五，孟郊：《游终南龙池寺》。
⑥ 《全唐诗》卷六五四，罗邺：《题终南山僧堂》。

（一）崇兴佛教

对佛教来说，终南山有两大特点，一是适宜于静修，二是有利于避难。终南山与京城长安为伴，是印度佛教东传中华的首传地区。

尽管印度佛教传入中国有丝绸之路、滇缅道、吐蕃道以及所谓的海上丝绸之路，但主要的还是从长安出发的丝绸之路。先秦时代，中华地区和南亚次大陆地区都进入了文明繁荣的时期，但因为喜马拉雅山的阻隔，两地的文明无缘相交。秦始皇统一了中国，无独有偶，印度的阿育王也统一了印度，两国版图大为扩张，使得两地的文明有了相交的机遇。特别是阿育王统一了全国后信奉了佛教，不仅在国内大力推广佛教，而且派遣宣教使团大张旗鼓地向四方边远之地弘法。阿育王向四方宣教的遗迹至今仍历历在目。在这个过程中，很有可能在中国的边境地区已经接触到来自异邦的佛教，只是当时的中国人并不了解，没有作详细的记载。究竟佛教什么时候传入，间接性的信息不少，有室利房曾来咸阳、金人的传说、禁"不得祠"于西方、明帝感梦求法，等等，各有来源。对这些说法应该作客观的分析，不能全当做臆测看待。① 而比较普遍且得到海内外认可的说法是西汉时的伊存授经是佛教传入中国之始，时间为汉哀帝元寿元年（前2）。

需要说明的是，汉哀帝元寿元年（前2）佛教传入的说法是正史的记载，标志着中央官府给予了佛教以合法的身份，实际上在取得合法身份之前佛教已经传入，流行于民间，只是尚未得到官府的承认。反言之，中央官府给予了佛教以合法的身份，是在对佛教有了充分的了解之后方才予以承认。但不管怎么说，传入中国之始，也就是传入关中之始，所以关中的长安地区包括终南山在内是佛教传入中国的首传地区。

在中国佛教的发展史上终南山佛教和长安城佛教共同组成了长安教，谱写了中国佛教史上最灿烂的篇章。

由于距离太近，从地理上终南山和长安城难以区分。天气好的时候，终南山上可以望见长安城，而长安城里可以闻见终南山上寺院的钟声。秦代的佛教不大清楚，即从西汉开始，之后还有新莽、东汉、西晋、前赵、前秦、

---

① 如汤锡予先生云："历史上事实常附有可疑传说，传说故妄，然事实不必即须根本推翻。释迦垂迹，神话繁多。素王御世，谶讳叠出。然吾人不能因神话谶讳，而根本否认乔达摩曾行化天竺，孔仲尼曾宣教华夏也。"汤用彤：《汉魏两晋南北朝佛教史》，《求法传说之考证》。

后秦、西魏、北周、隋和唐十一个王朝在这里建都，时间长达 1000 年以上，终南山屏障了京城的安全，而京城又引领了终南山文化的发展。这一段时间正是佛教传入中国后经历了渗透与融汇到发展至鼎盛的阶段。在这个过程中，终南山佛教和长安佛教是一个整体。一个是山林佛教，一个是都市佛教，互为补充，相辅相成。

终南山的佛教不但历史悠久，与其他地区相比，这里对中国佛教的发展做出了独特的贡献。两晋时期，佛教有了较快的发展，关中地区拥有地利人和的便利，成为两晋时中国佛教最重要的研究和传播中心，竺法护僧团、道安僧团、鸠摩罗什僧团相继形成，影响了整个中国佛教发展的进程。现在长安区和户县还有道安活动的遗迹，终南山下的大寺与长安城北的逍遥园则成了此一时期长安佛教的策源地。东晋十六国，政权递相嬗替。少数民族统治者以"佛是戎神，正所应奉"为口号，提升自己政权的合理性，和中原名教相抗衡，前秦和后秦创造了关中佛教的辉煌。

东晋太元四年（379）前秦天王苻坚攻陷襄阳，延请道安入长安安置在五重寺。道安在长安时，门下受学者千人以上。他在讲经说法之外，还开办译场，整理经录，从事撰述，开创了佛教般若学的新局面。后秦弘始三年（401），秦主姚兴亲自迎请鸠摩罗什入长安，待以国师之礼。鸠摩罗什天资聪颖，自幼随母出家，遍学大小乘经论，兼通毗昙、戒律，成为著名中观大乘学者，声名播于内地。在姚兴的大力支持下，长安在逍遥园和终南山麓的大寺（草堂寺前身）组织了规模空前的国立译场，延揽四方名僧入内助译，鸠摩罗什座下，"三千大德同止一处"，国内佛学英才几乎全部聚集到了关中，如道生、僧肇、僧睿、道恒、慧观、慧严、僧略、僧迁、僧导等。这些学问僧后来分赴全国各地，般若空宗之学也随之在中土扎下了根。所翻译的阐释般若学的《中论》、《百论》、《十二门论》形成比较独立的佛学体系，后世尊草堂寺为三论宗祖庭。姚兴任命僧略为僧正，僧迁为悦众，法钦为僧录，建立了管理佛教事务的机构，建立了中国僧官制度。

终南山有便于静修的环境，又有紧邻京城"近水楼台先得月"的便利，为长安佛教的发展提供了有利的条件。这一时期，大批学养、德行都很深厚的高僧来到终南山，提升了终南山佛教的文化品格，佛教宗派也在酝酿之中。终南山也成了众多僧人栖隐修行之所、佛教诸宗的策源地和教难时期佛教徒们的避难所。

终南山历来是僧众聚集之处，在《高僧传》、《续高僧传》和《宋高僧传》

中有大量记载。如两晋时期有西域的鸠摩罗什、昙摩流支、阇那崛多等，本土僧人僧肇、道生、道融、僧睿、慧观、昙影、慧严、道恒、僧略、慧睿、僧弼、昙鉴、慧安、昙无谶、僧导、僧因、僧苞、僧业、僧周、僧亮等。这批僧人中的绝大部分主要活动于圭峰大寺，是"遥园——大寺"国立译经场的译主和骨干力量。

到隋唐时期，终南山佛教发展到了鼎盛阶段。南朝梁代以后的僧人有：昙相、法藏（北周隋唐间之法藏，葬云际寺）、僧照、静藏、法应、静霭、普济、普安、静渊、法诚、慧超、善慧、法琳、智藏、法喜、智正、净业（悟真寺主）、慧远、灵润、会通、觉朗、智洗、弘智、法顺、智俨、善导、道判、慧赜、法藏（贤首国师）澄观、宗密、净业（香积寺主）、怀恽、飞锡、惟政等等。此外还有一批生前不曾涉足终南，死后却长埋于此的僧人，这批僧人有的是某宗派的创立者，有的在禁佛后振兴佛教中发挥过重要作用，有的以义学见长，都在中国佛教发展史占有重要地位。这些高僧大德的活动和死后竖起的无数灵塔，无疑给俊秀的终南山增添了不少庄严与神圣的色彩。

（二）禁斥佛教

终南山不但是一个良好的静修之地，还对长安佛教的发展发挥了保护的作用。特别是佛教与中土文化发生冲突的时候，终南山成为了一个缓冲地带，成为了一个可以自我养护的基地。

北魏太武帝和北周武帝分别于公元446年和574年在长安发动了两次禁佛运动，史称"北魏太武帝禁佛"和"北周武帝禁佛"。也是近水楼台，长安佛教受到严重打击，长安城里的僧人携带经像逃入终南山以保存力量。等到禁佛风潮过去，他们应新皇帝的邀请重新回到长安，成为佛教复兴的中坚力量。在印度佛教中国化的过程中，终南山功不可没。

道宣长住终南山，且好文史，护法心切，所以前代的这两次禁佛运动也给道宣留下了深刻印象。第一次禁佛的时间是在道宣出生前五十年，时间稍远。第二次则在道宣出生前二十年，余绪流衍，痕迹历历在目，其惨烈之景象，每每令道宣追今抚昔，不胜感喟，在著作中屡有提及。迄今为止，有关这两次禁佛运动的情况，也以道宣的著作记述最为全面，如《续高僧传》、《广弘明集》等，所载史料之多远胜其他典籍。

北魏先都平城（今山西大同），后都洛阳。初期诸教并重。拓跋焘即位，锐志武功，受道教寇谦之影响，亲自接受符箓，公元440年改元太平真君。

五年（444），诏令禁止私养沙门。七年（446），在今铜川地区的一所佛寺中发现兵器，又查出"酿酒具及州郡牧守富人所寄藏物，盖以万计"等等非法活动，听从了司徒崔浩禁灭佛教的建议，下诏诛杀长安僧人，并命留守平城的太子下令废除全国佛教。

关于这次禁佛事件，事情的起因道宣有具体的记述：

> 会盖吴反于杏城，关中骚动。帝乃西伐，时浩从焉。既至长安，有沙门种麦于寺中。御骖牧马，帝入观马。从官入其便室，见有弓矢，出以奏闻。帝怒曰：此非沙门所用，当与盖吴通谋规害人耳。命有司案诛一寺。阅其财产及州郡牧守富人所寄藏物，盖以万计，诏乃焚破佛像。敕留台下，四方一依长安行事。①

太子拓跋晃对佛教有好感，所以禁灭佛教的命令并未得到彻底的执行。拓跋晃为挽救计，推迟了宣布诏书的时间，使得远近的佛教信徒事先已得到消息，多数僧人脱逃，金银佛像和经书被隐藏，损失较大的是寺院建筑。但长安地区不同。由于事情发端于长安，太武帝亲自监督，禁止佛教的命令得到了彻底的执行。不久，拓跋焘病亡，即位的文成帝宣布恢复佛教的合法地位，佛教又逐渐恢复。

西魏的文帝和丞相宇文泰都好佛，修大中兴寺，以僧人道臻为管理全国僧尼事务的大统，长安佛教迅速恢复生气。西魏立国仅20年就被北周取代。北周宇文氏仍都长安，以关陇地区为政治经济和文化中心。北周的初期也仿照前代故事，崇奉佛教。由于多年战乱，百姓竞相逃向空门避难，以至佛教畸形发展，僧尼数以百万计，寺院数以万计，对社会经济产生严重影响。

北周武帝宇文邕性深沉，有远识，以平天下为己任。好儒术，尚武，欲以儒术统一天下，治下刑政刻酷，人人自危。武帝多次集合佛道两教信徒，亲自讲《礼记》，又亲自率六军于城南、城东讲武，大备军容。前后七次亲自召集三教代表，辩论三教先后，判定儒教为先，道教为后，佛教为末。这时，适逢卫元嵩、张宾等上书投武帝之所好，请减寺省僧以充国用，武帝纳之。据《周书·武帝记》所载，建德三年（574）五月，禁断佛、道二教：

> 初断佛、道二教，经、像悉毁，罢沙门、道士，并令还民。

---

① 《广弘明集》卷八，大正藏52册，135页。

并禁诸淫祀，礼典所不载者，尽除之。六月丁未，集诸军将，教
以战阵之法。①

次年，即建德四年（575）七月，发布了征讨北齐的《诏书》，并亲率
大军东伐，攻入北齐。在攻灭北齐之后，武帝下令在原来的北齐境内也推行
禁佛法令。关于北周武帝的态度，道宣记载道，武帝认为：

> 六经儒教文弘治术，礼义忠孝于世有宜，故须存立。且自真
> 佛无像，则在太虚遥敬表心。佛经广叹而有图塔崇丽，造之致福
> 此实无情，何能恩惠？愚民向信倾竭珍财广兴寺塔，既虚引费不
> 足以留，凡是经像尽皆废灭。父母恩重沙门不敬，勃逆之甚国法
> 岂容，并退还家用崇孝始。②

北周武帝为平天下计，扩充兵役军费，下令禁佛，一时之间，中国整
个北方的佛教面临着严酷的局面。

在这些困难时期，终南山发挥了关键的庇护作用。道宣对这两次禁佛
事件作过考察，在著作中屡有记载。北魏禁佛时，有位僧亮法师，先躲入山，
事件之后出山弘化，颇有效果。道宣曰："关中大法更兴，亮之力也"：

> 弟子僧亮，姓李，长安人，受业于僧周。初永昌王请僧，无
> 敢应者，咸以言佛法初兴疑有不测之虑。亮曰：像运寄人正在今
> 日，若被诛剪自身当之，如其获全则道有更振之期。又僧周加劝，
> 于是随使至长安。未至之顷，王及民人扫洒街巷，比室候迎。王
> 亲自枉道接足致敬。亮为陈诚祸福，训示因果，言约理诣和而且
> 切。听者悲喜，各不自胜，于是修复故寺延请沙门。关中大法更兴，
> 亮之力也。③

太武帝拓跋焘发布禁佛命令，僧周法师及其弟子僧亮等数十人曾在第
一次法难前夕逃入太白山隐居躲避。文成帝继位后下令复兴佛法，派人入山
请僧周师徒同兴法事。僧亮随使至长安，受到了全城百姓的欢迎，镇守长安
的永昌王奉旨"亲自枉道接足致敬"，并在他的建议下修复寺院，延请沙门

---

① 《周书》卷五。
② 《续高僧传》卷八《慧远传》，大正藏50册，490页。
③ 《高僧传》卷十一《僧周传》，大正藏50册，398页。

重启香火。

北周武帝禁佛时期，逃入终南山避祸的僧人更多。

北周建德二年（573）即武帝发布禁佛命令前一年，法藏禅师隐入紫盖山（即紫阁峰），后"独立禅房高岩之下，衣以百纳，餐以术松，面青天而沃心，吸白云而填志"。次年禁斥佛教，令僧还俗，"惟藏山居，依道自隐，绵历八载，常思开法。"武帝死后，法藏下山拜谒宣帝请复佛教，赐"菩萨衣冠"，为陟岵寺寺主。①

普安法师，京兆泾阳人，通明三藏，以华严为业。道宣在《续高僧传》中记述道：

> 周氏灭法，（普安）栖隐于终南山之楩梓谷西坡。深林自庇，廓居世表，洁操泉石连踪由甫。又引静渊法师同止林野，披释幽奥资承玄理。加以遵修苦行，亡身为物，或露形草莽施诸蚊虻，流血被身初无怀惮。或委卧乱尸用施豺虎，望存生舍以祈本志……于时天地既闭，像教斯蒙，国令严重不许逃难。京邑名德三十余僧，避地终南，投骸未委。安乃总召详集洲渚其心，幽密安处。自居显露，身行乞索，不惧严诛，故得衣食俱丰，修业无废。乱世知士，安其在欤。②

普安不仅自己栖隐于终南鞭梓谷西坡，并引静渊法师同止林野，陆陆续续，城内三十多位不甘还俗者也随之来到，"幽密安处"。而普安自己则冒着风险"身行乞索"，即乞食解决生活问题。此后逐渐扩大，成为华严宗创宗立派之渊薮。普安本人则于隋季被频请入京，为皇储门师，住于长公主所建之静法寺。

还有法应禅师，亦避迹终南，"饭衣松萝，潜形六载"③。当隋代复兴佛法之后，法应复至长安师事昙崇，并代其维持五百徒众。开皇十二年（592），当选为全国"三学业长"的二十五众之一，并领徒三百于长安实际寺相续传业。

再如道判法师，周武灭法，西奔于太白山，逃难之中不忘讲习《中论》、

---

①　《续高僧传》卷十九《法藏传》，大正藏 50 册，580–581 页。
②　《高僧传》卷二十七《普安传》，大正藏 50 册，681 页。
③　《续高僧传》卷十九《法应传》，大正藏 50 册，580 页。

《百论》、《十二门论》和《大智度论》。周宣帝即位后下诏复兴佛法，道判当选为一百二十名"菩萨僧"之一。隋立，入住大兴善寺。开皇七年（587），敕于终南山蛟峪东岭新建龙池寺，请其居住。等等。

（三）静蔼护法

自佛教传入以后，终南山香火不断，吸引了大量的中外信徒，也建造了不少寺院兰若。前后相继，建造不断，地上地下，遗迹众多。其中对终南山佛寺建造贡献最大者莫过于北朝的静蔼法师。

静蔼法师（534—578），俗姓郑，俗家为荥阳（治所在今郑州）人。西魏大统十六年（550），静蔼十七岁时，与同学游访寺院，观地狱变而生出世之心，坚辞双亲投百官寺和禅师出家。受具之后，从景法师听受《大智度论》，学业大进，周游北齐境内，参访讲肆。后于嵩山、白鹿山等地隐修，研读《大智度论》、《中论》、《百论》与《十二门论》，得苦空之旨，颇有心得。后来，听闻有天竺硕学高僧至秦地关中，静蔼求法心切，于是便西行入关求法。关中当丝绸之路起点，佛法东来，印度、西域的僧人常常沿此道路入华传法，如佛图澄、鸠摩罗什等等，在长安译经传法，吸引了国内大批汉地僧人前来求学。至于静蔼入关的时间，据《续高僧传·智藏传》，西魏废帝拓跋钦二年（553），智藏投静蔼为师，住长安陟岵寺。这样说来，是最迟在这时静蔼已经入关了。

但是，静蔼初入长安的学习似乎并不顺利，用了十年的时间周流讲肆，用心研味，似乎都不投缘。长期在终南山静修，时间一久，便有了终老于终南的心意。

道宣对静蔼的事迹非常熟悉，而且对其人格也非常敬仰，为静蔼在《续高僧传》中立传，称"终南山避世峰静蔼"。《传》中说静蔼入关求见梵僧，也许是梵僧并非般若四论之学的门派，静蔼得到帮助并不大。于是静蔼"乃潜形伦伍，陶甄旧解。芜没逊遁，知我者希。掩抑十年，达穷通之数，体因缘之理。附节终南，有终焉之志。烟霞风月，用祛亡反。峰名'避世'，依而味静。"

据道宣记述，静蔼在"避世峰"以四《论》教授学徒，慕者蜂拥，"郁为学市"：

> 蔼立身严恪，达解超伦。据林引众，讲前四《论》，意之所传乐相弘利。其说法之规，尊而乃演。必令学侣袒立合掌，殷勤郑重，

经时方遂。乃敕取绳床，周绕安设，致敬坐讫。蔼徐取《论》文，手自指摘，一偈一句，披释取悟。顾问听者所解云何，令其得意方进后偈。旁有未喻者，更重述之，每日垂讲此法无怠。常自陈曰：余厌法慢法，生不值佛世，纵闻遗教心无信奉，恒怀怏怏。终须练此身心。有时试纵惟欲，诚心造恶，有时摄念，惟愿假修相善，如此不名安身，如此不名清心。故约己制他，诚非正检。然末世根缘，多相似耳，必厌烦屈者须住，不辞具仪者离此。其开蒙敦励，皆此类也。①

静蔼持戒精严，教学非常认真。与山下京城的寺院相比，山林佛寺比较简陋，但静蔼仍一丝不苟，不但在文义上为弟子们"手自指摘，一偈一句，披释取悟"，耐心讲解，而且在形式上也不容忽视。在静蔼的努力下，般若之学影响逐渐扩大，被称为"学市"。连一些有名的义学僧也来请教。如昙延、道安，已经学有所成，世号"玄门二杰"，与静蔼交流，佩服不已，连连致礼。两人对静蔼隐居山林觉得惋惜，劝其下山处世摄导众生。但静蔼与常人的想法不同，认为道贵在行，贵在以身垂范，不在言说，仅答应应时而变而已。

不久，"三五一宗禁佛"中的"北周武帝宇文邕禁佛"爆发，长安与终南山地区的佛教迎来了一次生死存亡的巨大考验。在这次残酷的禁佛事件中，静蔼法师率众相抗，想方设法保护僧众，并最终以身殉教。

"北周武帝宇文邕禁佛"是"三五一宗禁佛"中最彻底的一次，尤其京城地区，近水楼台，搜检尤其严格。在禁佛的法令刚颁布时，僧众哗然，有僧猛法师毅然上殿抗辩，言辞激切，但武帝不予采纳。还有道积法师等七人上疏，仍不纳，于是道积等以死抗争，绝食七日而死。但也有不少僧人惶惶然不知所处，恐祸及自身，仅唯唯诺诺。静蔼法师在山听说后，拍案而起，奋然抉袂下山。

静蔼上殿与武帝相抗争的经过道宣在《续高僧传》中有具体的记载：

蔼闻之叹曰：朱紫杂糅，狂蛰交侵至矣，可使五众流离、四民倒惑哉！又曰：餐周之粟饮周之水，食椹怀音宁无酬德。又为佛弟子，岂可见此沦滑坐此形骸晏然自静，宁大造于像末，分俎醢于盗跖耳！径诣阙上表理诉。引见登殿，举手唱言曰：来意有

① 以上见《续高僧传》卷二十三《静蔼传》，大正藏50册，626页。

二：所谓报三宝慈恩，酬檀越厚德。援引经论子史传记，谈叙正义，据证显然。然旦至午，言无不谐，明不可灭之理。交言支任，抗对如流，梗词厉色，铿然无挠。百僚近臣，代之战栗，而神气自若，不阻素风。帝虽惬其词理，而灭毁之情已决，既不纳谏，又不见遣。蔼又进曰：释、李邪正，人、法混并，即可事求未烦圣虑。陛下必情无私隐，泾、渭须分，请索油镬殿庭，取两宗人法俱煮之，不害者立可知矣。帝怯其言，乃遣引出。①

　　静蔼先表明立场："报三宝慈恩，酬檀越厚德。"前者"报三宝慈恩"，乃是佛门弟子的本分，而后者"酬檀越厚德"并非曲意奉承，而是中国大乘佛教的抱"四恩"思想，即报"国主恩"。然后静蔼引经据典，阐述不可禁佛的理由，"神气自若，不阻素风"。尽管武帝宇文邕词屈理穷，无法反驳，不能不承认静蔼说的有道理，但仍固执地不予采纳。情急之下，静蔼甚至请于殿庭置油锅，取僧、道两人烹之，以验证佛、道之真法。道宣记道："帝怯其言，乃遣引出。"这里的"怯"字有回护之意，宇文邕并非胆怯之流。

　　至于静蔼，则有进无退，选择了一条宁死不屈的舍身护法道路。

　　禁佛开始后，武帝知道静蔼性坚志烈，而且在信众中很有影响，便欲召见抚慰，许以上卿之位，请其还俗辅政。静蔼闻风躲避。武帝令数十人巡山找寻静蔼，因山高林密，静蔼隐居的地方非常隐秘，找寻不获。目睹佛教被禁，大法沦陷，静蔼深感不安而又无可奈何。于是告诉弟子们，自己已经无益于世，不如舍身。大众不许，愿意从静蔼听闻佛法。静蔼便为弟子们开讲大小乘佛理，并撰写《三宝集》二十卷，假借宾主问答为文体，广罗文义，释疑解惑，弘扬大乘法门。同时，并记录有所见所闻，方便后来者寻觅。静蔼希望这部书能藏诸岩洞，等待后代佛法再兴。

　　宣政元年（578）七月十六日，静蔼独居别岩，自尽舍身，为法捐躯。静蔼书写遗书于石壁，写明舍身的原因：一曰见身多过。二曰不能护法。三曰欲速见佛祖。并有长偈文留诸后人。

　　遗偈末有曰：

愿舍此身已，早令身自在。
法身自在已，在在诸趣中。

---

① 《续高僧传》卷二十二《静蔼传》，大正藏50册，626页。

随有利益处，护法救众生。

又复业应尽，有为法皆然。

三界皆无常，时来不自在。

他杀及自死，终归如是处。

智者所不乐，应当如是思。

众缘既运奏，业尽于今日。①

静蔼终年春秋四十有五。亲侍弟子慧宣、道判等，收拾静蔼遗骸起塔供养，并树碑刻铭。

附及，宣政元年（578），在静蔼舍身的前几个月，武帝宇文邕病死。武帝在攻灭北齐之后正筹划攻打突厥，以旧病复发而停止，死在从云阳宫回长安的车上，终年三十六岁。武帝的长子宇文赟即位，是为宣帝，改元宣政。武帝死后，禁佛法令松弛。不久，在杨坚等的建议下，宣帝诏令恢复佛教的合法地位。

（四）"二十七寺"

北方佛教经武帝禁断之打击，遭遇空前危机。但静蔼卓有见识，率领徒众数十人入终南山，沿山之东西建造寺院，使山下京城逃难僧众得以栖身。检索史册，有"二十七寺"之说。诚如此，在终南山佛教寺院的建造历史上，这是最多的一次，也是对后世影响最大的一次。关于这"二十七寺"的记载，目前见到有两条史料，均发生在北周武帝禁佛时期，见载于道宣的《续高僧传》。

其一，道宣在《静蔼传》中叙述道：

（静）蔼知大法必灭，不胜其虑，乃携其门人三十有余入终南山。东西造二十七寺，依岩附险，使逃逸之僧得存深信。及法灭之后，帝遂破前代关东、西数百年来官私佛法，扫地并尽，融刮圣容，焚烧经典，禹贡八州，见成寺庙出四十千，并赐王公，充为第宅。②

其二，见于《续高僧传》之《道判传》：

---

① 《续高僧传》卷二十三《静蔼传》，大正藏50册，628页。

② 《续高僧传》卷二十三《静蔼传》，大正藏50册，626页。

会武帝灭法，（道判）与（静）蔼西奔于太白山。同侣二十六人，逃难岩居不忘讲授，中、百四《论》日夜研寻，惝惝奉诲，虽有国诛靡顾其死。东引寻山，岠于华岳，凡所游遁者望日参焉。遂离考山室二十余所。依承蔼德，为入室之元宗，始末一十五年，随逐不舍。后蔼舍身穷谷，用陈护法，判含酸茹毒奉接遗骸，建塔树铭勒于岩壁。①

静蔼与道判为师徒关系，北周武帝禁佛时，不甘凌辱，一起逃入终南山躲避。随同一起出逃的还有数十人，途中仍"不忘讲授"。之后"逃逸之僧"，即《道判传》中"游遁者"渐归附，于是从西至太白山，东至华山，修造了若干"寺院"以供栖身。《静蔼传》云："入终南山。东西造二十七寺，依岩附险。"《道判传》中云"离考山室二十余所"。此处"离"者，割砍义，"考"者，乃落成之义，"山室"，与后世"茅蓬"意近。所谓"离考山室"，译为后代语言，即"搭建茅蓬"。其余所载，两条史料没有矛盾之处。

关于静蔼率众造的这"二十七寺"，具体情况，如寺名、地点、规模等等，道宣都没有叙说，其他典籍也没有记载。但检索各种典籍，这应当是终南山佛寺建造历史上比较突出的一次，予隋唐时期有重要影响。就其性质而言，试作分析如下：

首先，"二十七寺"属于私建。当时的禁佛法令非常严酷，尤其在京城，首当其冲，终南山近在咫尺，静蔼等建造的这"二十七寺"在当时来说，不可能是合法的寺院。其建造也只能是暗中进行，也不会有充裕的财力和人力的支持。

其次，这"二十七寺"就是二十七"山室"，建造应该很简陋。匆忙之下，正当禁佛法令执行时期，冒险逃难，只能因陋就简，或利用岩穴山岫，或割砍树木杂草遮盖，能遮风挡雨躲避追查即可。

再次，这"二十七寺"乃匆忙之中的临时建构。这些寺院的建造目的非常明确，是暂时的，是为了逃逸僧众栖身而造，多居幽僻之处，因而比较隐蔽。如《传》中所云"依岩附险，使逃逸之僧得存深信"。

最后，这"二十七寺"不一定都是新建。终南山有静修的传统，自古以来简易的修行场所所在多多，简陋方便，静修者来之即用，离开时弃之即

---

① 《续高僧传》卷十二《道判传》，大正藏50册，517页。

行，居住时间不定，来去自由。

据以上分析，基本可以还原当时的情况：北周武帝严令禁斥佛教，在静蔼的主持下，一些不愿还俗的僧人冒险聚集在一起，逃向终南山。西至太白山，东至华山，一路逃匿，在山中临时建造聚集点或落脚点二十七处。事后道宣追溯其事，称之为"二十七寺"。

随着禁佛法令的进一步推行，这些逃逸的僧众一部分仍隐藏在山中的这些"寺"中，而大部分则陆续翻越山岭，向东、向南出关而去。因为禁佛与武帝的东伐几乎是同时进行的，在攻灭北齐之后，武帝下令在原来的北齐境内也推行了禁佛法令，所以逃逸的僧人大部分向南奔去。这种情况在僧传中屡见不鲜。而那"二十七寺"，随着形势的发展，有的自然湮灭不存，有的则有后者陆续借用。只要有僧人栖身，便是佛法的修行之所，俗云"山高皇帝远"，寺院的名分和规制倒是次要的。这是终南山寺院的一个重要的特点。

三、净业寺考

净业寺是道宣的静修撰述之地、筑坛传戒之地，也是临终的圆寂之地。至今道宣的舍利塔仍耸立在寺后的山巅上，伴随着松涛阵阵，与日月同辉。海内外佛子来拜谒者不绝于途，共尊净业寺为律宗的祖庭。但是，净业寺的面貌仍笼罩在历史的面纱中，模糊难辨。

（一）"长安县清官乡净业寺"

净业寺的历史面貌不清楚，主要原因有两个方面。首先是历史上的记载很少，缺乏史料，道宣自己也很少介绍。其次是对于"律宗祖庭"四个字，人们多关心"律宗"的地位和影响，对寺院本身却少有了解。

检索现有的史籍，在道宣之前，没有有关"净业寺"的任何历史记载。要了解净业寺的历史面貌，最早见于史籍记载的还是道宣自己的著作，在《关中创立戒坛图经》中有三篇文章记载到"长安县清官乡净业寺"。

第一篇是道宣的《开壤创筑戒场之坛文》，其中有曰：

> 维唐乾封二年仲春八日，京师西明寺沙门释道宣，乃与宇内
> 岳渎诸州沙门，商较律仪，讨击机务，敢于京南远郊沣、福二水之阴，

乡曰清官，里称遵善，持律众所建立戒坛。①

从时间上来说，这篇文章应该是最早记载净业寺的资料，内容也很清楚。尤其是净业寺的位置，长安城南远郊的"沣、福二水之阴"，清官乡，遵善里。按，"沣、福二水"，"沣"即今天的沣河，古今没有变化。"福"，即今天的石砭峪河，古称"福水"。

第二篇是一篇铭文，题目就是《大唐雍州长安县清官乡净业寺戒坛之铭》，进一步明确了净业寺的位置在"雍州长安县"的清官乡，铭文的内容是在净业寺创筑戒坛的原因和颂词。

铭文曰：

> 原夫戒坛之兴其来久矣。肇于祇树之始，流渐淮海之阴，开佛化之羽仪，扇仁风于寰宇，遂得定、慧攸托，非戒无以成基。业行是依，必律仪方能堪济，其德既广，非恒地之所任持。其绩既高，岂常务而能构克。故使于僧院内别置戒场，又于场中增基列陛。阶除四布，坛塔高严，幽明之所监护，凡圣于焉景仰。集僧作业，经三灾而莫亏，登降受行，历万古而长骛。是则慈化弘远，诚资戒德之功，烦惑廓消，咸假场坛之力。统其绩也，岂不盛哉。若不式树旌铭，将何启其津径。②

文中明确记述戒坛所在地为"雍州长安县清官乡净业寺"。前引《坛文》中又具体到"遵善里"。因为戒为三学之首，"非恒地之所任持"，"故使于僧院内别置戒场，又于场中增基列陛。"这个"僧院内"，自然就是净业寺的"僧院内"了。

第三篇是道宣的《净业寺戒坛舍利铭》，云：

> 终南山北沣、福之阴清官乡净业寺戒坛佛舍利之铭。
> 维大唐乾封二年，岁在丁卯，孟夏朔日。京师西明寺沙门释道宣，与诸岳渎沙门会于前乡之道场，平章法律。仰惟三圣垂教，以戒为先，四生归德，遵途莫绝。遂使住法六万之寿，作化在于律仪。时经三变之秋，启务资于定、慧。所以敢承余烈，克构场坛，

---

① 《关中创立戒坛图经》，大正藏45册，817页。
② 《关中创立戒坛图经》，大正藏45册，818页。

陈瘗灵躯，镇兹福地。①

其中的记叙也很清楚，道宣自称与诸岳渎沙门会于"前乡之道场"，这里的"乡""道场"，所指即"清官乡净业寺"。

以上三文完整清晰，出处可靠，且由宣公亲自撰写。这样，净业寺所在的州、县、乡、里，记载十分明确。由此可以断定，净业寺的地位及其位置是很清楚的，没有任何疑义。而且从古至今，该寺的位置没有变化。

需要解决的问题是净业寺早期的历史，即道宣入住之前的情况。道宣没有作出解释，在其他的著作中也没有相关的内容。

（二）"故净业寺"释义

关于道宣与净业寺的因缘，由于《宋高僧传》所记比较完整，因而对后世的影响也比较大。在《宋高僧传》中专列有道宣的本传，记载了道宣前来净业寺的缘由，是得到"护法神"指点，始知道"清官村故净业寺，地当宝势，道可习成"。于是，"闻斯卜焉"：

（道宣）随末徙崇义精舍，载迁丰德寺。尝因独坐，护法神告曰：彼清官村故净业寺，地当宝势，道可习成。闻斯卜焉。焚功德香，行般舟定。时有群龙礼谒，若男若女化为人形。沙弥散心，顾盼邪视。龙赫然发怒，将�攫之，寻追悔，吐毒井中，具陈而去。宣乃令封闭。人或潜开，往往烟上。②

查道宣迁居崇义寺的时间，是在唐武德七年（624）。"随末徙崇义精舍"，"随"通"隋"，"随末"即"隋末"，这里应有佚文。"载迁丰德寺"，这里的"载"通"再"，"沣"通"丰"，即"又迁沣德寺"。文中没有说明道宣迁沣德寺的时间，估计应该在武德八年（625）或武德九年（626）。武德八年（625）的四月十五，创建沣德寺的智藏法师去世，而武德九年（626）道宣的《行事钞》问世。最合理的解释是，道宣入沣德寺的时间在智藏去世之后，在《行事钞》问世之前。"尝因独坐，护法神告曰"云云，其事应发生在沣德寺，是道宣在沣德寺"独坐"发生的另一件"天人感通"事迹。

《宋高僧传》引护法神告曰，称"故"净业寺，不见道宣本人的记述。

① 《关中创立戒坛图经》，大正藏45册，818页。
② 《宋高僧传》卷十四《道宣传》，大正藏50册，790页。

检索史籍，赞宁的"故净业寺"之说并非空穴来风，唐代就有记载。如道世的《法苑珠林》：

> 长安西明寺道宣律师者，德镜玄流，业高清素，精诚苦行，毕命终身。早得从师，五十余年栖遑问道，志在住持。但一事可观，资成三宝，缉缀仪范百有余卷。结集高轨，属有深旨。粤以大唐乾封二年仲春之节，身在京师城南清官故净业寺，逐静修道。[①]

道世与道宣同时代，且两人关系甚洽。从目前掌握的资料看，《法苑珠林》所记，是最早称净业寺为"故净业寺"者。仔细揣摩，道世的记述透露出三点信息：

其一，道宣不是净业寺的创建者。

其二，何人创建？不得而知，道世自己也不大清楚。

其三，以道世的博闻而不知净业寺何时创建，只能说明该寺创建的时间很早。

赞宁的《宋高僧传》中也透露出一个信息，即净业寺有井。道宣平生与修建寺院无涉，最多仅见策划西明寺的修建规划，所以这口井应该是原来已有，非道宣入住之后方才开凿。

这里需要强调的是，晚道宣数百年的赞宁肯定对净业寺的了解远远比不上道宣、道世。按照一般的理解。至唐代，佛教传入已经六百余年。终南山与长安相伴，也是佛教东来的初传地区。数百年来，兴废不辍，盛时佛寺林立，废时钟磬断响。道宣选择这里静修传戒，也必然有自己的了解与判断。道宣入住之前，这里曾有"净业寺"者，估计与终南山数不清的寺庙一样，"屡有兴废"，至道宣时，成为一个不引人注意的静修场所。这里设施简陋，常住人数不定，所以道宣有时也称这里为"清官精舍"，以乡名代之。

由于史载不详，到了宋代，赞宁用神话传说对道宣与净业寺的因缘进行铺陈，并记叙有道宣行般舟定时的种种神异。可能赞宁的记述也有根据。净业寺也确实是一所充满神奇的寺院，道宣在这里与"天人"交通的事情传遍四方，流衍演变，延绵后世，所以《宋高僧传》这样记载也不足为奇。

---

① 《法苑珠林》卷十，大正藏 53 册，353 页。

（三）"南岫"——净业寺

净业寺因律宗发源地而名闻遐迩，而律宗之创立与道宣有直接的关系，所以净业寺的历史渊源和道宣联系在一起。在净业寺历史史料欠缺的情况下，要了解该寺的历史，仍然还需从与道宣有关的线索中寻觅。

检索史籍，结合实际踏勘，发现在道宣入住之前，净业寺与创建沣德寺的智藏有关，曾是智藏的另一处修行地。

在道宣所著的《续高僧传·智藏传》中，有这样一段记述：

> （智藏）常居寺之南岫四十余年。面临深谷，目极天际。径途四里，幽梗盘岨，不易登升。而藏手执澡瓶，足蹑木屦，每至食时乘崖而至。午后还上，初无颠堕。因斯以谈，亦雄隐之高明者故。①

这段史料非常重要，透露出不少关键的历史信息。将道宣这段记述辅之以实际踏勘，梳理如下，即可见端倪。

其一，沣德寺与净业寺的位置。

首先要明白沣德寺与净业寺的位置关系。沣德寺与净业寺均现存，有史籍记载和碑石、灵塔为证，一千三百多年来位置没有发生变化。两寺一北一南，隔山峰相对。沣德寺在北，背山面北；净业寺在南，背山面南。两寺的距离很近，做功课上殿的钟声可以互相听见。

其二，智藏"常居寺之南岫四十余年"。

智藏是沣德寺的建造者，但平常所居之处为"寺之南岫"，而且时间长达"四十余年"。岫者，《说文》云："岫，山穴也。从山，由声。"《尔雅·释山》："岫，山有穴为岫。""南岫"，意即沣德寺"南面的山洞"。踏勘调查沣德寺的"南岫"，有二意，即山岭之北的"南岫"和山岭之南的"南岫"。遍寻今沣德寺南与山岭之北，并无有山洞的痕迹，可以断定"南岫"不在这一地带。山岭之南，净业寺正位于沣德寺的南面。这里除净业寺之外，再无其他寺院遗迹。而且，今寺里确实存有一古洞，面阔约两米余，进深大约 10 米，称"祖师洞"，供奉着道宣像。"祖师洞"的名称应该不是偶然的。

其三，"面临深谷，目极天际。"

---

① 《续高僧传》卷十九《智藏传》，大正藏 50 册，587 页。

智藏常居之处"面临深谷,目极天际"。沣德寺背山面北,位居山根,可以望见京城长安,也可以"目极天际",但没有"面临深谷"。沣德寺背山而建,位于南山北麓边缘,寺外三面均为缓坡地带,没有"深谷"。相比较而言,净业寺的位置背山面南,踞处山腰,比沣德寺的位置要高不少,西面和南面都是典型的断崖"深谷"。尤其向南,群山连绵不断,一望无涯,确可"目极天际"。

其四,"径途四里,幽梗盘岨,不易登升。"

迄今为止,从沣德寺到净业寺只有两条路,一条西行走山下,进沣峪绕行,是大路;一条从沣德寺后直接越山而过,曲折上下盘旋,是山行的羊肠便道。走山下比较平坦,但路途绕行较远。而翻越山岭直接行走,确实需要身手矫健者。现今实际行走,从沣德寺到净业寺走山后便道,仍如当年道宣所记载的那样:"径途四里,幽梗盘岨,不易登升。"

其五,智藏"每至食时,乘崖而至。午后还上"。

说明此处山洞仅为智藏禅修筵坐之处,没有炊具设施。每至食时,越山回沣德寺用饭。"午后还上",即过午不食,午前回沣德寺,饭后返回"南岫"。"还上",说明返回的"南岫"比沣德寺位置要高,这与净业寺位置高于沣德寺相一致。身手矫健者行走这段路,久而久之,并不需要多长时间。这与今天的情况也完全符合。

其六,在《智藏传》中还有:"开皇三年,乃卜终南丰谷之东阜,以为终世之所也。即昔隐沦之故地矣。"

从隋开皇三年(583),到唐武德八年(625)智藏去世,共计四十二年,与前文所述"常居寺之南岫四十余年"相对应,时间一致,是智藏卜居沣德寺后,常住"南岫四十余年"。但"隐沦之故地",说明智藏在"常居寺之南岫四十余年"之前即已曾隐居这里。"隐沦"之意,实指北周武帝禁佛时期敕令僧人还俗,智藏不愿意而躲藏在这里,指的是当年的躲藏之地。也就是说,在有沣德寺之前智藏就曾在这里隐居过。按照沣德寺的地形地貌,沣德寺位居"终南丰谷之东阜","阜"乃高显之处,在禁佛时期并不适宜躲藏,所以只有"南岫"比较适宜,"隐沦之故地",除了"南岫"之外,别无它处。

关于沣德寺,道宣在《智藏传》中明确记载建于隋,是智藏建造,隋文帝命名。所以,"南岫"的存在要早于沣德寺。

根据以上对史料的分析梳理和实际的踏勘调查,完全吻合,所以可以确定，《续高僧传·智藏传》中所云智藏常居的"南岫"，就是净业寺的所在地。在道宣之前，正是智藏在这里居住静修。文中以"南岫"称之，说明智藏也不是净业寺的创建者，所以道世也以"故"净业寺称之，当渊源有自。

综上所述，道宣的著作中没有关于净业寺创建的记载，没有说他自己建造，也没有说智藏建造，只能说明净业寺创建的时间比较早，起码在隋代之前。《法苑珠林》、《宋高僧传》称"故净业寺"，应该也是这样的考虑。所以，关于净业寺的创建时间，合理的解释是净业寺并非隋代创建，应创建于北朝，或许更早。但由于与长安近在咫尺，净业寺不可能逃脱北魏太武帝禁佛和北周武帝禁佛的破坏，所以与终南山众多的寺院一样，"屡有兴废"，"兴"时弘传佛法，被"废"之后就成为"故"某某寺了。

可以肯定的是，自从道宣入住之后，这里就明确为"雍州长安县清官乡净业寺"，去掉了《宋高僧传》中的那个"故"字。而当年的道世在书中仍称呼"故净业寺"者，乃沿袭习惯耳。

贾岛在长安时作有一首诗，《净业寺与前鄠县李廓少府同宿》，诗云：

> 来从城上峰，京寺暮相逢。
> 往往语复默，微微雨洒松。
> 家贫初罢吏，年长畏闻蛩。
> 前日犹拘束，披衣起晓钟。①

长安城距净业寺很近，步行当日可至。"前日犹拘束，披衣起晓钟"，从喧嚣的都市来到净业寺，不啻两重天地。贾岛生活的时代已在道宣之后约百年。贾岛能来访净业寺并与李少府同借宿于此，可见净业寺从道宣之后能顺利发展。延及后世，寺宇虽不免有兴有衰，但再没有被称为"故净业寺"了。

（四）净业寺的环境

"拜俗之争"结束以后，似乎京城再无大事，玄奘在玉华宫着力翻译最后几卷《大般若经》，而道宣则一面在西明寺修订自己的著作，一面研究新律法的实践问题。

麟德元年（664）二月，玄奘于玉华寺谢世，诏葬白鹿原。道宣比玄奘年龄大几岁，已年届七十。玄奘的谢世，更促使道宣无弃寸阴，加快了计划

---

① 《全唐诗》卷五百七十三。

的进度。如《感通录》卷中云：

> 予以麟德元年夏六月二十日，于终南山北鄠阴之清官精舍集
> 之。素有风气之疾，兼以从心之年，恐奄忽泫露，灵感沉没，遂
> 力疾出之。

从上文"恐奄忽泫露，灵感沉没，遂力疾出之"，可感觉到玄奘去世
对道宣的影响。从此以后，道宣常住净业寺，加快对几部著作的修订，同时
准备筑坛传戒，来完成自己人生计划中的最后一件大事。

净业寺在终南山的北麓，古今的位置没有变化。在唐代，净业寺的准
确位置如道宣所云，其地理信息是京城长安城南的远郊，在沣河、福河之北，
行政区划则属于雍州、长安县、清官乡、遵善里。按，长安城以朱雀门大街
为界，东面为万年县，西面是长安县。朱雀门大街一直向南，有一条大道穿
过韦曲，直指终南山，道西归长安县，道东归万年县。"清官乡"位置稍偏西，
所以归长安县管辖。按照唐朝的规制："百户为里，五里为乡。四家为邻，
五家为保。在邑居者为坊，在田野者为村。村坊邻里，递相督察。"①

道宣为何选择这里，即净业寺有何特点？与其他地方相比，净业寺的
特点是方便、清静。当然，长安城和终南山方便和清静的佛寺比比皆是，
为什么道宣偏偏选择了山寺净业寺？仔细考察完道宣的筑坛传戒后，发现这
其中另有缘由，这就是为了依新法受戒就要先筑戒坛，这不是所有寺院都适
合的。还有，关键在于，这次活动的性质纯属僧团的内部弘法事务。所以，
道宣选择净业寺，应有以下考量：

其一，与官府无涉，不需要也不愿意惊动官府。

其二，虽然是僧团内部的事务，但只需要部分有关的僧人参与，即志
同道合者。

其三，需要时间和空间上都比较充裕的地方来进行。

其四，安静方便。

由于以上四点特殊性，长安城内尽管佛寺众多，但都不符合要求。综
合地斟酌，净业寺是最合适的。

首先，净业寺是距离长安城最近的山寺。

净业寺的位置，道宣称之为"京南远郊"。古制："王国百里为郊"，

---

① 　《旧唐书》卷四十八《食货上》。

即王国的京城附近百里都属于"郊"区，宣公所称很准确。净业寺与长安城的距离，实际计算，大约有五十里。和其他山区的佛寺相比，净业寺距离长安城是最近的。

从地势上来看，长安城与终南山之间的分界线由于山势蜿蜒，并不是十分准确，一般以韦曲为界。韦曲之南属于山区，韦曲之北则属于平川，地势地貌基本上还保持着自然的形态。韦曲之南的地势由慢坡地带、上升地带到突兀拔地而起的崇山峻岭，这些在习惯上都称之为山区。例如当年的香积寺，虽距离韦曲不远，还处在慢坡地带，但在唐诗中已经是"深山藏古寺"了。所以净业寺虽是山寺，但是距离长安城最近的山寺，有利于减少干扰，同时也有利于交通。

其次，净业寺是道宣最熟悉的清静场所。

道宣生在长安，长在长安，经常在南山静修，研习《四分律》，常来常往，可以说对这里的一草一木都很熟悉。前贤静蔼、智藏的足迹历历在目，熟悉的环境和氛围无疑增加了这里入选的条件。净业寺位居"遵善里"，"遵善里"称"里"，可见是一所不足百户的小村落。从现今净业寺周围的环境来看，这个名"遵善里"的村落不可能在净业寺周围，而应该在北向的山口。所以净业寺位处这里，位置比较偏，显然不是一个热闹的所在，适合于僧团进行筑坛传戒这样参与的人比较多、比较严肃而又费时较长的活动。

净业寺的基本环境，正如道宣在《智藏传》中所描述的那样，这里"面临深谷，目极天际"。寺宇位于半山腰，登临不便。而上山之后，却又别有洞天，古木参天，芳草遍野，群山环抱，极为雅静。

再次，净业寺方便筑坛传戒。

当时的净业寺是一座名气不大的小庙，便于作律学实践的探索之地。反言之，假如道宣要在西明寺筑坛传戒，恐怕有诸多不便。例如，要在皇家寺院动工建造，理应首先上报朝廷，这恐怕是道宣不愿意的。而进行起来，需要相当的时间，首先要集僧，然后准备。在准备阶段，需要律师们作各种法事准备戒场，要解界，结界，界不但有界之内相、外相，还有大界、小界之分，每个环节都需要唱白，按照仪轨一一进行，不得有外界干扰，等等。京城的佛寺显然不具备这些条件。还有，道宣的目的在于创立新法受戒，效果如何，尚待反应，所以不在京城运作，选择自己熟悉而又方便少干扰的净业寺来进行，也是慎重的考虑。

最后，这次筑坛传戒的不确定性。

尽管道宣毕生研习律法，殚精竭虑，创新颇多，至晚年才毅然决定创新法受戒，但能否成功，恐怕道宣自己也没有绝对把握。由此而言之，这次净业寺的筑坛传戒，有实验的性质，自然要挑选在方便而又清静的地方进行。

人能弘道，非道弘人。离开京城的烦扰，离开西明寺纷繁的事务，道宣在净业寺作平生的最后一件大事。正所谓山不在高，水不在深，尽管净业寺是一座小庙，但由于道宣的入住，小庙散发出了非凡的灵气。道宣在这里静修著述，时时与"天人感通"。

四、"天人感通"

乾封二年（667）二月，道宣在净业寺筑坛结界之后，在禅定中冥冥然与"天人感通"。"天人"解疑答惑，肯定了道宣的受戒仪轨。对"感通"的内容，道宣有记录为证，即《道宣律师感通录》。另据道世的《法苑珠林》卷十的记载，道宣与"天人感通"的时间是二月到六月。

从历史的眼光来看，道宣的"天人感通"是一个最基础的问题，是净业寺筑坛传戒过程中一个必不可少的环节，必须梳理清楚。

（一）关于"天人感通"事

自古以来，受认识水平的限制和对超自然世界的向往，天人感通、灵验奇迹的传闻所在多多，如《山海经》、《楚辞》，如廿四史的各代经典记载，有不少这类著作。在各类宗教典籍中，这类作品更是汗牛充栋，似乎皆是不可思议的传闻。道宣是著作大家，也有这类作品问世，而且是自述与"天人感通"的事迹。如何对待这些神异传闻？当然首先是对文化遗产的尊重，其次，有两方面的学术意义需要重视。

其一，拜读汤用彤先生在《汉魏两晋南北朝佛教史·求法传说之考证》中的一段话，应有启发：

　　历史上事实常附有可疑传说。传说故妄，然事实不必即须根本推翻。释迦垂迹，神话繁多。素王御世，谶讳叠出。然吾人不能因神话谶讳，而根本否认乔达摩曾行化天竺，孔仲尼曾宣教华夏也。①

这段话用在道宣的"天人感通"上同样适用，即虽然是否感通、如何感通？神奇难辨，然不能否认道宣对印度戒律的研究，不能否认道宣对戒坛的创新，不能否然道宣创立新法受戒的事实。这是第一方面应该重视道宣感通事情的意义。

道宣自幼便好读书，非常好奇，当时流行的鬼神志怪书自然吸引了他，如《搜神》、刘庆《幽明》、祖台《志怪》、王琰《冥祥》以及《述异》、《旌异》、《冥报》、《显报》等等，凡能搜集到的，都颇感兴趣。数十年之后，在编辑《集神州三宝感通录》时，广泛引用了这些书籍，达十四种之多，有《宣验记》、《幽明录》、《冥祥传》、《征应传》、《搜神录》、《旌异记》、《冥报记》、《述异志》等等。从当时历史背景的角度来看，神异的事情数不胜数，隋文帝下令将神奇祥瑞之事编撰成册，不仅宣示天下，而且翻译为梵文传向印度。时代之风气，可见一斑。

其二，道宣感通事迹与其筑坛传戒有直接的因果联系。

道宣的这类作品都出自晚年，共4部，即《遗法住持感应》，已佚，详情不清楚。《集神州三宝感通录》，三卷。《感天侍传》，一卷，又名《道宣律师感通录》、《感通记》、《律相感通传》。《中天竺舍卫国祇洹寺图经》，二卷。和前人作品不同的是，这些作品不是记述他人的事情，而是道宣的"自述"。其中尤其是后两部《道宣律师感通录》和《中天竺舍卫国祇洹寺图经》，在当时便引起了极大的关注，甚至争论。我们今天关注的不仅仅是道宣对自己"感通"事迹的记述及其事迹的真伪，更重要的是，这两部著作是道宣创立戒坛和创立新法受戒的"神迹"根据，所以另有其不可忽视的宗教意义和宗教学意义。

道宣的感通，即天人感应，与天人交通，其真实性曾遭到质疑。据道宣自述，此事发生在麟德元年（664）二月末：

> 余曾见晋太常干宝撰《搜神录》，述晋故中牟令苏韶，有才识，感冥中卒，乃昼见形于其家。诸亲故知友闻之并同集，饮啖言笑不异于人。或有问者，中牟在生，多诸赋述，言出难寻。诸叙词曰：运精气兮离故形，神渺渺兮爽玄冥。归北帝兮造酆京，崇墉郁兮

---

① 汤用彤：《汉魏两晋南北朝佛教史》，《求法传说之考证》。

廓峥嵘。叙凤阙兮词帝庭，迩卜商兮室颜生。亲大圣兮颂梁成，
希吴季兮英婴明。抗清论兮风英英，敷花藻兮文粲荣。庶擢身兮
登昆瀛，受福祚兮享千龄。余多不尽录。初见其词，若存若亡。
余见梁初江泌女诵出《净土》、《大庄严》等三十余经。逮于即目，
上有斯事。生缘有幸，近以今年二月末，数感天人，有若曾面。①

文中干宝的《搜神录》，亦作《搜神记》，是较早记述神异鬼怪事迹的作品。
如干宝《序》中所云，其意在于"发明神道之不诬"。其中有中牟令苏韶死
后还阳现形的故事。苏韶死后白昼"见形于其家。诸亲故知友闻之并同集，
饮啖言笑不异于人"。并且口诵辞赋曰："运精气兮离故形，神渺渺兮爽玄冥。
归北帝兮造酆京，崇墉郁兮廓峥嵘"云云。在座众人亲眼所见，言之凿凿。

江泌女诵经事，传扬甚广，道宣祖籍江南，自然熟知。其事《出三藏记集》
卷五有载。据云江泌之女名尼子，无师自通，口诵《净土》、《大庄严》等
三十余经，"年在龆龀，有时闭目静坐，诵出此经。或说上天，或称神授，
发言通利，有如宿习。"于是从九岁到十六岁，如此这般诵出佛经二十一种
凡三十五卷。京都道俗咸传其异，甚至皇上敕令见面，询问所以。尼子从容
对答，不异常人。后来尼子出家，法名僧法，住青园寺，以天监年三月亡故。
僧祐在编辑《出三藏记集》的时候，曾作了认真的调查，一方面收集译传正
典，同时也捡括异闻，以免遗漏。听说尼子诵经事情后，曾亲自赴其家拜访，
就求省视。但其家秘而不宣，不以见示。后僧祐只得到《妙音师子吼经》三卷，
据说是尼子所诵。当时社会上有好事者搜集尼子所诵文字，以为"真经"，
编为二十多卷劝化流通。僧祐认为，无师自通，口诵经文的事情早先也有
所闻，如昔汉建安末，有济阴丁氏之妻，忽如中疾，便能胡语。又求纸笔，
自为胡书。后有西域胡人见其所书，云是经文。僧祐在整理典籍的时候，作
了慎重的处理，把传为尼子所诵的经典放在"疑经之录"："推寻往古不无
此事。但义非金口，又无师译，取舍兼怀，故附之疑例。"②"义非金口，
又无师译"，意思是非佛所说，且没有翻译师承，取舍两难，"故附之疑例"：
留待后人甄别。

道宣对天人感通深信不疑，而且自己也"数感天人"。从宏观层面上来看，

① 《道宣律师感通录》，大正藏52册，435页。按，今本《搜神记》未见有苏韶还阳事。
《搜神记》本为民间传抄流传，或道宣所见为另一版本。
② 《出三藏记集》卷五，大正藏55册，40页。

对天人感通深信不疑者所在多多，但感通的神迹主体都与信者无关，而道宣却是自己与天人交通，自然引起了人们的兴趣，相信者有之，不相信者也有。

道宣也知道"有人不信"：

> 有人不信，谓是幽冥幻梦之传，何足希仰！余为幻梦影响，凡圣同之，俱是性空，知何准的？①

所以信和不信，甚至半信半疑，都属于正常。但依常情推之，相信者仍是多数，尤其到了后世，更增加了不少内容，甚至将道宣列入《神僧传》。而当时的流传，更有坚信不疑者，例如，玄奘的门下就深信不疑。慧立和彦悰在《大慈恩寺三藏法师传》中称赞道宣有"感神之德"，且证明玄奘法师已"见生睹史多天慈氏内众"：

> 西明寺上座道宣律师，有感神之德。至乾封年中，见有神现……宣闻之悚栗悲喜，因问经律论等种种疑妨，神皆为决之。又问古来传法之僧德位高下，并亦问法师。神答曰：自古诸师解行互有短长，而不一准。且如奘师一人，九生已来备修福慧两业，生生之中外闻博洽聪慧辩才，于赡部洲脂那国常为第一，福德亦然。其所翻译，文质相兼，无违梵本。由善业力，今见生睹史多天慈氏内众，闻法悟解，更不来人间。既从弥勒问法，悟解得圣。宣受神语已，辞别而还。宣因录入，别记数卷，见在西明寺藏矣。②

在若干年后，道宣与天人感通之事天下皆知，甚至成为典故。《全唐诗》卷八百三十五收有晚唐诗僧贯休法师的一首诗，名曰《终南僧》：

> 声利掀天竟不闻，
> 草衣木食度朝昏。
> 遥思山雪深一丈，
> 时有仙人来打门。

---

① 《关中创立戒坛图经》卷下，大正藏 45 册，895 页。
② 《大慈恩寺三藏法师传》卷十，大正藏 50 册，277 页。

（二）《道宣律师感通录》

《道宣律师感通录》一卷，是道宣将自己"天人感通"事迹的汇编记录，又名《感通记》、《感天侍传》、《律相感通传》，唐德宗贞元十一年（795），入《藏》。

道宣勤于著述，著史存文，但都是对客体事物的研述，写到自己，则以这部《感通记》为代表，记的是道宣自己在禅定中与"天人"感通的问答话语记录。在道宣的著作中这部《感通记》是比较短的一部，而且是记录文体，不事修饰，以体现其真实性。

按，此书有几个问题需要明确，试分析如下。

其一，此书是道宣自己的记录，流传之后有多个书名。似道宣当时没有确定书名，以稿本流传之后方由他人增补书名。

其二，有多个版本传世。今《大正藏》即收有两个版本，一名《道宣律师感通录》，一名《律相感通传》，分别载第 52 册、45 册。经勘对，确为同书异本。但差异明显，略举以下数端为例：

《道宣律师感通录》卷首"晋故中牟令苏韶，有才识，感冥中卒"。"感冥"，《律相感通传》作"咸宁"。当以后者为是。

《律相感通传》有"荆州河东寺"内容 600 余字，而《道宣律师感通录》无。

《律相感通传》道安"乘赤驴荆襄"，"答实也。今东寺见有驴台存矣。"《道宣律师感通录》作"答曰虚也"，"答曰非也，后人筑台于上植树供养，焉有佛殿之侧顿置驴也。又中驴之名本是间国郡国之故地也，后人不练，遂妄拟之云云。"

其三，关于此书问世时间，《道宣律师感通录》云"麟德元年终南山释道宣撰"，《律相感通传》云"唐乾封二年仲春终南山沙门释道宣撰"，前者为公元 664 年，后者为公元 667 年。两个时间都有可能，或为不同的版本，确乎难以断定。或者署名及时间都为他人所加，亦不无可能。从行文和这三年道宣的经历来看，此书可能是麟德元年（664）始撰，乾封二年（667）定稿，这样更符合逻辑。麟德元年（664）二月，玄奘谢世，此后道宣即赴终南山净业寺，筹划筑坛传戒事。《律相感通传》云"唐乾封二年仲春终南山沙门释道宣撰"，是本书定稿的时间。正是在"乾封二年仲春"，道宣集合僧众在净业寺筑坛。也就是说，本书的定稿也标志着道宣依新法为天下沙门受戒的思路和方法已经成熟了。

从行文及内容来看,本《录》确实是道宣的著作,但流传传抄,舛误较多。道宣自云:

> 余少乐多闻希世拔俗之典籍,故《搜神》、《研神》、《冥祥》、《冥报》、《旌异》、《述异》,志怪录幽,曾经阅之,故非疑虑。况佛希人之说,心进勇锐之文,护助形神,守持城塔,事出前闻,非为徒说。后诸缘叙,并依出而疏之。①

神异感通之事,备见书籍所载,尤其两晋之后,随着佛教流传,这类书籍记载尤多。道宣自己从幼年就读了不少这类书籍,对神异感通之事深信不疑。更何况佛法幽深,经典浩繁,不可思议之处更多。隋代朝廷编有《国家祥瑞录》,人所共知,而且还翻译为梵文传向海外。所以"事出前闻,非为徒说。后诸缘叙,并依出而疏之"。这里的"缘叙",就是"近以今年二月末,数感天人"②,将其与天人的对话记录叙述如次。

据《记》中所述,所谓"天人",是护法神韦陀将军和属下三十二将和使者,有王璠、罗氏、费氏、姚氏、苟氏、黄琼等。如与"韦将军"的对话:

> 韦将军至,致敬相闻,不殊恒礼。云弟子常见师,师在安丰坊,初述《广弘明集》,剖断邪正,开段明显,于前者甚适幽旨。常欲相寻,但为三天下中佛、僧事大,斗讼兴兵,攻伐不已。弟子职当守护,劝喻和词,无暂时停,所以令前诸使者共师言议。今暂得来,不得久住。师今须解佛法衰昧,天竺诸国不及此方。③

与这些天人对话的内容大致分三类,一是对道宣著作的评价,二是有关佛事传闻的印证,三是有关律学的讨论。这些对话没有时间地点,是纯粹的问答记录。

关于道宣的著作,天人都给予了很高的评价,认为所著的《续高僧传》、《广弘明集》等,有助圣化,幽灵随喜,无不称赞喜悦。至于律学著作,抄录疏仪等等,无足与二。但于断轻重物,少有疏失。

关于佛事传闻的印证。所说的佛事有益州成都多宝佛事,长安仓颉造

---

① 《道宣律师感通录》,大正藏52册,436页。
② 《道宣律师感通录》,大正藏52册,435页
③ 《道宣律师感通录》,大正藏52册,442页。

书台事，三会道场事，五台山大孚灵鹫寺事，凉州和县山裂佛像出事，江表人传罗什将来佛像事，坊州显际寺古像事，荆州前大明寺栴檀像事，蜀地简州三学山寺空灯常明事，涪州相思寺古迹事，泌州石窟中山常有光明事，杨都长干塔鄮塔事，为何此土文记罕见周穆时置塔事，佛陀出生时间事，蜀川三塔事，欲界主者事等等。值得注意的是对天竺佛教的评价，颇有褒扬中土大乘之意。如"韦将军"云："此方僧胜于大小乘曾无二见，悉皆奉之。西土不尔，诸小乘人获大乘经则投火中，小僧卖于北狄，老者夺其命根，不可言述。"①

关于律学的讨论。据文中所云，这些天人都"清净梵行，偏敬毗尼"，特别是"如来一代所制毗尼，并坐中听受"，所以道宣才问律中诸隐文义，而天人无不决滞。这些问题有《章服仪》中杀生之财与慈悲之服的关系，《四分》与《十诵》有关三衣破缘而缝的不同记载，大衣的层数和叶相，坐具的形制与用法，袈裟钩纽的来源与用途等。

文中道宣与天人讨论了戒坛事。天人对道宣在净业寺结戒坛深表赞悦，并云戒坛于中土传法之重要性。云江右渝州已下至江淮之南，由于戒坛林立，所以佛法兴盛，而北方戒坛较少，因此屡屡遭遇禁佛劫难。其原因在于南方山川秀丽，人们乐而忘返，安居乐业，遂能详解佛法，崇尚文事。中原地区，河东、河西，自从晋室南渡之后，北狄南下，崇尚武力，纷乱不已，难于安定。天人遂从道宣之请，为其画出以天竺祇桓寺图相，并述其源流如别。这就是道宣的另一部著作《中天竺舍卫国祇洹寺图经》的来历。

---

① 　《道宣律师感通录》，大正藏 52 册，442 页。

第十章　筑坛传戒

在奉迎法门寺佛指舍利之后，又迎来了高宗敕令拜俗的争论。在道宣等人的领导下，京城僧众联合各界抗争，最后取得胜利，高宗收回成命。风暴终于平定，于是，道宣又回到终南山，来完成他的最后一项使命。这就是践行南山律，创筑关中的第一座方等戒坛，依新法传戒，从而完成中土戒法理论与实践体系的最后构建。

考索汉译佛经的形成，以出自印度的译介为正宗，中土人士的撰作被尊为"经"者可谓凤毛麟角。道宣著作虽多，但被称为"经"的只有《中天竺舍卫国祇洹寺图经》和《关中创立戒坛图经》，自有其不凡的意义，值得研究。这两部著作是这次筑坛传戒的理论根据，同时也记载了筑坛传戒的全部过程。

一、《中天竺舍卫国祇洹寺图经》

《中天竺舍卫国祇洹寺图经》和《关中创立戒坛图经》同时撰写，思路一致，各有侧重。大致划分，这两部著作的思想理论来源和经典根据有以下四个方面。

其一，经典中所记载者。

在这两部著作中，道宣所引述的经典非常多，有《长阿含经》、《杂阿含》、《华严经》、《大灌顶经》、《孔雀王经》、《贤愚经》、《大集经》、《大智度论》、《善见律》、《僧祇律》、《五分律》、《十诵律》、《四分律》等等。

其二，西僧的转述。

如中印度大菩提寺释迦蜜多罗入华，乾封二年九月访问净业寺戒坛并与道宣晤谈。再如乌仗那旧都大石戒坛，是佛灭度后三百年所造，"其事见在，往往有僧从彼而来。"

其三，前人的记述。

有灵裕法师的《寺诰》、梁高祖敕宝唱所著的《神鬼录》以及《高僧传》、《圣迹记》等。道宣以这些前贤的思想为基础，全面整合为一个整体，

其四，"天人感通"所出。

即道宣在禅定中与天人感通，天人所述。虽然当时尚存有疑义，但随着时间的推移，道宣的感通事迹逐渐得到了各界的认可，成为净业寺戒坛仪轨神圣性和权威性的重要保障。

实际上，当时相信者仍是多数，甚至认为如同"佛说"。如同时代的《法苑珠林》就认为"虽从天闻，还同佛说"：

> 律师既亲对冥传，躬受遗诰，随出随欣，耳目虽倦不觉劳苦，
> 但恨知之不早文义不周。今依天人所说，不违三藏教旨，即皆编录。
> 虽从天闻，还同佛说。①

"虽从天闻，还同佛说"，这可能就是道宣"感通"所得的《关中创立戒坛图经》和《中天竺舍卫国祇洹寺图经》两部著作的书名贯以"经"的原因。

（一）撰作《祇洹寺图经》的因缘

《中天竺舍卫国祇洹寺图经》，二卷，书成于乾封二年（667）三月，署名曰"终南山释氏感灵所出"。从时间上看，正是道宣在净业寺所作，也是戒坛创筑完成之时。

祇洹寺就是印度著名的"祇树给孤独园"，是印度最早的佛教寺院，与"竹林精舍"齐名。此《图经》的编撰，与道宣在净业寺建筑戒坛有直接关系，即在戒坛筑立之时所"感"，其经过在本《图经》和《感通记》中都有记述。据道宣《序》中所云，隋代初期有灵裕法师作《寺诰》，其中有祇洹寺的内容，"然以人代寂寥，经籍罕备，法律通会，缘叙未伦。"祇洹寺真实面貌，众说不一。

道宣所传的《祇洹寺图》乃"天人"所授：

> 此所传者，生在初天，即南天王之大将八之一也。见始及终，
> 止过晦朔，亲受遗寄，弘护在怀。慈济无蒙，非其视听，流此《图

---

① 《法苑珠林》卷十，大正藏53册，354页。

经》传之后叶。庶或见者，知有所归，辄录由来，无昧宗绪。①

据《感通记》，传此祇洹寺图者为天人黄琼，亦即《祇洹寺图》中所载"生在初天，即南天王之大将八之一也"。"天人"并云：

> 今日戒坛之兴，佛所重也。祇洹一寺，顿结三坛。两居佛院，惟佛所登，为集诸佛登坛，而论僧尼结戒也。僧院一坛，为受具者。庄严别窟如须弥座，神景石柱，守护不亏，下至水际，经劫无没。北天竺东，见有石坛相状。

黄琼问道宣结坛的因缘，认为"天人幽显，莫不赞悦"，并为道宣出祇洹寺图相，"述其源流如别，可有数纸。"②据说南方天王的第三子名张玙，作有《祇园图经》，凡一百卷。此之所出，梗概而已。③这就是《中天竺舍卫国祇洹寺图经》的来历。

（二）《祇洹寺图经》的基本内容

全书分两卷，叙述的是印度祇洹寺的建筑布局、结构、各个院落及其功能和灵异事迹。

卷上首先叙述祇洹寺的规模，然后叙述二十九座院落。

据经典所载，祇洹寺面积八十顷地，寺宇建筑共分一百二十院。实际东西绵延近有十里，南北七百余步。然后叙述二十九座院落。大院有二，即西方大院等等。

在大院的大门之东，有他方菩萨院、教诫比丘尼院、他方诸佛之院、佛香库院、诸仙之院等七院。东门之东有大梵天王之院、知时之院等九院。大门之西也有七院，有菩萨四谛之院、菩萨十二因缘之院、缘觉十二因缘之院、无学人问法之院等。西门之西有六院，有他方三乘学人八圣道之院、学人四谛之院、学人十二因缘之院等。还有楼阁，崇高七重，巍峨壮观。

具体到每个院落，都有详细的描述，如"知时之院"：

> 知时之院，其门西开，诸院维那看相观时在于斯院。其内曾

---

① 《中天竺舍卫国祇洹寺图经·序》，大正藏45册，883页。
② 以上见《道宣律师感通录》，大正藏52册，441页。
③ 见《中天竺舍卫国祇洹寺图经》卷下，大正藏45册，890页。

有漏刻院。中复有黄金须弥山，海水。山中奇事，不可述尽。上有金城，白银七宝以为楼橹，高三丈余，大梵天王第三子所造。四角四楼，四面合十二门，四中门上亦皆有楼。其四楼内各有宝人，时至即出，却敲打一鼓。于斯城上露处已有一十二人，各执白拂唱午时至，南门即开，马从中出。时过即缩，门便还闭。随十二时，兽之出没，其例亦尔。夜中别有多人行更，一一分明。佛临涅槃山动出声，所作时节并皆不著，宝人涕泣或有手折。①

"漏刻院"，漏刻，正是当时的记时之法，中土有铜壶滴漏，各有千秋。道宣所说的这个"漏刻院"有楼，"其四楼内各有宝人，时至即出，却敲打一鼓。于斯城上露处已有一十二人，各执白拂唱午时至，南门即开，马从中出。时过即缩，门便还闭。"具体而生动，极有想象力。

与印度的实际情况相比较，书中的记述实际是以中土的寺院形制为基础。如佛塔、佛殿，文内描述道：

方池正北有大佛塔，高下七层，壮丽宏异，纯以异石。次玉相状重曾异态，不可名目。上有殊盘，金铃无数，微风常动，清响和彻。塔下有迦叶佛爪、发、舍利。当时备说骨相及述，迷忘故不具论。塔傍左右立二钟台，左边是他化天王第三子名无畏所造，钟及台并颇梨所成。右边是兜率天王所造，钟及台并金银所成。二钟各受五十斛。不常鸣，每至十方诸佛集始鸣，声闻百间百亿世界。次北有大佛殿，高广映夺诸院，飞廊两注及宇凭空。东西夹殿，大树庄严，冬夏常荣，重阴蔽日。②

卷下内容仍为叙述祇洹寺各个院落及宝殿、佛塔。道宣作此《图经》时，正是在净业寺创筑戒坛制定传戒律仪时，所以这里重点介绍《图经》中与戒律、戒坛有关的内容，或可从中窥见当年净业寺的传戒仪轨。

卷下的院落中有持律院、戒坛院以及佛经行所、佛衣服院、阴阳书籍院、医方院、僧家净人坊、天童院、佛病坊、四天王献佛食坊，还有浴坊、供僧院、厨院、果园、牛马坊、大食堂等等。其中重点是戒坛，有关戒坛的文字也最多，

---

① 《中天竺舍卫国祇洹寺图经》卷上，大正藏45册，884页。
② 《中天竺舍卫国祇洹寺图经》卷上，大正藏45册，887页。

可见关于祇洹寺的戒坛乃是本《图经》的重点。

戒坛有不同，首先是"惟佛行事"的佛院戒坛：

> 大院南门内东畔有坛，大梵王造，西对方池，名曰戒坛。楼至比丘请佛立之。初欲结戒，乃集十方诸佛。于时有八百亿同名释迦，十方诸佛同名亦尔。创立戒坛，坛既成已，诸佛登之共论戒法。其坛华丽，非世所有，状若须弥，旁置龛窟皆安神像。常有天神恭敬守护，四周花林，众相难识，惟佛所登，人不敢上。门西内有坛，魔王所立，庄饰之举，亦等东方。初度尼时，恐灭正法，乃集诸佛登坛，筹议理义百度，遂有四部。故此两坛惟佛行事。①

其次是为大众僧受戒的戒坛院，在持律院和戒坛律院的东面：

> 次东戒坛院有三门，如前院相中立戒坛，状亚佛院。……释迦如来告曰：娑婆众生，小见小闻，恐大难成。或起疲急，故减成之为二肘半。制三重者，表于三空，下佛舍利于坛心内。时天帝释于舍利上加覆釜形，大梵天王以无价珠置覆釜上以供舍利。今以前坛三重加覆釜珠，还表五分法身，是以制量同迦叶二肘半也。其坛相量下之二层四角，并安石柱四天王像。……其坛两重，并安钩栏。其竖柏以上加金珠台。又金翅鸟衔龙同于上（此鸟非佛本制，后北天竺阿罗汉忧楼质那之立所也），拟新受戒者以戒自防，继除烦恼，如鸟吞龙故置此像。下层二重，类须弥座，并安色道，用级相履。当要四面，分龛安神。钩栏柱下师子神王相间而圆，随状雕饰尽思庄严。上第三重但高二寸，用表二谛（方七尺许，明佛说不出二谛，此中心上惟佛所行故也）。于座四角各安师子，背上有九孔拟安帐。柱下之二层周阶道，各有四神，上层三面各立二阶。北面一阶下层南面，二阶东西北面，各一阶。阶有三坎。坛外周匝一丈，内种四时花草。②

然后是为大众受戒的仪轨：

---

① 《中天竺舍卫国祇洹寺图经》卷下，大正藏45册，890页。

② 《中天竺舍卫国祇洹寺图经》卷下，大正藏45册，891页。

初立戒坛，每有法事必说《遗教》，于坛西南头置坐说之。……
次明登、降坛仪。初十师依位正仪席地露足，从下层东阶上东出，
北转回南，东绕二重匝了。当佛礼三拜，运想请十方现在诸佛、
诸大菩萨、罗汉、圣僧降临坛上，天龙八部遍满空中。又请现在
三上座行受戒法者，一名豆田那，二名楼至，三名马兰那，并是
菩萨比丘。原请佛立戒坛。结戒受戒者今并请之愿降临此。十师
却行，取南面上层西阶而上，东转北回，绕佛匝已，留三上座于
下次坐。其欲受人，将听《遗教》。维那列下层，东阶道头面西
而立。威仪师从上东阶下列，向西阶道。上下层已，即东回面北
礼佛。三拜已，胡跪听经竟，取东阶却行，接足而下出戒坛外立。
然后维那一一列入至问遮处，正当东阶，面北而立。威仪师从上
东阶接足而下，问遮难已，从下层东阶上西回，从上层西阶上东
回。当佛前礼三拜已，东转北回，至羯磨师前作白和已，便唤受
戒者登坛。如威仪师法，三上坐前礼已，次礼十师。一一三礼拜，
威仪教其。乞戒羯磨者白和问遮难白。四受戒已，随次东面胡跪。
余者受已，总赴至佛前胡跪。重听《遗教》已，立修威仪，勤理衣钵，
立待指授。十师从西面北阶下南出东回，正北佛前礼佛，三拜已。
新受戒人从东面阶下，北出绕坛至南面下层西阶下，东回北面礼
佛竟，十师方从下层东阶下蹑履南出。新受戒者从后而行。①

此受戒仪轨道宣记述的非常详细，应该和净业寺传戒的过程有密切的
关系。迄今为止，道宣在净业寺为天下沙门再受新戒，其影响与意义非同凡
响，但其仪轨没有形成文字，所以以上的这些内容很可能就是实录。

在道宣之前，关于祇洹寺的情况在灵裕法师的著作中有描述，与本《图
经》有不同处。道宣解释为灵裕法师的著作所记时间要晚，而《图经》记述
的是最初的情况。灵裕法师的《圣迹记》说祇洹寺寺开东西二门，环绕祇
洹大院后十八寺。《寺诰》又云祇洹寺四门通彻，十字交过。"据今上图，
北方无门。以事详之，则前后起造制度各别，随时闻见，即而列之，不足疑怪。
此之《图经》，最初布金绳之作也。"所谓"前后起造制度各别，随时闻见，
即而列之"，意思是祇洹寺从最初的建造到后来的情况有不断的变化，"制

---

① 《中天竺舍卫国祇洹寺图经》卷下，大正藏45册，891页。

度各别"，各人所见不同，故记述也有差异。而道宣所记述，是"最初布金绳之作"，即祇洹寺最初的样貌。

（三）《祇洹寺图》

把《祇洹寺图经》中的描述与法显、玄奘等中土的赴印求法僧的描述记载相比较，参考以近代以来的考古发现，道宣所作的描述显然是中国式的建筑群模样。《图经》应附有图，从中可以看到唐代人的建筑思想与风格。但今本《中天竺舍卫国祇洹寺图经》有文无图，在《关中创立戒坛图经》中附有《祇洹寺图》。

《关中创立戒坛图经》中的图也许就是《祇洹寺图经》中的图，起码名称都一样，以是推之，两"图"应无大的差别。这幅图在《戒坛图经》的第四篇，这里除了说明戒坛的尺寸外，还附有画作的图像，即《关中创立戒坛图经》之《图》。这幅图乃"天竺《祇洹寺图》"，用以证明净业寺戒坛的来历。按，今本《中天竺舍卫国祇洹寺图经》无"图"，可能已佚。据其他记载，若干年后，义净"曾忆在京见人画出祇洹寺样"[1]，可能就是此《图》，当时尚流传世间。这幅图应与《戒坛图经》之图相同，或类似，依常情判之，差别不会太大。

《祇洹寺图》为长方形，东西长，南北窄，坐北面南，全部由比较方正的院落构成，布置有序，功能齐全。沿中轴线主体建筑为七进，依次为外门，中门，前佛殿，七重塔，后佛说法大殿，三重楼，三重阁。前佛殿两侧各有一座三重楼，东三重楼外侧为佛为比丘结戒之坛，西三重楼外侧是佛为比丘尼结戒之坛。其余主体建筑两侧均有对称建筑，或为五重楼，或为佛库。环绕主体建筑之中轴线均为院落，以墙间隔。东侧和西侧均为双重院落，以夹道、巷道间隔，全部总计六十四院，整整齐齐，布局有序，构成了祇洹寺的主体结构。另有辅助构造，位于寺院东墙外，以大路相隔，有果园、水井莲池等，最靠边一侧则为库房、净厨、油面库等。

从图中可以看出，从寺院的布局、结构、建筑、建筑材料，以及园囿、池沼等等，完全是中国样式，而且是最高等级的皇宫宫殿群的式样。与中国建筑样式有区别的是，多了佛塔和戒坛，其余均是建筑功能的区别，而建筑物本身与中国传统的建筑没有差异。例如殿堂的顶部，全部是重檐歇山顶或

---

[1]　《大唐西域求法高僧传》卷上，大正藏51册，6页。

单檐歇山顶，楼、阁、亭的顶部，也均是攒尖顶，而且檐下均为斗拱结构，飞檐末端垂有铃铎。这些在印度，尤其在公元前五世纪的印度是完全没有的，是标准的唐式建筑群落。

对这些差异，道宣也指出，祇洹寺曾二十多次重修，早已荒毁，"形相不同"：

> 案北齐灵裕法师《寺诰》述祇洹图经，具明诸院，大有准的。又案《别传》，祇洹一寺顿结三坛。今虽荒毁，不妨初有。自尔至今千七百载，前后重造凡二十返，形相不同，不足可怪。[①]

这里仍强调本图乃"初有"的样貌，此后荒废多次，又多次"重造"。每次"重造""形相不同"，所以有人不知，"不足为怪"。

二、《关中创立戒坛图经》

《关中创立戒坛图经》是这次道宣创筑戒坛并依新法传戒的有关文献汇编，也是道宣最后完成的一部著作。在这部著作中，道宣阐述了自己创筑戒坛的理论根据，即对中土创筑戒坛并传戒在理论与仪轨上的合法性问题给予了自己的思考和说明，并对戒坛的筑法和仪轨作了全面的陈述。唐德宗贞元十一年（795），《关中创立戒坛图经》入《藏》。

（一）撰作《戒坛图经》的因缘

经过多年的研习，在南山五大部的影响下，南山律学思想已经在海内外有广泛的推广，但无论如何，新的律学思想必须践行之后才能生根发芽，解决"行"的问题才是道宣研习律学的最终目的。加之此时道宣已年届七十，于是便抓紧落实传戒之事。这就是依新法为僧众重新受戒，是道宣晚年念念不忘的唯一大事，盖因"戒为佛法之源，本立而不可倾"。考察历史，道宣认为，这个"本"就是戒坛：

> 自渝州已下江淮之间，通计戒坛三百余所。山东、河北、关内、剑南，事绝前闻，经传不录。故使江表佛法经今五六百年曾不亏殄，

---

① 《关中创立戒坛图经》，大正藏45册，812页。

由戒坛也。以戒为佛法之源，本立而不可倾也。故使中原河之左右既不行之，由此佛法三被诛除，诚所宜也。

中原两河晋氏南渡之后，分为一十六国，以武猛相陵，佛法三除。并是獯鬻之胤，本非文国之后，随心即断，故其然乎。所以戒坛之举，即住法之弘相也。①

道宣在序言中首先介绍了自己创筑戒坛的理由，即戒律之学的理论问题已经解决，而在实践上则要解决"戒本坛场，曾未陈广"的问题："律仪博要，行事谋猷，图传显于时心，钞疏开于有识。或注或解，引用寄于前经。时抑时扬，专门在于成务。备通即目，流渐可知。至于戒本坛场，曾未陈广。"所以在乾封二年（667）年初，便在京城之南的净业寺"创弘斯法"，并再三强调其重要性：

戒为众圣之行本，又是三法之命根。皇觉由此以兴慈，凡惑假斯而致灭，故文云，如何得知佛法久住，若中国十人，边方五人，如法受戒，是名正法久住。是知比丘仪体，非戒不存，道必人弘，非戒不立。戒由作业而克，业必藉处而生。处曰戒坛，登降则心因发越。地称胜善，唱结则事用殷勤，岂不以非常之仪能动非常之致。然则详其广也，谈论可以处成。寻其要也，行事难为准的。是以诸律文云，方相莫委于分齐，唱令有昧于前缘，众集不晓于别同，通和懵分于成败。并曰，非界咸乖圣则，虽受不获，以无界故。是知空地架屋，徒费成功，无坛结界，胜心难发。今博寻群录，统括所闻，开法施之初门，仰住法之遗则。若不分衢术，则推步者不识其由，故略位诸门，使晓锐者知非妄立云尔。②

应当注意的是，此《图经》与《祇洹寺图经》有直接的关系，是同一时期为了同一个目的而作。考察两《经》的创制，有共同的理论来源和根据，所以基本思路是一致的，在叙述传戒的仪轨上基本内容相同。

《图经》的卷末道宣有云：

余七十暮年，脚疾摧朽。顾求法者，不远关山。今秋气已清，

---

① 《关中创立戒坛图经》，大正藏45册，814页。
② 《关中创立戒坛图经·序》，大正藏45册，807页。

客心飞举，将事终天之别，必爽载面之期。

"秋气已清"，指的是在传戒之后的时间，"客心飞举，将事终天之别，必爽载面之期。"都是与宾客告别的话，而十月初道宣即去世，所以这部著作是道宣的最后一部作品。

（二）《戒坛图经》内容概要

《戒坛图经》共分十一篇，分述戒坛的定义、形象、尺寸、仪轨、功能和赞述等。

第一篇和第二篇讲述戒坛的来源和名称的意义。

第一篇为戒坛元结教兴，即戒坛的创始乃佛启其端。

昔者光明王如来初论建立，故"兴在大圣，不在人谋"，所以筑坛传戒之事"敬重之极"也。据传楼先比丘请佛立坛，遂创立三坛，两为佛坛，一为僧坛。分别是佛为比丘、比丘尼受戒，僧为比丘受戒。初始之时，佛有两议，一议结戒轻重持犯等相。另一议是是否度尼。讨论结果，认为古有四部，今不可独无，虽然正法减半，但能行八敬，正法还住千年。

第二篇讲的是戒坛立名显号。

盖因坛之名号其来久矣，刘宋圣僧功德铠于建业南林寺立戒坛，令受戒者登坛受戒云云，但后人不察，有平场、高坛不分之弊。据载佛陀涅槃后，迦叶来戒坛召集僧众，请阿难上座，先诵《遗教经》，迦叶及众僧礼阿难后，迦叶作三千八百问，阿难一一作答。其中有涉及戒坛者：

> 迦叶礼拜已至阿难前，问讯起居，如世尊在时不异。迦叶尔时作三千八百问，诸有疑事，阿难一一答之。今略取戒坛一问，余者阙之。大迦叶问曰：汝随如来二十年来，戒坛高下阔狭依何肘量？戒坛上中安舍利不？戒坛四面用何物砌？四面开阶方别多少？绕坛四面作何形像？无石国中土沙作不？阿难一如此卷中图相而用答之。

> 坛之立名在佛世矣。此土现有群经律论咸明王城两处结集之相，然出没差互不同，不妨阿难升座为结法之元匠也。但存迦叶所问，阿难相同佛形，比丘惑疑是佛也，听说我闻便息。如今所传达通悟者，不见此土结法相者尚自不知，况今所出有不信者，固其常尔。自佛灭后至于正像，结集之相乃有多涂：初五百人，

次千人，次大众，次育王，次七百。且列五条，余非不有，上并小乘。至于大乘，阿难、迦叶在王城广结集，文殊师利与大菩萨在铁围山略结集，并如此土诸经所说。①

此篇之意有二。其一，"阿难一如此卷中图相而用答之"，意思是本《图经》所传之坛相与佛陀时代坛相无异。其二，"今所出有不信者，固其常尔。"法无定法，况佛灭后经历过多次结集，当初阿难、迦叶结集时也有怀疑者，"比丘咸疑是佛"。所以，本《图经》所出，"有不信者，固其常尔。"

第三篇和第四篇讲述戒坛形象和尺寸，并附《图像》一幅。

坛与场不同。场乃除地令净，平整没有丘坎即可。而坛相不同，须得"出地立基"，如京城四郊祠祭诸坛。但佛之戒坛为"天人"所造，故其相状不同恒俗。戒坛从地而起，以三重为相，象征三空。欲散释凡惑，非空不遣，所以三"空"为得道者游处。戒坛有舍利作镇，用隆住法。这里还描述了天竺祇洹寺佛戒坛具体的层数和每层的尺寸，有"五重法身"之义：

> 昔光明王佛制，高佛之五肘，表五分法身。释迦如来减为二肘半，上又加二寸为三层也。其后天帝释又加覆釜形于坛上，以覆舍利。大梵王又以无价宝珠，置覆釜形上供养舍利。是则五重，还表五分法身（以初层高一肘，二层高二肘半，三层高二寸，则三分也。帝释加覆釜，则四重也。梵王加宝珠，则五重五分具也。）②

为什么以"佛肘"为计量单位？道宣云：

> 所以取佛肘量者，以诸佛肘骨并是金刚。阇维之时，肘骨不灰全坚，舍利所在流化，故坛身量取佛肘以定之，欲令比丘持戒坚固如金刚而不坏也。戒坛亦尔，虽经劫坏而常存故。③

文中道宣追溯了东夏创立戒坛之源，从刘宋求那跋摩于南林寺创立戒坛传戒，后又与僧伽跋摩于此坛为僧尼"重受"具足戒，"于时祇桓寺僧慧照等五十人，影福寺尼慧果等三百二十三人，同从重受。"开重新受戒之先河。当时对重新受戒曾有争论，一是改变常规，对是否如法抱有疑虑；二是僧腊

---

① 《关中创立戒坛图经》，大正藏 45 册，808 页。
② 《关中创立戒坛图经》，大正藏 45 册，808 页。
③ 《关中创立戒坛图经》，大正藏 45 册，810 页。

如何计算？是累加呢还是废弃前者？三是重新受戒是否为必须？对这些问题，两位西域三藏都一一作了解答，以心有优劣、戒有九品来阐述。

又问，为何布萨僧事都在寺院之内？为何受戒及戒坛要在寺外？答曰：

> 诸部律制，互有通塞，唯受戒法重不同余事。以余法不成，唯得小罪，罪可忏悔。夫绍隆佛种，用消信施，以戒为本。若不成就，非出家人，障累之源，断灭大法，故异余者。[1]

这里再次强调了"受戒法重"。诸部律制，繁复庞杂，互有简略，但"受戒"为法中最重者。余法不成，仅得可忏悔的"小罪"，而"受戒"之法若不能成就，则不得戒，不能取得僧伽资格，"障累之源，断灭大法"。

第五篇、第六篇到第七篇，讲述结戒与戒场的关系，以及集僧之法。部分内容在《祇洹寺图经》中已经讲到。

这里主要讲两个问题，一是戒场在大界内还是在大界外，二是先结戒场还是先结大界。

按照《僧祇律》，戒场初立在大界外，后有过起，方徙于内。应按照《四分律》的规定，戒场在大界内。至于结法，诸说纷纭，有先结大界，后结戒场；也有先结戒场，后结大界。道宣认为这是妄执律文，自相矛盾。应按照《五分律》，先结戒场，后结大界。《毗尼母》、《善见》二论亦同此说。若次序相反，如卑摩罗叉律师所云：于中受戒，恐无所获。所以结法先后非常重要。如受戒值天雨，要移戒场到屋下者，应先解大界，后结戒场，再后结大界。

又，四处集僧，各御众法。一曰戒场内集，二曰场外四周空地集，三曰大界内如常僧集，四曰大界外集。应知此四集，二为法界，是内；二为自然界，是外。四集与两界，限域灼然，各不相摄。

又，依法集众，重结重解，否则无界而受，虚行一代。因场小于自然，所以先于自然界集。三唱外相，白二结之。结大界时，比丘出场外空地，入大界体中，依界标集僧，三唱大界外相，白二结已。至次日，先解大界，次解戒场，使恶鬼出离，善神降临，然后如前集僧。

第八篇，戒坛作业成败。

强调要保证受戒的如法进行，必须注意僧、界、事、法四缘，整齐划一，稍有疏失，便为失败，求戒者不得戒。

---

[1] 《关中创立戒坛图经》，大正藏45册，813页。

一曰约相集僧，按照律钞鉴定僧之真伪。

二曰依相三唱，避免诸多弊端：

> 今时往往有结二界不集相外之僧，直将五六人往场相地而结者。或于场内通唱二界三相已，具加二界羯磨者。或有场内通唱二界相已，随界而结者。或于大界内不入场中，遥唱场相而结者。如《五分》中，不唱方相不成结界。今隔界虚唱，全非正法。唱不明了，不知分齐，咸名不唱界结不成。如是类知，并是约界分齐之是非也。①

三曰明事义。如结界，界有大小之差，地有内外之别，先须晓了，然后依法实施。

四曰羯磨。不但一僧独知独诵，必须通众俱知俱解，等等。

第九篇，戒坛受时仪轨。

谓受戒法度今古相承，若无坛除，登顿失序。故圣立模范，令师资有仪，三师七证，各有行事之相，各执其事，方向次序，礼佛次数，诵经赞呗，说导问难，非常具体，不可失却法度。而受具者也同样如此，进退有仪，旋绕跪立，跪教乞戒，受赐衣钵三衣，等等，一一如法进行。

第十篇，戒坛功能远近。

结戒之地，虽经劫坏，终焉不毁，道法恒存。因为结戒圣相并是神功，灾、劫、焚、漂，并是俗有，俗非坏道之法。众生业力不可思议，佛之流化不可思议，结戒坚住，必无所损。同时，前佛之僧界，不妨后佛之行事。

第十一篇是戒坛赞述辨德，是有关这次活动的文献汇编。

本篇是正文的附录，载有五篇颂述神功，赞扬圣德的文章。这五篇是道宣自撰的《开壤创筑戒场之坛文》、《大唐雍州长安县清官乡净业寺戒坛之铭》、《大唐中原关辅戒坛仪》和荆南释无行所撰写的《戒坛舍利赞》。

这次道宣的创新实践完全属于僧团内部的弘法事务，与官方没有任何关系，是僧团中有共同追求者的集体实践。在筑坛传戒的同时，为了保证新筑戒坛和戒法的如法性，道宣完成了最后两部著作《中天竺舍卫国祇洹寺图经》和《关中创立戒坛图经》。

---

① 　《关中创立戒坛图经》，大正藏 45 册，815 页。

三、创筑戒坛

岁月久远，道宣所筑的戒坛没有流传后世，下面依据《行事钞》和《图经》所载，试分述如后。

创筑戒坛的时间是乾封二年（667）二月八日。道宣在四方各地二十多位僧人的见证下，开始在净业寺创筑戒坛，到当月的十四日，结大界净地。其过程，可以在《行事钞》的记述中看出细节：

> 先明唱相，有二不同。言别唱者，先唱内相三周已，次唱外相。三周后总结合。二者总牒内外一遍相已，随遍合之，文明总法。应令一人具仪唱云：大德僧听，我比丘为僧唱大界四方内外相。前唱内相：从小墙东南角外角，穿小墙西出，旁大墙内至西南角内角，从此旁墙北下，穿小墙西头，过至小墙西北角外角。从此旁小墙东下，至小墙东北角外角，从此南出，还至小墙东南角外角。此是大界内相一周讫。次唱外相：从寺院外墙东南角外角，直西至南门东颊外土棱，随屈曲北入，至门限里棱，西下至门西颊限头。随限屈曲，南出至门西颊外土棱。从此西下，至西南角外角。从此北下，至西北角外角。从此东下，至东北角外角。从此南下，还至东南角外角。此是大界外相一周已。彼为内相，此为外相。此是大界内、外相一周。如是三遍已，告僧云：已唱大界内、外相讫。众僧作羯磨，唱者复座。①

道宣所筑戒坛的相状在《图经》中没有明确指出，可能是按照"北天竺东石戒坛"的样式构筑。而"北天竺东石戒坛"则与"天竺祇洹寺佛戒坛"有渊源关系。这在《祇洹寺图经》中已经有所涉及，在《戒坛图经》中则再次提及。

"天竺祇洹寺佛戒坛"有三重、五分之义。所谓三重，象征三空，其高度为："初层高一肘，二层高二肘半，三层高二寸"。按，肘，古印度长度单位。折合唐尺，平常人一肘为一尺五寸，佛倍之，则为三尺。按照唐制，则第一层三尺，第二层七尺五寸，第三层四寸，则此三重戒坛本身之高为一

---

① 《四分律删繁补缺行事钞》卷上二，大正藏40册，16-17页。

丈零九寸。另外再加"覆舍利"的"覆釜形"，即覆钵式构件，其上安置"无价宝珠"，是为佛制时期的"五重法身"戒坛。

而"北天竺东石戒坛"的样式，《图经》中记载比较明确：

> 依今北天竺东石戒坛，纵广二百步，高一丈许。此则随时不定，今且从释迦丈六为言。其下层从地起基，高佛一肘，则唐尺高三尺也。谓在色道下座身为言，余亦同之。然此色道上三下四，唯多出为佳。以在露地，色道广覆而风雨不至，诸窟神王久而得固也。如今浮图出檐，可不然耶？不得过于一肘者，恐地裂故。又表比丘于坛受戒，制心专一而不散乱也。其第二层高佛一肘半，则唐尺四尺五寸也，同转轮圣王初登坛上受灌顶之时坛度也。其第三层高二寸者，以佛指二寸为量，则当中人四寸也。①

据上所述，"北天竺东石戒坛"戒坛的高度，最下层从地起基，高为佛之一肘，即唐尺三尺。第二层高为佛之一肘半，则为唐尺四尺五寸。第三层高二寸，为佛指的二寸，相当普通人的四寸，总而计之，则为三重七尺九寸。

以上是戒坛的高度和每层的尺寸，而面积，戒坛三层，每层都呈现正方形，其面积尺寸曰：

> 原夫戒坛之场随依大界僧住，不可恒准方隅，不定东西。多以东方为受戒之场，由创归于佛法之地也。西方为无常之院，由终没于天倾之位也。从多为相，余则随机。其初坛下层纵广二丈九尺八寸，中层纵广二丈三尺，上层冥方七尺。②

按照上述所载，即戒坛的下层每边的边长为二丈九尺八寸，中层二丈三尺，上层七尺。

还有，戒坛需要若干装饰。若没有宝珠供养，可制作二明灯，立于坛前，高于上层。坛上铺石为基，受戒之时，于西南角安置高座，并安置栏杆扶手，使比丘登之。关于戒坛的护持，相当于佛塔，因戒坛瘗藏供奉有佛舍利，所以诸神护佑一如佛塔，不可迷名固执。戒坛四周布列神像，有十二金刚

---

① 《关中创立戒坛图经》，大正藏45册，810页。
② 《关中创立戒坛图经》，大正藏45册，811页。

力士神王。这十二金刚也是护持佛塔的十二金刚。另戒坛四角、四面阶道，亦各有金刚、天王。如西北角天王：

> 西北角天王名毗沙门，领夜叉及罗刹众，住北郁单越洲，多来阎浮提。其王手中掌擎佛塔，古佛舍利在中。佛在时，令其持行，所在作护，佛法久固。又令天王威德势力领四神军主，配北面一阶边各二神。西边二神（一名陀罗那，名阿罗难陀）；东边二神（一名郁庾伽波罗，二名别他那）。依《贤愚经》，此等鬼神皆名夜叉，形色青黑，眼赤如血，钩牙上出，头发悉竖，火从口出。①

除最上层之外，在每层坛壁的龛窟中，也供有神像，按《孔雀王经》，列二十八星神，依方位守护。最上层高二寸，表二谛义。诸佛说法，常依二谛义，因此受戒出家者必须知道二谛为宗归。最上层以七尺为量，以表七觉。四角各安置狮子像，像背有孔，用于安帐杆。此外，在戒坛外四周一丈内，种植四时香花，香花之外种植佳木八行，以表庄严。

这座戒坛虽然是由道宣所"创立"，但是是有根据的，除了经典依据和"天人感通"之外，还有西方来华僧人的认可。但是有一个问题，在当时的玄奘《西域记》中为什么没有记载？道宣也注意到，认为"不足怪也"：

> 玄奘法师《西域传》中，略述大栴檀像事，而不辨其缘由。至于戒坛，文事盖阙，岂非行不至彼，随闻而述，不足怪也。②

所云"玄奘法师《西域传》"，即玄奘法师的《大唐西域记》。玄奘在卷六记述舍卫国的内容中，对当时的给孤独园整体面貌有全面的记述，包括该园的来龙去脉，大、小佛塔、精舍，以及各种圣迹、遗迹，如来在世时用过的井、外道谤佛处、提婆达多害佛处等等，并"略述大栴檀像事"。确实如道宣所云："至于戒坛，文事盖阙。"

按，查阅《大唐西域记》，不仅在述及舍卫国时没有记载有关戒坛的内容③，整部《大唐西域记》中都没有有关戒坛的内容。其原因，道宣认为可能是玄奘"行不至彼"，没有见到戒坛遗迹。所以"随闻而述，不足怪也"。

---

① 《关中创立戒坛图经》，大正藏45册，809页。
② 《关中创立戒坛图经》，大正藏45册，810页。
③ 见《大唐西域记》卷六《室罗伐悉底国》，大正藏51册，899页。

但以今人眼光观之，应是玄奘有意回避有关戒律、戒坛等事，否则，旅印十多年，周游五天竺，不会毫不提及。其个中原因，固然与玄奘专业与道宣不同有关，恐玄奘更多的考虑，乃在于两乘的关系问题。

从乾封二年（667）初春，至初冬十月道宣去世，不足十个月。在这期间，道宣完成两部《图经》，又率领僧众在净业寺结界筑坛，依新法为天下释子受戒，实际上，这是道宣尽最后一点力气来完成的。在道世的记述中，记有道宣与天人交通事，其中道宣曾问天人张琼："贫道入春已来气力渐弱，医药无效。"① 在《戒坛图经》的结尾，道宣有"余七十暮年，脚疾摧朽"，"将事终天之别，必爽载面之期"② 的自述。尤其"将事终天之别，必爽载面之期"，表明道宣已经知道自己将不久于人世。道宣能在生命的最后时刻完成最后的心愿，也可谓功德圆满。

四、戒坛舍利与佛牙

道宣在净业寺首先创筑戒坛，海内大德莅临，传法受戒，不能没有圣物。据载，在戒坛下安奉有佛牙舍利。道宣感通所作《关中创立戒坛图经》和《中天竺舍卫国祇洹寺图经》，被认为"虽从天闻，还同佛说"，则这枚舍利供奉在这里，象征着"如佛亲临"，充分体现了净业寺戒场的神圣和庄严。

（一）戒坛佛舍利

在道宣等的记述中，净业寺戒坛的圣物称为"佛舍利"，道宣亲自作有《净业寺戒坛舍利铭》，全文如下：

> 终南山北沣、福之阴清官乡净业寺戒坛佛舍利之铭。
>
> 维大唐乾封二年，岁在丁卯，孟夏朔日。京师西明寺沙门释道宣，与诸岳渎沙门会于前乡之道场，平章法律。仰惟三圣垂教，以戒为先，四生归德，遵途莫绝。遂使住法六万之寿，作化在于律仪。时经三变之秋，启务资于定、慧。所以敢承余烈，克构场坛，陈瘗灵躯，镇兹福地。冀愿皇觉慈照，景业统宇宙而无疆，垂裕含光，

---

① 《法苑珠林》卷十，大正藏 53 册，354 页。
② 《关中创立戒坛图经》，大正藏 45 册，819 页。

神功谅堪济而逾远。

序之不足，略为短铭。

其辞曰：

> 皇矣正觉，作化在三。
>
> 戒为良导，万善攸谈。
>
> 冰凉于水，青更逾蓝。
>
> 非斯组织，余则谁甘。
>
> 岳渎法传，乘时蔚崿。
>
> 板筑福坛，犹登岵屺。
>
> 戒护是升，幽明咸履。
>
> 悠哉后裔，则为高轨。
>
> 敢述时缘，遍流芳纪。①

"陈瘗灵躯，镇兹福地，"即戒坛下瘗藏有佛舍利，按一般的解释，即戒坛下有地宫，地宫内安奉着佛舍利，用来"镇兹福地"。

此外，荆州僧人无行前来净业寺参与筑坛传戒盛会，"幸逢嘉会，瘗灵骨于福坛"，作有《戒坛舍利赞》：

> 大唐乾封二年四月朔日荆南渚宫沙门释无行戒坛舍利赞。
>
> 余等登趾荆岑，搜玄秦岭。承律谟于上德，闻所未闻，禀清范于灵坛，日新日损。是以皇觉慈训，弘之在人，祇树高风，幽心祥感。幸逢嘉会，瘗灵骨于福坛。玄纲载维，想德铠之非远。不胜手舞，景仰神光，敢述玄猷，乃为赞曰：
>
> > 觉智圆明，应物唯灵。
> >
> > 非灭示灭，无生现生。
> >
> > 为人演法，三学开津。
> >
> > 场坛肃穆，戒德氤氲。
> >
> > 金河晦影，鹤树澄神。
> >
> > 能仁散体，多宝全身。
> >
> > 奇光昭晰，嘉瑞攸陈。
> >
> > 二端尚在，八斛犹均。

---

① 《关中创立戒坛图经》，大正藏 45 册，818 页。

厥后无忧，爰初启信。

近护分光，灵坟是镇。

灵坟现奇，震岭标基。

扶风散彩，淮海腾辉。

粤自荆岫，寻真太一。

希世之风，载扬兹日。

坛模山像，登顿有秩。

灵坟现奇，幽诚云毕。

愿言遐旷，克念崇尚。

识镜澄明，心河静浪。

庶劫石之方消，睹神珠于妙相。

　　"场坛肃穆，戒德氤氲。""坛模山像，登顿有秩。"是无行对净业寺戒场的赞美。"粤自荆岫，寻真太一。"无行来自荆州，故云"荆岫"，而"太一"，为终南山的别称。道宣也有称呼自己为太一山沙门者，如《四分律比丘含注戒本》，署名曰："太一山沙门释道宣述。"其余所云"灵坟是镇""灵坟现奇""灵坟现奇"等，都指的是戒坛瘗藏的佛舍利。

　　净业寺筑坛传戒，海内大德纷纷响应，来了数十位，道宣为了"取信于后"，在《戒坛图经》附有三十九位"兴心响赴者"名单。其中荆州来的不少，有恒景律师、玄颐法师、慧俨禅师和"荆南渚宫沙门释无行"等。此无行即作《戒坛舍利赞》的无行禅师，自云"观化秦川，遇兹盛集，赞而述之"。从《赞》文中看，"承律谟于上德，闻所未闻""不胜手舞""场坛肃穆，戒德氤氲"云云，反映了无行等人对道宣在净业寺创筑戒坛的活动完全支持的态度。可以想见，这些人回去之后必然会四处宣示，使终南山的新法受戒得到越来越多人的认可和支持。

（二）道宣与佛牙舍利

　　从各种迹象来看，净业寺戒坛供奉的这枚佛舍利就是之前道宣本人所供奉的佛牙舍利。这枚佛牙舍利的来源如同法门寺的佛指舍利一样不是十分清楚，但"问世"以后的影响却非常大，而且传之后世，奉为圣物。

　　自佛灭度后，舍利成为佛教信徒的第一圣物。尤其佛教传入中国后，更成为中土信众的崇拜圣物，长盛不衰。关于佛舍利，道宣自然非常熟悉，不但亲自参加过朝廷奉迎法门寺佛指舍利的活动，并对舍利在中土的流传作过认真的调查研究，在所著的书中有大量的篇章叙述。道宣自己也有一枚佛舍利，戒坛所奉应该就是这枚舍利。

据《宋高僧传·道宣传》所载，道宣这枚佛牙舍利，乃"毗沙门天王之子哪吒"所赠：

> 于西明寺夜行道，足跌前阶，有物扶持，履空无害。熟顾视之，乃少年也。宣遽问：何人中夜在此。少年曰：某非常人，即毗沙门天王之子哪吒也。护法之故，拥护和尚时之久矣。宣曰：贫道修行无事烦太子。太子威神自在，西域有可作佛事者，愿为致之。太子曰：某有佛牙，宝掌虽久，头目犹舍，敢不奉献。俄授于宣。宣保录供养焉。①

文中意思是道宣向哪吒太子所求，"西域有可作佛事者，愿为致之。"太子乃以佛牙相授。但据《释氏稽古略》卷三云，送这枚佛牙舍利的天人乃"博叉天王子张琼"。

至于这枚佛牙舍利后来的下落，《宋高僧传》载道，道宣交付与弟子文纲，成为传法信物：

> 其天人付授佛牙，密令文纲掌护，持去崇圣寺东塔。大和初，丞相韦公处厚建塔于西廊焉。

文纲常住崇圣寺，道宣所付的佛牙舍利即供奉在这里，成为京城四处佛祖真身舍利的所在地，每年四月初八佛诞日，京城士庶前来崇圣寺佛牙阁，供养佛牙，成为惯例。京城名胜，吸引了不少士庶，进士的樱桃宴也在佛牙阁举行。

崇圣寺位于长安城内的崇德坊，是敕令建造的纪念太宗的皇室寺院，由灵宝寺和同处一坊的崇圣宫合并所置。而崇圣宫，则是太宗的别庙，同处一坊的灵宝寺，则是太宗去世后安置太宗的嫔妃的，按制度，这些嫔妃尽度为尼，就安置在灵宝寺。高宗仪凤二年（677）敕令合并为僧寺，仍以"崇圣"为名。不改其名者，仍是为了纪念太宗。

至"安史之乱"后，唐代宗崇奉佛教，敕令崇圣寺三纲将这枚佛牙舍

---

① 按，《佛祖统纪》与《宋高僧传》所载基本相同，另《释氏稽古略》卷三云，这枚佛牙舍利乃"博叉天王子张琼"所赠。

利进内供奉，"朕要观礼"：

> 至代宗大历二年，敕此寺三纲：如闻彼寺有大德道宣律师传
> 授得释迦佛牙及肉舍利，宜即诣右银台门进来，朕要观礼。①

大历二年（767），已距道宣去世整一百年。在《佛祖统记》中，也记载有哪吒送佛牙舍利与道宣事，"师夜捧行道，昼藏地穴，唯弟子文纲知之。"但记载进内的时间为大历十一年（776）。

由此看来，净业寺确实曾有舍利，被文纲持去崇圣寺供养，后又流入皇宫。这枚舍利在后世还出现过，这是后话，此不赘。

五、新法受戒

道宣在净业寺新筑戒坛，为天下沙门再受新戒，其传戒原则上仍然是"依佛所说"，与在《比丘含注戒本序》中所云"今试敢依律本具录正经，仍从佛解即为注述"②的精神是完全一致的。所谓的新法受戒，并非道宣"新创"，有两点针对性。

其一，南北朝时期始有戒坛的建设，多在南方，而北方，尤其是佛教入华的第一重镇长安，却一直没有戒坛。尤其是方等戒坛。

其二，以《四分》义理为骨干，沟通印度，融汇大、小乘，从这些意义上来说，道宣的新法受戒自然有不凡的影响。

新法受戒道宣是首倡者，得到了"同学"们的支持，也反映了义学僧的集体智慧。如《戒坛仪》中所载道宣与真懿律师商讨所云：

> 京寺同学，咸来观化。余以法利希行，恐有乖忤，和悦上下，
> 务成为先。有京师西明寺真懿律师，今之律匠也。彭享勇锐，最
> 所忌情，恐东回左绕，伤俗之行事也。余谕之曰：律师勿见东回
> 左绕以为非法耶，此天常之大理也。人惑左右，习俗罕分，深愿
> 体之，勿虑非咎。便答余云：此不敢怪也。吾昔见大庄严寺大德
> 恭禅师，若行道时，必东回北转。此为右绕。彼告吾云，子不见

---

① 《宋高僧传》卷十四《道宣传》，大正藏 50 册，791 页。
② 《四分律比丘含注戒本·序》，大正藏 40 册，429 页。

俗中城门耶，东入西出。咸言左出右人也，如是云云。行事之家
观时制度，余方不为清净，则不行之。①

　　"京寺同学，咸来观化"，以"同学"相称，表明了道宣对自己的定位。
"恐有乖忤，和悦上下，务成为先。"则说明道宣对依新法受戒的慎重态
度，希望得到僧众的批评和认可，以"务成为先"，共成大业。文中道宣对
真懿律师评价较高，称之为"今之律匠也"，在《慧琎传》中介绍真懿"导
说有功化行多阻"。真懿律师早年与慧琎、满德、善智、敬道等律师相友善，
应与道宣同辈。诸人物故后，真懿扬敷京华。两人同以律学为专业，同为西
明寺大德僧，在商讨行进路线时，究竟是"东回左绕"还是"东回右绕"时，
各自发表意见。道宣尽量详细解释，以表明对"同学"的尊重。
　　乾封二年（667）二月八日，道宣在四方各地二十多位僧人的参与和见
证下，开始在净业寺创筑戒坛。十四日，结大界净地。四月朔日受戒。朔日，
有两义，一为每月初一；二为每月初一至初十，为朔日，亦为吉日。按佛教，
似为四月初八佛诞日。
　　受戒的过程从顺序来看，首先是结界。道宣强调了两点。
　　一是戒场在大界之内。据《僧祇律》所载，戒场初立在大界外，后有过起，
方徙于内。而《四分律》则规定戒场在大界之内。
　　二是先结戒场，后结大界。曾有讲解诸家结法时，云先结大界，后结戒场。
道宣认为如此则无法区分两界，虽预开空域，终究为无法之地。此乃妄执律
文，自相矛盾。应按照《五分律》，先结戒场，后结大界。《毗尼母》、《善
见》二论亦同此说。若次序相反，如卑摩罗叉律师所云：于中受戒，恐无所获。
所以结法先后非常重要。如受戒值天雨，要移戒场到屋下者，应先解大界，
后结戒场，再后另结大界。
　　然后是集中僧众。四处集僧，各御众法。一曰戒场内集，二曰场外四
周空地集，三曰大界内如常僧集，四曰大界外集。应知此四集，二为法界，
是内；二为自然界，是外。四集与两界，限域灼然，各不相摄。
　　至于传戒的具体过程，盖若有差错，则有不得戒之虞，因之神圣且庄严。
《戒坛图经》所记非常详细。

---

　　①　《关中创立戒坛图经》，45 册，818—819 页。按，"咸言左出右人也"，"人"，
疑为"入"。

如传戒开始，十师首先登坛：

> 其教授阿阇梨当执香炉前引，从南面下层东阶道，接足而上至层上。东出北回，绕坛一匝。上座在西头，当佛前礼三拜。十师卓立，具修威仪，广运心想，请十方现在诸佛、诸大菩萨、声闻僧众普会戒坛，天龙八部遍满虚空。以佛在时，多行受戒，咸升坛上。虽非羯磨僧数，而行善来戒法亦同具戒。佛灭度后行事，圣僧罗列佛像，拟佛在时故也。亦使僧法有依，非佛不可。故置灵仪，不徒设也。第二重坛上西行。南头置一高座，次设三虚座。一拟豆田邪菩萨比丘，二拟楼至菩萨比丘，三拟马阇邪菩萨比丘。以三菩萨比丘请佛立受戒结戒，戒坛之首，于戒有功，故列三虚座以处之。十师运想已，教授师执炉引众面西却行，取上层西阶道，接足上坛顶。东转北回，绕佛一匝已。至三空座前，一一礼已，依次而坐。

此时打犍椎，烧名香，赞呗功德，一僧升座诵《遗教经》，所有僧人肃听受教。之后，欲受戒者登坛：

> 令维那引欲受戒者至南面东阶道下，面西而立。威仪教授师从南面东阶却下，引向西阶道上。至下层上，便东回北转西出。又东面北作行，礼佛三拜已。互跪听经讫，维那又引至南面东阶却行而下，出界外行立。若未解威仪折旋俯仰者，令知法维那一一指授。庠序弘缓，引而行之。

然后在东阶设席，维那将受戒者一一引至戒场，拟问遮难。求戒者至于席侧，执衣钵当东阶面北而立。至问席所敷座，令其脱屣上席，分别授予尼师坛、安多会、郁多罗僧、僧伽梨，问难之后，讲说三衣断三毒、五条下衣断贪身、七条中衣断瞋口的意义。

然后在教授师、羯磨师的主持下，求戒者向三上座礼拜，向十师一一作礼，然后乞戒，羯磨师依法单白问难。受戒竟，在佛像前跪听《遗教经》。其教授师执香炉起。至西面北阶头，立引十师下阶，循下层上面南出东回面北，当佛像前礼三拜立住。这一轮受戒结束，维那引领新求戒人登坛。如此循序进行，整肃有度，直至全部结束，按次序出戒场。

道宣云，这套仪轨并非新创，因"法隐既久，执生常者谓是新仪，幸详之也。"①

六、大德僧众

以上所述受戒的过程，备见《戒坛图经》和《祇洹寺图经》，应该就是道宣于净业寺戒坛受戒的仪轨。至于莅临盛典的人，有传戒者，有求戒者，更有观礼者、随喜者，因为是长安第一次筑方等戒坛，第一次传戒，所以齐集终南山下，可谓济济一堂，盛况空前。

道宣在《戒坛图经》中对参与盛典者作了记录：

> 余以乾封二年二月八日及以夏初，既立戒坛，仍依法载受具戒。于时前后预受者二十七人，并多是诸方，谓雍州、洛州、虢州、蒲州、晋州、贝州、丹州、坊州、陇州、沣州、荆州、台州、并州。如是等州依坛受具。②

> 至如终南山大翠微寺等诸沙门，及岩隐野居追朋问道之宾，翕习容裔，整带而赴，高坛观行，礼度折旋而鉴其敬仰者，或在空外界中送心随喜，伫立合掌而欣其威仪者，将有百计。行事既了，维那引至僧住堂中，列坐饭之。诸有清信士女崇扈之乡来者满院，皆合掌随喜，立而称善。亦一涂之造化也，追万古之清尘焉。③

《戒坛图经》中附有一个名单，起自"终南山云居寺大德僧伽禅师"，终自"京师弘济寺怀素律师"，共三十九位。为什么有此名单？道宣云："诸有同法之俦，游方之士，闻余创建，兴心响赴者，略列名位，取信于后。"意思是为了"取信于后"，特列出这些人的名单，以证明这次筑坛受戒。这三十九位僧人名单如下：

终南山云居寺大德僧伽禅师

京师西明寺大德真懿律师

京师弘法寺大德恒善律师

终南山云际寺大德悟玄律师

---

① 以上见《关中创立戒坛图经》，大正藏 45 册，815—816 页。

② 《关中创立戒坛图经》，大正藏 45 册，816 页。

③ 《关中创立戒坛图经》，大正藏 45 册，817 页。

京师西明寺大德薄尘法师

京师大慈恩寺大德弘度律师

昭陵瑶台寺大德道诚律师

终南山龙池寺智善律师

京师光明寺新罗国智仁律师

华州西岳沙门法藏禅师

终南山宝德寺道光律师

荆州长沙寺智藏律师

荆州景元山无行禅师

荆州覆船山玉泉寺弘景律师

并州六通寺智琮禅师

润州明庆寺玄寂律师

衡州南岳云峰寺义本律师

洋州傥城寺道寂律师

荆州天王寺道誉法师

荆州四层寺智璇禅师

京师西明寺大慈律师

京师西明寺四依律师

齐州东岳沙门明藏禅师

荆州安宝寺慧忍禅师

荆州善集寺道恪禅师

台州天台山白岩寺慧庄禅师

襄州岘山报善寺慧璇律师

荆州昇觉寺慧琏禅师

荆州开圣寺慧俨禅师

荆州陂屺寺慧奖法师

荆州无量寺玄赜法师

洛州天宫寺守节法师

晋州沙门昙奖法师

东岳沙门名恪律师

京师空观寺行滔禅师

秦州麦积崖沙门法度禅师

虢州大兴国寺义方律师

荆州长沙寺德行律师

京师弘济寺怀素律师

这三十九位大德僧人既是净业寺筑坛传戒的见证者，也是参与者，更是认同者与宣传者，且不见于其他典籍所载。下面试对这三十九位的身份作初步的梳理。

其一，身份和来源。

以上"大德"僧七位：僧伽禅师，真懿律师，恒善律师，悟玄律师，薄尘法师，弘度律师，道诚律师，其中律师五位，法师一位，禅师一位。四位来自京城，三位来自终南山，一位来自昭陵。昭陵，即安葬太宗李世民的地方。这七位大德僧加上道宣，共八位，按照十师的规矩，还缺两位，拟或是这七位大德僧实际上是受戒时"十师"中的"七证"？这"十师"是哪十位大德僧来担任？尤其是戒和尚、教授师、羯磨师是谁？道宣都没有记述，可能是有意为之，所以难以妄测。所以道宣这里称"大德"某某，其"大德"之意，应是教内的约定俗成叫法，是对高僧的敬称，应并非某种特定的身份称呼。①

其余三十二位中，律师十四位，禅师十三位，法师五位，也符合三学的次第。

从来源上来看，京城五位，终南山二位，荆州十二位，华州一位，并州一位，润州一位，衡州一位，洋州一位，齐州一位，台州一位，襄州一位，洛州一位，晋州一位，秦州一位，虢州一位，东岳一位。其中京城地区七位，而荆州来人最多，竟达十二位，三分之一强。

道宣云"前后预受者二十七人，并多是诸方，谓雍州、洛州、虢州、蒲州、晋州、贝州、丹州、坊州、陇州、沣州、荆州、台州、并州"。与所附的名单相比，并不吻合，名单中没有蒲州、贝州、丹州、坊州、陇州等，可见此二十七"预受者"并非所附的名单中人。

---

① 按，关于"大德"之号，《僧史略》卷下云："德号之兴，其来远矣。魏晋之世，翻译律本羯磨文中，皆曰大德僧。……至唐代宗，内出香一合，送西明寺故上座大德道宣掌内，始见史传。""大德"称呼，印度专属佛、菩萨及耆宿长老。中土用意比较广泛，隋世朝廷有召"六大德"进京，唐初有"十大德"统帅僧尼，僧众之间，则为对高僧的敬称，然均无持久之意。

求戒者来自全国各地，有雍州、洛州、虢州、蒲州、晋州、贝州、丹州、坊州、陇州、沣州、荆州、台州和并州，计一十三州，共二十九人。

其二，事迹略探。

这个名单尚没有引起人们注意，其原因是史料缺乏。一是其他史籍中没有这个名单的记载。二是在不多的僧人传记中也没有专门记述其参与净业寺受戒的事迹。下面从各种可能性中尽可能地作些揣测，借以窥见这些法门龙象当年的足迹身影。

先说名单中的七位"大德"僧。

终南山云居寺大德僧伽禅师名列名单的第一位，显然地位非常重要。这位僧伽禅师何人？史载阙如。在《续高僧传》的《玄琬传》末，很简略地附有"僧伽"事迹。从时间、法名及渊源关系来看，两位"僧伽"有可能是同一人。但传中又有"早卒"之语，所以姑且存疑。

第二位是西明寺的真懿律师。真懿律师与道宣同辈，在僧传中附在《慧斑传》中。慧斑在隋仁寿中跟随荣法师被召入禅定寺，具戒后专精律仪，先后听学洪遵、智首律师讲席。唐代，慧斑任长安云华寺上座，常弘《摄论》化开律部。后又被征入普光寺纲理僧伦，以贞观八年终于该寺。当时同斑所学长相往来的有满德、善智、真懿、敬道等律师，四人各有所长："德慧悟天开谈说弘畅，智博解深奥情欣护法，懿导说有功化行多阻，道抱素自资性存经史。多从物故，懿独存焉，扬敷京辇。"[1]在净业寺传戒时，道宣仍隶名于西明寺，而真懿这时也是"西明寺大德"，道宣在《戒坛仪》中特别记述了与真懿商讨"东回右绕"的问题，可见对其重视。两人关系不同一般，真懿应该是道宣创筑戒坛传戒的坚定支持者。

参与筑坛传戒的还有一位大德僧是西明寺的，即薄尘法师。据《宋高僧传》卷四《圆测传》："迄高宗之末天后之初，应义解之选入译经馆，众皆推挹。及翻《大乘》、《显识》等经，测充证义，与薄尘、灵辩、嘉尚攸方其驾。"其余事迹不详。

另一位大德僧是昭陵瑶台寺大德道诚律师，据《续高僧传》卷二十《道哲传》，道诚乃道哲律师的高足。道哲初学《十地》、《地持》，后随魏郡希律师学《四分》，六年后又修定业。入京后住仁觉寺，得到昙迁的钦佩，敬备师礼从受《摄论》。之后道哲律师潜于终南山的骆谷，颇得信众拥戴。

---

① 《续高僧传》卷二十二《慧斑传》，大正藏50册，615页。

贞观九年（635）正月，终于大庄严寺。受业弟子中有静安和道诚。静安掩迹林泉念定存业，而道诚讲扬律部，声闻京师。初住大庄严寺，以德行优秀，征入昭陵瑶台寺。虽然同宗《四分》，但道哲的律学传承于魏郡，道诚应该也熟知其表里。

其次是名单中的其他僧人。

终南山宝德寺道光律师，事迹见《宋高僧传》卷十四，俗姓褚，从广州和尚学通毗尼，"夏浅德崇，坛场属望，盖天赍真士为东南义虎。"① 而且道光持《法华经》，创建塔庙，终身不怠。上元元年（674）示疾终于本寺，春秋七十九，法腊五十八。《宋高僧传》不载道光行化于长安事，此之所载或可补僧传之缺，又或许为同名之两位道光。

荆州来客不少，可惜大多事迹不清楚。荆州覆船山玉泉寺弘景律师，应即恒景，乃文纲的弟子，传扬《四分》。景龙二年（708）三月，鉴真于恒景座下得戒，后传四分律于日本。荆州无量寺玄颐法师。长安也有一玄颐法师，乃玄奘译场助译僧。俗姓王，太原祁县人，长安玄法寺僧。入玄奘译场后司职笔受、缀文，译《大菩萨藏经》、《瑜伽师地论》、《阿毗达磨杂集论》等。同时代了两位"玄颐"，不知是否为同一人？荆州景元山无行禅师，《戒坛图经》附有无行禅师的《戒坛舍利赞》，署名曰"荆南渚宫沙门释无行"，应为同一人，其余事迹不详。

还有荆州开圣寺慧俨禅师，据《宋传高僧》卷二《天智传》，于阗提云般若永昌元（689）年来华，谒见武则天于洛阳，敕令就魏国东寺（后改大周东寺）翻译。即以其年己丑至天授二年（691），出《华严经不思议佛境界分》、《大乘造像功德经》等六部七卷，沙门处一笔受，沙门复礼缀文，沙门德感、慧俨、法明、恒景等证义。

这些僧众共同见证了道宣在净业寺新创大乘戒坛的首次传戒，同时，他们也是这次传戒的认同者和宣传者。从此，净业寺律仪法脉，流衍天下。

七、梵僧印证

净业寺戒坛的建造和传戒有"天人感通"，以证明其如法性，有舍利，

---

① 《宋高僧传》卷十四《道光传》，大正藏 50 册，797 页。

以证明其神圣性，还有众多律师的认可，因而得以顺利进行。传戒之后，在道宣去世之前，有天竺梵僧来访，相谈融洽，对净业寺的戒坛和传戒表示了肯定。无疑，天竺梵僧的印证给了道宣以极大的安慰，同时也增加了信众对戒坛权威性和合法性的认可。

道宣在《戒坛图经》中记载道：

> 近以乾封二年九月，中印度大菩提寺沙门释迦蜜多罗尊者，长年人也，九十九夏，来向五台致敬文殊师利。今上礼遇，令使人将送。既还来郊南，见此戒坛，大随喜云：天竺诸寺皆有戒坛。又述乌仗那国东石戒坛之事。①

"九十九夏"，即戒腊九十九年，是对"长年人"的解释。释迦蜜多罗尊者的来华巡礼在当时的京城传闻甚广，得到高宗的"礼遇"，派遣官差护送。多罗尊者从五台回来后，拜访了道宣的净业寺戒坛，"大随喜云：天竺诸寺皆有戒坛。又述乌仗那国东石戒坛之事。"多罗尊者来华一事在其他的文献中有记载，同时还记载了多罗与道宣会见一事，证明道宣所言不虚。当时京城的慧祥法师曾随同多罗尊者一起寻访五台山，在他的《古清凉传》中作了详细的记述。

据《古清凉传》云，释迦蜜多罗本师子国人，少出家。在来华之前，是中印度摩羯陀大菩提寺的僧人。多罗发愿游访巡礼圣迹，一路东向，于唐高宗麟德（664—665）年中来华，欲向五台山，礼拜文殊菩萨。多罗尊者自称九十五岁，行印度头陀道，跣足而行，日唯一食，兼修露坐，不栖房宇。有关方面将来华梵僧的异行上奏了朝廷，特蒙恩许，敕令仍资行调，并令遣鸿胪寺掌客为译语人，凉州沙门智才，乘驿往送所在，供给多罗。乾封二年（667）六月，多罗一行来到五台山，五台县官和役夫四十人，以及参与随喜的慧祥和其他僧俗五十多人，从思阳村出发登台。

多罗一心虔诚巡礼五台，沿途施以天竺供养法：

> 作土坛二层，高尺余，周方丈许。采拾名花，四周严饰。多罗日夜六时，绕坛行道，又日别数度入水澡身。每旦以净瓶四枚，满盛净水，上著粳米数合，牛乳半升，使人跪捧。多罗咒愿百余日，

---

① 《关中创立戒坛图经》，大正藏 45 册，808—809 页。

向人云面各泻之，西方供养之法也。经两宿便进食，食讫登台。台南面乱石鳞次，向余三里。多罗肘膝而行，血流骨现。

既重登台，乃将香花及钱投之太花池内。复东南，向大孚寺。其东堂外壁半余褫落，多罗手自泥涂令净。方止于中一宿，遂遵归路。到京之后，具向道宣律师述其所感。①

慧祥与多罗一同巡礼五台，所以《古清凉传》的记载乃实录，比较具体。"到京之后，具向道宣律师述其所感"，也证实了多罗访问净业寺并与道宣交谈戒坛的事实。道宣在自己的著作中也记述乌仗那旧都城有大石戒坛，是佛灭度后三百年所造，"其事见在，往往有僧从彼而来。"则说明当时中印交通顺畅，两国僧人交流密切，对两国佛教的圣迹并不陌生。

八、道宣谢世

乾封二年（667），从春到夏，道宣感通著作，筑坛传戒，得各地僧众相助，一切顺利完成。凤愿得偿，心愿已了，十月，安然谢世。道宣律师的离去，自然引起世间僧俗大众的不断的追念。

（一）道宣谢世

高宗龙朔三年（663）十一月，玄奘六百卷《大般若经》毕功，从坊州玉华寺上《请御制大般若经序表》。《表》中有云：

> 获归中国，十有九年，翻译梵文千三百余卷……劳疹屡婴，恐先朝露无酬天造，是以力此衰弊，光烛缠宵，祇奉诏恩，凤夜翻译。

玄奘回国十九年，佛典汉译一千三百余卷。"千三百余卷"者，应未包括《大唐西域记》。尽管"光烛缠宵"，"凤夜翻译"，终因"劳疹屡婴"，三个月后，玄奘即于玉华寺谢世，世寿六十五岁。道宣出生于隋开皇十六年（596），年长玄奘四岁。两人相知相交多年，玄奘的谢世，道宣痛惜之外，推人及己，也"恐奄忽泫露"，深感时间紧迫，人生短暂，所以在《集神州三宝感通录》中写道：

---

① 《古清凉传》卷下，大正藏51册，1099页。

予以麟德元年夏六月二十日，于终南山北鄠阴之清宫精舍集
之。素有风气之疾，兼以从心之年，恐奄忽泫露，灵感沉没，遂
力疾出之。①

这是道宣在玄奘去世三个月之后所写，字里行间，显然是有感而发。

道宣说自己"素有风气之疾"，在《续高僧传》中，道宣的师父慧頵
法师也患有"风疾"。史料缺乏，这种"风疾"究竟是何种病不得而知，
大概揣测，有可能是心肺呼吸系统的疾病。这时道宣年已六十七岁，健康状
况不容乐观是可以肯定的。而且，似乎道宣一直有宿疾。《佛祖统纪》卷
二十九说永徽元年（650），道宣在沣德寺时"心劳疾发，忽毗沙门天王授
以补心之方"，恐怕不是空穴来风。例如，在刚过六十岁的时候，道宣就有"年
立耳顺，朽疾相寻，旦夕守死，无容于世"②的喟叹。这里提到的"朽疾"，
从字面意思来推测，似乎是某种慢性疾病。在所撰的《释迦氏谱》中，亦云"余
年迫秋方，命临悲谷"。③到了乾封二年（667），道宣的这种感觉更加明
显，《戒坛图经》中有"今年出纵心，旦夕蒲柳"之自谓。"年出纵心"者，
年过七十之谓，是道宣的自我感觉愈发沉重。

宣公的情况道世律师比较清楚，他在《法苑珠林》卷十中也有所记述：

粤以大唐乾封二年仲春之节，身在京师城南清宫故净业寺，
逐静修道。年至桑榆，气力将衰，专念四生，又思三会。忽以往缘，
幽灵顾接，病渐瘳降，励力虔仰，遂感冥应。

道宣在净业寺逐静修道，"年至桑榆，气力将衰"，"遂感冥应"，与"天
人"交谈。在交谈中，道宣因自己入春以来"气力渐弱，医药无效"，询问"天
人"自己寿终何时：

律师又问：贫道入春已来，气力渐弱，医药无效，未知报命远
近？答云：律师报欲将尽，无烦医药。律师又问：定报何日？答云：
何须道时，但知律师不久报尽，生第四天弥勒佛所。④

---

① 《集神州三宝感通录》卷上，大正藏 52 册，435 页。
② 《章服仪·序》，大正藏 45 册，839 页。
③ 《释迦氏谱·序》，大正藏 50 册，84 页。
④ 以上见《法苑珠林》卷十，大正藏 53 册，353–354 页。

　　道宣问"报命远近""定报何日"两个问题，"天人"回答不需知道具体时间，只知时间不久，但"生第四天弥勒佛所"。这是道世所写，在道宣在自己的著作中没有提及。《集神州三宝感通录》卷上中有"其余不尽者，统在西明寺道世律师新撰《法苑珠林》百卷内，具显之矣"。所以可能道宣将自己与"天人"交谈的情况告诉了道世，道世又在《珠林》中作了披露。道宣与玄奘类似的情况相同，都是在临终时已知"生第四天弥勒佛所"。所以无论对玄奘，还是对道宣，这都是最理想的归宿了。

　　《在关中创立戒坛图经》卷末，有下面一段话：

　　　　余七十暮年，脚疾摧朽。顾求法者，不远关山。今秋气已清，客心飞举，将事终天之别，必爽载面之期。力疾集之，用为送终之赠也。言此饮泪，穷独可悲。乾封二年二月十四日，于清官结大戒净地，并出《净厨诰》。①

　　"脚疾摧朽"，是道宣这时还有"脚疾"，具体何病不得而知，可以肯定的是已经行动不便了。玄奘晚年临终前也遇到不测，度渠跌倒受伤，遂至一病不起。两位大师都是为法捐躯，耗尽了心力。

　　不过，上引道宣的这段话初看有些矛盾，仔细拜读，发现是由一前一后不同时间的两段话掺杂在一起，未及细改所致。这两段话应该是这样：

　　前一段话是受戒活动之前所写，时间在"乾封二年二月十四日"，即定稿时的原文：

　　　　余七十暮年，脚疾摧朽，力疾集之。乾封二年二月十四日，于清官结大戒净地，并出《净厨诰》。

　　后加的一段话应该是受戒之后所加，时间是"秋气已清"，即上一段话的半年以后，莅临的宾客陆续返程：

　　　　（余七十暮年，脚疾摧朽。）顾求法者，不远关山。今秋气已清，客心飞举，将事终天之别，必爽载面之期。（力疾集之，）用为送终之赠也。言此饮泪，穷独可悲。

---

① 《关中创立戒坛图经》，大正藏 45 册，819 页。

这后一段话应该是道宣重新加入的，未及细改。至于"客"是谁？现在还不知道。不过，这是道宣留给世人最后的话，情真意切，依依不尽，也算是道宣的封笔之作了。

送走宾客之后，十月三日，道宣于净业寺去世，安坐而化，终年七十二岁，僧腊五十二。

关于道宣谢世的情况，最早的记载见于《法苑珠林》卷十：

> 粤以大唐乾封二年仲春之节，（律师）身在京师城南清宫故净业寺，逐静修道。年至桑榆，气力将衰，专念四生，又思三会。忽以往缘幽灵顾接，病渐瘵降，励力虔仰，遂感冥应。时有诸天四王臣佐至律师房门，似人行动，蹀足出声。律师问言：是谁？答言：弟子张琼。律师又问：何处檀越？答言：弟子是第一欲界南天王之第十五子……律师又问：贫道入春已来气力渐弱，医药无效，未知报命远近？答云：律师报欲将尽，无烦医药。律师又问：定报何日？答云：何须道时，但知律师不久报尽，生第四天弥勒佛所。

> 至初冬十月三日，律师气力渐微。香幡遍空，天人圣众同时发言，从兜率天来请律师。律师端坐，一心合掌，敛容而卒。临终道俗百有余人，皆见香华迎往升空。①

从以上道世的记载来看，道宣从乾封二年的年初便已自我感觉"气力将衰"，"报命"不远，所以，写完两部《图经》，又制定仪轨，筑坛传戒，心愿已了，便"端坐，一心合掌，敛容而卒"。

（二）余绪

关于道宣谢世之后的情况，宋代的记载比较多。

《宋高僧传》记载，宣公谢世之后：

> 累门人窆于坛谷石室，其后树塔三所。高宗下诏，令崇饰图写宣之真相，匠韩伯通塑缋之。盖追仰道风也。

---

① 《法苑珠林》卷十，大正藏53册，353—354页。

"累门人窆于坛谷石室"，"累"者，嘱托之义，即嘱托门人埋葬于"坛谷石室"，是为道宣在世时之遗嘱。唯"坛谷"存疑。按，终南山无"坛谷"之名，或为炭谷、檀谷之讹。炭谷，即太乙谷，汉武帝祀太乙神，于此建太乙宫。《全唐诗》卷三四零有韩愈《题炭谷湫祠堂》诗。卷五五零有赵嘏《李侍御归炭谷山居，同宿华严寺》诗："家在青山近玉京，日云红树满归程。相逢一宿最高寺，半夜翠微泉落声。"从华严寺南向偏东，正是太乙谷，亦即"炭谷"。

道宣对南山非常熟悉，在他的著作中就有"炭谷"的记载。尤其是两位在"炭谷"舍身的普济与法旷，宣公在《续高僧传》中专门立传予以介绍。

《续高僧传》卷二十七《普济传》，普济本为雍州人，初出家依止圆禅师。仪轨行法，独处林野不宿人世。北周武帝禁佛时，普济投南山诸峰，发愿若像教再兴，情愿舍身。隋代佛教重兴，于是普济还愿舍身：

> 即事捐舍。引众集于炭谷之西崖，广发弘誓，自投而殒。远方填赴，充于岩谷，为建白塔于高峰焉。[1]

又同卷《法旷传》，法旷亦为雍州人，常愿脱离轮回苦海：

> 每日余惟生死滞著，无始轮回。生厌者希，死厌又少。常怀怏怏，欲试舍之。以贞观七年二月二十一日，入终南山，在炭谷内四十里许，脱衣挂树，以刀自刳。[2]

综上所述，有可能《宋高僧传》将"炭谷"误为"坛谷"，姑且存疑。《宋高僧传》续载道：

> 至代宗大历二年，敕此寺三纲：如闻彼寺有大德道宣律师传授得释迦佛牙及肉舍利，宜即诣右银台门进来，朕要观礼。至十一年十月，敕每年内中出香一合，送西明寺故道宣律师堂，为国焚之祷祝。至懿宗咸通十年，左右街僧令霄、玄畅等上表乞追赠，其年十月敕谥曰澄照，塔曰净光。先所居久在终南，故号南山律宗焉。天宝元载，灵昌太守李邕，会昌元年，工部郎中严厚本，

---

① 《续高僧传》卷二十七《普济传》，大正藏50册，680页。
② 《续高僧传》卷二十七《法旷传》，大正藏50册，683页。

各为碑颂德云。①

文中"至代宗大历二年，敕此寺三纲"云云，"此寺"者，即西明寺，盖道宣临终时之身份仍为西明寺上座。

据《佛祖统纪》所载，唐穆宗时，御制赞曰：

> 代有觉人，为如来使。
>
> 龙鬼归降，天神奉事。
>
> 声飞五天，辞惊万里。
>
> 金乌西沈，佛日东举。
>
> 稽首归依，肇律宗主。②

据《释氏稽古略》所载，懿宗咸通十一年（870）十一月帝诞节，"赐永兴军终南山道宣律师号澄照律师"。③

至宋徽宗崇宁二年（1103），赐终南山唐澄照律师道宣谥号曰："法慧大师。"④

---

① 《宋高僧传》卷十四，大正藏50册，791页。
② 《佛祖统纪》卷二十九，大正藏49册，297页。
③ 《释氏稽古略》卷三，大正藏49册，842页。按，《佛祖统纪》卷四十二作"十年"。
④ 《佛祖统纪》卷四十六，大正藏49册，418–419页。又，《统纪》卷五十四曰：崇宁元年，"唐宣律师赐谥法海。"待考。

附录一

道 宣 年 谱

公元 596 年　隋文帝开皇十六年

一岁。四月八日，道宣出生于大兴城。据《宋高僧传》，道宣俗家姓钱，吴兴人，父讳士申，曾任南陈吏部尚书，母姚氏。

隋文帝敕令洪遵为"讲律众主"，在京城崇敬寺聚徒讲授《四分律》，京城律风为之一变，由《僧祇律》转为《四分律》。

597 年　开皇十七年

二岁。

598 年　开皇十八年

三岁。

599 年　开皇十九年

四岁。

600 年　开皇二十年

五岁。

慧頠法师奉召入京，住日严寺。晋王平陈，征召名德入京，同住日严寺。慧頠精研成实、法华，入京后专奉大乘。

601 年　仁寿元年

六岁。

六月十三日，隋文帝诏令于全国普建佛舍利塔，愿身体力行，与全国百姓崇奉佛法，共修福业。

602 年　仁寿二年

七岁。

智首律师随智旻师入京，住禅定寺。智首为晋地慧光一系道洪门下高足，后为道宣之业师。

603 年　仁寿三年

八岁。

604 年　仁寿四年

九岁。《宋高僧传》云："九岁能赋。"

605 年　隋炀帝大业元年

十岁。入日严寺，从慧颊法师受业。日严寺为晋王杨广所建，所住僧众以平陈后南方义学名僧为主。

606 年　大业二年

十一岁。从慧颊法师落发剃度。（或云大业八年剃度）

607 年　大业三年

十二岁。

608 年　大业四年

十三岁。

洪遵律师卒于大兴善寺，终年七十九岁。智首律师继其事业。

609 年　大业五年

十四岁。

610 年　大业六年

十五岁。《宋高僧传》云："十五厌俗，诵习诸经。"

611 年　大业七年
十六岁。

612 年　大业八年
十七岁。

613 年　大业九年
十八岁。

614 年　大业十年
十九岁。

615 年　大业十一年
二十岁。于智首律师座下受具足戒，以《四分律》之研习为专业。

616 年　大业十二年
二十一岁。

617 年　恭帝义宁元年
二十二岁。

618 年　唐高祖武德元年
二十三岁。

619 年　武德二年
二十四岁。
玄奘与兄长离开长安南下蜀地。

620 年　武德三年
二十五岁。

621 年　武德四年
二十六岁。

622 年　武德五年
二十七岁。

623 年　武德六年
二十八岁。

624 年　武德七年
二十九岁。日严寺废弃，慧顾、道宣师徒等十人奉命迁住长寿坊崇义寺。
又常住终南山，静修撰述。
高祖幸终南山，拜谒老子庙。傅奕上疏请废佛法。

625 年　武德八年
三十岁。
四月十五，沣德寺智藏去世，终年八十五岁。
东塔怀素出生于长安。

626 年　武德九年
三十一岁。隐居沣德寺。六月，出《四分律删繁补缺行事钞》，《四
分律拾毗尼义钞》。
唐高祖下诏"道先释后"，沙汰僧尼，简省寺院，京城留寺三所，观二所。
其余天下诸州，各留一所。旋因"宣武门事变"，事竟不行。

627 年　太宗贞观元年
三十二岁。出《拾毗尼义钞》。出关参访，开阔视野，增长见识，巡礼圣迹。

628 年　贞观二年
三十三岁。

629 年　贞观三年

三十四岁。

敕令创开波颇译场。智首律师奉诏助译。

630 年　贞观四年

三十五岁。频频出关，薄游岳渎，广评律宗，先后游访晋、魏、江淮以及蜀地。曾专程前往魏郡拜访法砺律师。

631 年　贞观五年

三十六岁。

敕令崇义寺石影像入内供养。敕令准许开发扶风法门寺佛指舍利，任由信众供奉。

632 年　贞观六年

三十七岁。

633 年　贞观七年

三十八岁。

634 年　贞观八年

三十九岁。出《随机羯磨》、《比丘含注戒本》、《戒本疏》、《教诫新学比丘行护律仪》。

诏令以智首律师为弘福寺上座。

635 年　贞观九年

四十岁。出《随机羯磨疏》。

智首律师去世，终年六十九岁，敕令官给地十亩，于京城西郊之龙首原，县夫三百筑土坟之。种柏千株，仆射房玄龄及詹事杜正伦并诸公卿，亲临致祭。

玄琬律师以戒劝之义上书请戒杀生，太宗下诏三月至五月断杀。

法砺律师卒于邺城日光寺，春秋六十有七。

636 年　贞观十年

四十一岁。

十二月七日，玄琬律师于延兴寺去世，终年七十五岁。太宗敕令葬事官供。

文纲律师出生于长安。

637年　贞观十一年

四十二岁。出《比丘尼含注戒本》、《量处轻重仪》。

慧頵法师去世，终年七十四岁。

太宗诏令重申"道先释后"。

638年　贞观十二年

四十三岁。

639年　贞观十三年

四十四岁。

640年　贞观十四年

四十五岁。

641年　贞观十五年

四十六岁。

五月，太宗于弘福寺设斋超度亡母，手制《愿文》，自称"皇帝菩萨戒弟子"。

642年　贞观十六年

四十七岁。撰作《比丘尼钞》。

643年　贞观十七年

四十八岁。

644年　贞观十八年

四十九岁。

645 年　贞观十九年

五十岁。完成《续高僧传》初稿。出《比丘尼钞》。

玄奘归来。

646 年　贞观二十年

五十一岁。修改《随机羯磨》为两卷,《羯磨疏》为四卷。奉令入玄奘译场,任缀文。

怀素随玄奘出家。

647 年　贞观二十一年

五十二岁。

648 年　贞观二十二年

五十三岁。

649 年　贞观二十三年

五十四岁。

650 年　高宗永徽元年

五十五岁。出《释迦方志》二卷。重修《教诫新学比丘行护律仪》。于沣德寺心劳疾发。

651 年　永徽二年

五十六岁。修改《含注戒本》、《疏》。

652 年　永徽三年

五十七岁。

653 年　永徽四年

五十八岁。

654 年　永徽五年

五十九岁。

道岸律师出生。道岸后为文纲弟子，以"光州道岸"著名。

655 年　永徽六年

六十岁。

高宗废王皇后，立则天为皇后。

656 年　显庆元年

六十一岁。

657 年　显庆二年

六十二岁。《释门章服仪序》云："余以贞观末历，摈景山林，终于
显庆二年，十有二载。"是除入玄奘译场之外，多数时间都在南山静修著述。

二月，颁发《僧尼不得受父母拜诏》。

658 年　显庆三年

六十三岁。六月，西明寺建成，朝廷任命为上座，神泰为寺主，怀素
为维那。征海内大德高僧五十人、京师行业童子一百五十人入居寺内。

659 年　显庆四年

六十四岁。出《释门章服仪》。

高宗敕令开发扶风法门寺佛指舍利。佛指入京，京邑内外，道俗连接，
二百里间往来相庆。

660 年　显庆五年

六十五岁。

敕令佛指舍利入东都洛阳供奉。玄奘于玉华寺创开《大般若经》翻译。

661 年　龙朔元年

六十六岁。出《集古今佛道论衡》，《释门归敬仪》。

662 年　龙朔二年

六十七岁。二月,奉命将佛指舍利归藏扶风法门寺。撰作《大唐内典录》。皇后武则天舍所寝衣帐,为佛指舍利造金棺银椁,数有九重,雕镂穷奇。

四月十五日,敕令"沙门等致拜君亲"。道宣写《上雍州牧沛王论沙门不应拜俗启》、《上荣国夫人杨氏请论沙门不合拜俗启》、《序佛教隆替事简诸宰辅等状》。

五月十五日,中台都堂百官大会辩论。道宣亲自率大庄严寺威秀、大慈恩寺灵会、弘福寺会隐等京城各寺的三百余僧众,手捧记载不应拜俗的文书典籍和表启,于堂外诣阙申诉。辩论结果,议请不拜君亲的官员五百三十九位,应拜君亲的有三百五十四位。六月八日,高宗下《停沙门拜君诏》。

663 年　龙朔三年

六十八岁。

十一月二十二,玄奘上《请御制大般若经序表》。

664 年　麟德元年

六十九岁。住终南山净业寺,补出《集古今佛道论衡》第四卷。出《广弘明集》、《大唐内典录》、《集神州三宝感通录》。

二月,玄奘于玉华寺去世,诏葬白鹿原。

665 年　麟德二年

七十岁,《续高僧传》入传名录停止。

666 年　乾封元年

七十一岁。

667 年　乾封二年

七十二岁。再修改《含注戒本》和《疏》。出《道宣律师感通录》、《关中创立戒坛图经》。

二月八日,在四方各地二十多位僧人的参与和见证下,开始在净业寺创筑戒坛。十四日,结大界净地。四月朔日受戒。

九月,中印度大菩提寺释迦蜜多罗访问净业寺。

十月三日,道宣去世,安坐而化,终年七十二岁,僧腊五十二。

附录二

参考文献书目

《大般涅槃经》，（北凉）昙无谶译，《大正藏》第 12 册。

《妙法莲华经》，（后秦）鸠摩罗什译，《大正藏》第 9 册。

《佛说梵网经》，（后秦）鸠摩罗什译，《大正藏》第 24 册。

《成实论》，（后秦）鸠摩罗什译，《大正藏》第 32 册。

《菩萨璎珞经》，（后秦），竺佛念译，《大正藏》第 24 册。

《四分律》，（后秦）佛陀耶舍、竺佛念等译，《大正藏》第 22 册。

《十诵律》，（后秦）弗若多罗、鸠摩罗什等译，《大正藏》，第 23 册。

《僧祇律》，（东晋）佛陀跋陀罗、法显等译，《大正藏》第 22 册。

《五分律》，（刘宋）佛陀什、竺道生等译，《大正藏》第 22 册。

《高僧传》，（梁）慧皎撰，《大正藏》第 50 册。

《弘明集》，（梁）僧祐撰，《大正藏》第 52 册。

《续高僧传》，（唐）道宣撰，《大正藏》第 50 册。

《宋高僧传》，（宋）赞宁撰，《大正藏》第 50 册。

《佛祖统纪》，（宋）志磐撰，《大正藏》第 49 册。

《佛祖历代通载》，（元）念常撰，《大正藏》第 49 册。

《释氏稽古略》，（元）觉岸撰，《大正藏》第 49 册。

《广弘明集》，（唐）道宣撰，《大正藏》第 52 册。

《释迦方志》，（唐）道宣撰，《大正藏》第 51 册。

《释迦氏谱》，（唐）道宣撰，《大正藏》第 50 册。

《集古今佛道论衡》，（唐）道宣撰，《大正藏》第 52 册。

《集神州三宝感通录》，（唐）道宣撰，《大正藏》第 52 册。

《关中创立戒坛图经》，（唐）道宣撰，《大正藏》第 45 册。

《道宣律师感通录》，（唐）道宣撰，《大正藏》第 52 册。

《律相感通传》，（唐）道宣撰，《大正藏》第 45 册。

《中舍卫天竺国祇洹寺图经》，（唐）道宣撰，《大正藏》第 45 册。

《四分律删繁补缺行事钞》，（唐）道宣撰，《大正藏》第 40 册。

《四分律删补随机羯磨》，（唐）道宣撰，《大正藏》第 40 册。

《四分律比丘含注戒本》，（唐）道宣撰，《大正藏》第 40 册。

《四分律拾毗尼义钞》，（唐）道宣撰，《卍续藏》第 71 册。

《四分律比丘尼钞》，（唐）道宣撰，《卍续藏》第 64 册。

《量处轻重仪》，（唐）道宣撰，《大正藏》第 45 册。

《释门章服仪》，（唐）道宣撰，《大正藏》第 45 册。

《教诫新学比丘行护律仪》，（唐）道宣撰，《大正藏》第 45 册。

《净心诫观法》，（唐）道宣撰，《大正藏》第 45 册。

《释门归敬仪》，（唐）道宣撰，《大正藏》第 45 册。

《四分律疏》，（唐）法砺撰，《卍续藏》第 65 册。

《僧羯磨》，（唐）怀素撰，《大正藏》第 40 册。

《四分律羯磨疏济缘记》，（宋）元照撰，《卍续藏》第 64 册。

《四分律行事钞资持记》，（宋）元照撰，《大正藏》第 40 册。

《芝苑遗编》，（宋）元照撰，《卍续藏》第 59 册。

《四分律随机羯磨疏正源记》，（宋）允堪撰，《卍续藏》第 64 册。

《律宗纲要》，（日）凝然撰，《大正藏》第 74 册。

《出三藏记集》，（梁）僧祐撰，《大正藏》第 55 册。

《历代三宝记》，（隋）费长房撰，《大正藏》第 49 册。

《大唐内典录》，（唐）道宣撰，《大正藏》第 55 册。

《开元释教录》，（唐）智升撰，《大正藏》第 55 册。

《贞元新定释教目录》，（唐）圆照撰，《大正藏》第 55 册。

《法显传》，（东晋）法显撰，《大正藏》第 51 册。

《大乘义章》，（隋）慧远撰，《大正藏》第 44 册。

《大唐西域记》，（唐）玄奘撰，《大正藏》第 51 册。

《法苑珠林》，（唐）道世撰，《大正藏》第 53 册。

《集沙门不应拜俗等事》，（唐）彦悰撰，《大正藏》第 52 册。

《大慈恩寺三藏法师传》，（唐）慧立、彦悰撰，《大正藏》第 50 册。

《古清凉传》，（唐）慧祥撰，《大正藏》第 51 册。

《辨证论》，（唐）法琳撰，《大正藏》第 52 册。

《大宋僧史略》，（宋）赞宁撰，《大正藏》第 54 册。

《翻译名义集》，（宋）法云撰，《大正藏》第 54 册。

《晋书》，（唐）房玄龄等撰，中华书局 1774 年版。

《隋书》，（唐）魏征等撰，中华书局 1973 年版。

《南史》，（唐）李延寿等撰，中华书局 1975 年版。

《陈书》，（唐）姚思廉等撰，中华书局 1972 年版。

《宋书》，（梁）沈约等撰，中华书局 1974 年版。

《周书》，（唐）令狐德芬等撰，中华书局 1971 年版。

《旧唐书》，（后晋）刘昫等撰，中华书局 1975 年版。

《新唐书》，（宋）欧阳修等撰，中华书局 1975 年版。

《唐会要》，（宋）宋溥撰，中华书局 1955 年版。

《贞观政要》，（唐）吴兢撰，上海古籍出版社 1978 年版。

《全唐文》，（清）董浩等编，中华书局 1966 年版。

《全唐诗》，（清）彭定求等编，中华书局 1960 年版。

《佛教起源论》，高杨、荆三隆撰，陕西人民教育出版社 1994 年版。

《隋唐佛教史稿》，汤用彤，中华书局 1982 年版。

《汉魏两晋南北朝佛教史》，汤用彤撰，北京大学出版社 1997 年版。

《中国佛学源流略讲》，吕澂撰，中华书局 1979 年版。

《汉唐佛教思想论集》，任继愈撰，人民出版社 1981 年版。

《任继愈学术论著自选集》，北京师范学院出版社 1991 年版。

《汉译佛教经典哲学研究》，杜继文撰，江苏人民出版社 2008 年版。

《隋唐佛教史》，杨曾文撰，中国社会科学出版社 2014 年版。

《世界佛教通史》第四卷，魏道儒等撰，中国社会科学出版社 2015 年版。

《中国佛教史籍概论》，陈垣撰，中华书局 1962 年版。

《南山律在家备览略编》，弘一撰，（台湾）南林出版社重排版，
2007 年 4 月，佛陀教育基金会印赠。

《中国律宗通史》，王建光撰，凤凰出版社 2008 年版。

《大藏经总目提要·律藏》，陈士强撰，上海古籍出版社 2015 年版。

《中国学术名著提要·宗教卷》，陈士强主编，复旦大学出版社 1997
年版。

《隋唐佛教宗派研究》，颜尚文撰，新文丰出版公司 1980 年版。

《佛教戒律学》，劳政武撰，宗教文化出版社 1999 年版。

《唐代佛教》，（美）斯坦利·威斯坦因 著，张煜 译，上海古籍出版
社 2015 年版。

《隋唐佛教文化》，（日）砺波护 著，韩升 刘建英 译，上海古籍出版社 2004 年版。

《宗教论》，李申撰，中国社会科学出版社 2010 年版。

《汉唐佛寺文化史》，张弓撰，中国社会科学出版社 1997 年版。

《长安佛教史论》，王亚荣撰，宗教文化出版社 2005 年版。

《陕西·中国汉传佛教祖庭研究》，王亚荣主编，陕西人民出版社 2006 年版。

《道宣大师传》，王亚荣撰，（台湾）佛光文化事业有限公司 1998 年版。

《长安古刹》，冯建龙、王亚荣、释本如编，陕西师范大学出版社 2009 年版。

《名山游访记》，高鹤年撰，福建莆田广化寺佛经流通处印行。

《雍大记校注》，（明）何景明撰，吴敏霞、袁宪、刘思怡、王京阳等校注，三秦出版社 2010 年版。

《秦岭碑刻经眼录》，吴敏霞、党斌、高叶青、袁宪等撰，三秦出版社 2014 年版。

《〈广弘明集〉研究》，刘林魁撰，中国社会科学出版社 2011 年版。

《两京新记辑校·大业杂记辑校》，（唐）韦述、杜宝撰，辛德勇辑校，三秦出版社 2006 年版。

《增订唐两京城坊考》（修订版），（清）徐松撰，李健超增订，三秦出版社 2006 年版。

《南山谷口考》，（清）毛凤枝撰，李之勤校注，三秦出版社 2006 年版。

《唐前志怪小说史》，李剑国撰，天津教育出版社 2005 年版。

后　记

　　为道宣写传的念头很早。1981 年，应邀为《中国历史大辞典·隋唐五代》分册写佛教的条目和释文，要求稿件必须注明资料的书名、卷数、版本、页码。结果发现，非得依靠道宣的著作不可。尤其道宣的《续高僧传》、《广弘明集》等等，发挥了不可替代的作用。但是，写到"道宣"时，只有参考道宣之后三百年的《宋高僧传》，不少地方模糊不清。于是便参考其他资料，为道宣写了一个小传，当时便有遗憾之意。

　　次年仲秋，专程前往终南山净业寺寻访道宣的遗迹。只见空山鸟语，山顶古槐依旧，秋风瑟瑟，断壁残垣，围绕一小院落。院内数间破屋，屋内残存泥像数尊，蛛网垂空，尘土遍地。环顾四周，鼠兔乱串于荆棘丛中，一片寂静。略作徜徉，出院后判断方向，从院东墙下直接向上攀爬，沿着荆棘丛中的似有似无的便道，手脚并用，一直向北，幸得方向没错，直接到了沣德寺。沣德寺景象与净业寺一样，也是断壁残垣，荒草没胫，没有人影。于是便怅然而返。感喟之下，觉得后人受宣公之惠颇多，而自己生平经历却模糊不清，因此并暗自忖度，以后有机会为道宣写一个长传。

　　1985 年，抽时间把道宣的著作大概地浏览了一遍，才觉得为道宣写传不易。道宣为一代大师，当年应该有类似于传记的资料，但都没有流传下来。而当代学人，从律宗的角度了解道宣的多，反而对道宣的人生经历研究的很少。

　　踟蹰再三，决定采取能写多少先写多少的办法，写了一些文章来表现侧面，有"陕西佛教史上的宗派和祖庭"（1994 年），"公元七世纪印度僧伽的衣食与戒制"（1995 年），"佛教律祖释道宣及其著作"（1997 年），"日严寺考——兼论隋代南方佛教义学的北传"（1999 年），"道宣与长安社会"（2000 年），"长安县净业寺现状分析"（2001 年），"南北朝之后义学僧的聚集及律学与禅学的发展"（2004 年），"隋代征请的南方义学僧及其学派"（2004 年），"火与光：关于终南山佛教的遗产及其价值"（2010

年）等等。随着时间的推移，感觉虽然不能将道宣的行年事迹全部连缀成篇，但对道宣生平的主线和思想与精神有了基本的了解和认识。

期间，还写过一个文学版的《道宣大师传》。1997 年，适逢台湾佛光山约稿，写《道宣大师传》，要求用文学体来表述。于是在不能全面反映道宣生平事迹的情况下，觉得这样也好，用文学的方法可以大概地勾画出一个道宣的"全貌"，有助于让更多的人了解。次年，文学版的《道宣大师传》出版。十年以后，重读这本文学版的道宣传，觉得没有想象的那样差，时代背景、道宣的精神风貌和主要的事迹上尚没有大错。

近年以来，有条件重整旗鼓，重新阅读道宣的著作，对道宣的思想和行年事迹的主线、轨迹有了新的认识。期间或资料欠缺，无法连缀，或学力不逮，困难重重，或快或慢，好在排除了其他事情干扰，这样，终于完成了这部《道宣评传》，也算了一个心愿。

缘由因生，能写完这本传记，还需感谢道宣本人，如果没有他的大量著作，不可能为他写成这本《评传》。还需感谢净业寺住持本如法师和该寺的僧俗大众。二十多年来，净业寺在他们的努力下，继承祖师事业，筚路蓝缕，日新月异，梵呗声声，焕然一新，净业寺之现状与昔日相比，已不可同日而语。南山法鼓，重震有望。也是在他们的精神感召下，使我能耐心地复读道宣的著作，终于写成这本小书。北京宗教文化出版社总编史原朋先生看到书稿，欣然予以肯定，责任编辑袁珂同志认真负责，多次联系笔者。迄今为止，与这两位仍素未谋面，然音讯联系，邮件往来，诚恳，热情，使人倍感亲切。善缘难得，在书稿即将付印之际，谨在此致以诚挚的感谢和祝福。

王亚荣

2017 年 2 月 24 日于西安吉祥村